El niño tímido

Biografía

Philip G. Zimbardo es profesor emérito de psicología de la universidad de Stanford y también ha enseñado en las universidades de Yale, Nueva York y Columbia. Ha sido presidente de la American Psychological Association y actuamente dirige el Stanford Center on Interdisciplinary Policy, Education, and Research on Terrorism. También fue el narrador de la galardonada serie de la PBS Discovering Psychology, que él mismo contribuyó a crear.
En 2008, le fue otorgado el Premio de la Fundación de Vaclav Havel por su vida dedicada a la investigación sobre la condición humana. Sus más de 300 publicaciones y 50 libros transmiten su investigación en el campo de la psicología social, con especial atención a la timidez, la locura, los cultos, la psicología política, la tortura el terrorismo y el mal. Fue presidente de la Sociedad Norteamericana de Psicología. En 2004 declaró como perito judicial en el consejo de guerra contra uno de los reservistas del ejército estadounidense acusado de conducta criminal en la prisión iraquí de Abu Ghraib.

Shirley Radl es Presidenta de la Asociación para la Educación Infantil y decana del colegio de educación de la Universidad de Kentucky.

Philip G. Zimbardo
Shirley Radl

El niño tímido

*Superar y prevenir la timidez
desde la infancia*

Obra editada en colaboración con Editorial Planeta – España

Título original: *The Shy Child*
Originalmente publicado en inglés, en 1981, por McGraw-Hill, Nueva York
Publicado en castellano con permiso de ISHK, Cambridge, Mass.

Adaptación de portada: Cáskara / design & packaging
Fotografía de portada: © Shutterstock | BlueBoeing

Philip Zimbardo
Shirley Radl
© 1981, 1999 by Philip G. Zimbardo , Inc.
© 2001, Traducción: Pilar Paterna Molina

© 2001, Espasa Libros, S.L.U.-Barcelona, España
De todas las ediciones en castellano

© 2019, Ediciones Culturales Paidós, S.A. de C.V.
Bajo el sello editorial PAIDÓS M.R.
Avenida Presidente Masarik núm. 111, Piso 2
Colonia Polanco V Sección
Delegación Miguel Hidalgo
C.P. 11560, Ciudad de México
www.planetadelibros.com.mx
www.paidos.com.mx

Primera edición impresa en España: diciembre de 2001
ISBN:84 -493-1161-6

Primera edición impresa en México en Booket: febrero de 2019
ISBN: 978-607-747-653-5

Impreso en los talleres de EDAMSA Impresiones, S.A. de C.V.
Av. Hidalgo núm. 111, Col. Fracc. San Nicolás Tolentino, Ciudad de México
Impreso en México *Printed in Mexico*

Este libro está dedicado a nuestros hijos,
Adam, Zara y Tanya Zimbardo,
Lisa y Adam Radl

Y a nuestros alumnos, tanto tímidos como no tímidos

Sumario

Agradecimientos

Tenemos que dar las gracias en primer lugar a nuestros ayudantes de investigación, Diana Dahlgren y John Buckner, por el excelente trabajo que realizaron en nuestro estudio de los tímidos preescolares. Se enfrentaron a la tarea con entusiasmo, dedicación al problema y una genuina preocupación por los niños tímidos. Durante los dos años que hemos trabajado con ellos, nos dieron muchas ideas sobre el misterio de la timidez.

A continuación, agradecemos a los profesores de la escuela de preescolar Bing de Palo Alto y de la escuela Binet-Montessori de San Francisco toda su ayuda, apoyo, información compartida y entusiasmo en el desarrollo de esta guía para padres y profesores. Igualmente, los profesores y consejeros de la escuela de primaria Green Gables, la escuela de secundaria Jordan y el instituto Cubberly de Palo Alto fueron generosos con su tiempo y sus ideas e hicieron un esfuerzo importante para ayudarnos a comprender lo que debíamos entender de sus alumnos y de ellos mismos. Les estamos agradecidos.

Aunque se consiga mucha información, aún queda la ingente tarea de recopilarla en forma legible. Ayudándonos en las etapas fundamentales de este esfuerzo estuvieron Avy Nielsen y Rosanne Saussotte, que no sólo mecanografiaron borrador tras borrador sino que también nos ayudaron de diversas formas para poner orden en el caos que creamos. Apreciamos profundamente no sólo su trabajo, sino también su apoyo amable y generoso.

Se necesitaron diferentes especialistas en las «últimas etapas». La primera en ponernos en la pista correcta fue nuestra agente, Rhoda A. Weyr, de la Agencia William Morris. Tremendamente exigente desde el principio, Rhoda nos llevó por una vía de rigor, exigiendo sólo lo más conciso y lo mejor que pudiéramos ofrecer, obligándonos a ser todo lo concienzudos y reflexivos que ella sabía que podíamos ser. En las «etapas finales» contamos en gran medida con nuestra editora, Gladys Justin Carr, y su socia Gail Greene. Les agradecemos su paciencia y su guía.

Finalmente, después de tres años de trabajar juntos en armonía, a pesar de las miles de crisis, grandes y pequeñas, y de los momentos en que nos preguntábamos si realmente pondríamos punto final a este libro, expresamos nuestra gratitud mutua, por el apoyo, la comprensión, el afecto y el refuerzo dados generosa y recíprocamente, siempre que hizo falta.

1
Desvelar el misterio de la timidez

Tal vez lo último en lo que los padres piensan cuando esperan el nacimiento de un hijo es si será tímido. Rogamos por que el bebé sea sano y normal y, cuando llega, contamos los diminutos dedos de las manos y los pies y nos ponemos en marcha en el increíble viaje que es la paternidad. Llevamos las tablas de peso y altura, registramos los hitos de primeras palabras y primeros pasos, compramos libros para estimular una lectura temprana y ahora, incluso, adquirimos pequeños ordenadores para iniciar el camino de los que pronto serán niños prodigios en matemáticas.

El énfasis en el desarrollo motor, en las habilidades del lenguaje y en el aprendizaje ha hecho que los padres, los profesores e incluso los psicólogos infantiles tiendan a restar atención al desarrollo emocional y social del niño. Hace muy poco tiempo que los «cuidadores de niños» profesionales han venido a darse cuenta de los graves efectos de ignorar o dar por supuesto el denominado desarrollo «normal» de la sensibilidad social y la salud emocional en los niños. Como afirmaba un artículo en la *Sage Foundation Report*: «A pesar del crecimiento de la investigación sobre el desarrollo durante los pasados veinte años, el estudio del desarrollo social y emocional en los niños ha continuado rezagado en la investigación, por detrás de otros aspectos del desarrollo».[1]

Normalmente esperamos hasta *después* de que aparezcan algunos problemas de conducta, cuando el niño es «demasiado tímido», para darnos cuenta de que hay que preocuparse. Para algunos padres y profesores la preocupación es mínima siempre que el niño se porte bien, sea tranquilo y cumpla las normas. En realidad, la timidez la pueden

1. Peter Read, «Socialization Research Revisited», en *The Sage Foundation Report*, junio de 1980.

considerar deseable aquellos adultos que creen que «el silencio es oro», que «a los niños se les tendría que ver y no oír» o que «la obediencia a la autoridad» es la norma suprema. Por fortuna para nuestros hijos no todos los padres o adultos a los que están encomendados lo ven de esa forma. Los padres pueden reaccionar con turbación ante la timidez de su hijo, por ejemplo, cuando responde a la atención de otro adulto corriendo y escondiéndose detrás de la madre o del padre y agarrándose a ellos con todas sus fuerzas. Luego están los padres que comparten el punto de vista de la preocupada madre de una niña de seis años, que escribió la siguiente carta:

Tengo una hija de seis años que es tímida en extremo y tiene una opinión de sí misma tremendamente negativa. Por su excesiva timidez, le producen gran desasosiego las relaciones tanto con niños como con adultos. La han puesto en preescolar en vez de en el primer curso debido a su incapacidad para tratar confiadamente con los de su edad. Se adapta a las nuevas situaciones con gran dificultad. Temo que la coloquen siempre en un curso inferior debido a su forma emocional de ser.

No se relaciona fácilmente con el mundo exterior, se lo guarda todo dentro y reacciona con frustración. Puede ser una niña cariñosa, sensible, pero me temo que encuentre el mundo como un lugar hostil, a menos que alguien pueda ayudarla.[2]

Extracto de una carta dirigida al doctor Zimbardo

Igual que muchos padres que nos han escrito o han hablado con nosotros, la madre teme que la timidez pueda arruinar la vida de su hija y busca respuestas antes de que sea demasiado tarde.

Es indudable que cualquier cosa que haga infeliz a un hijo, como que no sea apreciado, que no se sienta cómodo entre niños de su edad y que sea incapaz de comunicar sus pensamientos eficazmente o de expresar directamente sus sentimientos, supone un riesgo para su salud.

2. P. G. Zimbardo, *Shyness: What It Is, What to Do about It*, Reading, Massachusetts, Addison-Wesley, 1977, Nueva York, Jove, 1978; P. Pikonis y P. G. Zimbardo, «The Personal and Social Dynamics of Shyness», en C. E. Izard (comp.), *Emotions in Personality and Psychopathology*, Nueva York, Plenum, 1979, págs. 133-160.

Como pronto comentaremos, éstas son sólo unas cuantas de las consecuencias negativas que la timidez impone en su callada misión de destruir la comunicación humana.

Veamos ahora los aspectos positivos. Después de estudiar la timidez durante los últimos nueve años, examinando a miles de personas de todas las edades y entornos en Estados Unidos y en otras ocho culturas, después de llevar a cabo entrevistas en profundidad con jóvenes tímidos, con sus padres y profesores, de observar a niños tímidos en el aula, en todos los cursos de enseñanza —desde preescolar hasta la universidad— y de llevar a cabo una investigación experimental sistemática que comparaba la conducta de personas tímidas y no tímidas, hemos descubierto no sólo el alcance de sus consecuencias, sino también qué es lo que produce la timidez y qué se puede hacer para minimizarla, superarla o prevenirla. Esta investigación pionera de nuestro Proyecto de Investigación sobre la Timidez de la Universidad Stanford ha comenzado a desvelar lo que subyace tras muchas máscaras de timidez. En la Stanford Shyness Clinic (juntamente con Meg Marnell y Rochelle Kramer) hemos desarrollado diferentes recursos, estrategias y tácticas que han resultado eficaces, para ayudar a las personas tímidas a enfrentarse a los muchos problemas personales que plantea la timidez.

Desde el punto de vista del investigador, la timidez es un fenómeno fascinante. Está en el núcleo mismo de lo que significa ser humano, donde los individuos establecen contacto unos con otros o donde fracasan en sus esfuerzos por convertirse en seres sociales. Charles Darwin, en 1890, observaba que la timidez se reconoce a menudo por el rubor, que es «la más peculiar y la más humana de todas las expresiones». Desde una perspectiva analítica, la timidez nos hace vivamente conscientes de la libertad y de sus restricciones. En realidad, se puede pensar en la timidez como en una pérdida autoimpuesta de libertades básicas, más o menos igual que la cárcel niega a los presos sus derechos a la libertad de expresión, de asociación y de actuar en el propio interés. Cuanto más sabemos sobre la dinámica de la timidez, más se derrumban en el camino los mitos y surgen curiosas paradojas, como la ira contenida del chico bueno, tímido, «bonachón», que salta a los titulares de la prensa como un asesino en serie: la primera acción malvada de su vida.

Pero la fría perspectiva del investigador cede el paso al dolor que sentimos como padres cuando observamos a un niño tímido que quiere desesperadamente que los otros niños le acepten y que no sabe qué hacer para conseguir su aprobación o bien que está demasiado asustado para arriesgarse a tratar de dirigirse a ellos. Se pueden sentir como Anna, que escribe:

> Durante mi adolescencia, era tan tímida que a los diecinueve años enfermé emocionalmente y necesité ayuda profesional. En el mejor de los casos, crecer es doloroso, pero para el tímido es un tormento. Cuando los otros no podían comprender la razón de mi falta de alicientes en la vida, yo sabía desde siempre que mi timidez era el auténtico problema. Estaba terriblemente envidiosa de cualquiera que pareciera sentirse bien con la gente, de cualquiera que pudiera expresar sus ideas y sentimientos verbalmente... No sólo yo, sino todos los que estaban cerca de mí y a los que yo quería sufríamos de manera inconmensurable, debido a esta enfermedad, que ha durado sesenta y cuatro años.

La cárcel silenciosa de la timidez puede ser una pesadilla para los estudiantes tímidos que no han aprendido «a trabajar y a jugar satisfactoriamente con los demás» o a recitar en clase lo que han estudiado y saben muy bien. Una alumna de primer curso de derecho, con una puntuación en la enseñanza media de 3,94 —¡4 es perfecto!— tuvo que retirarse antes de finalizar el primer trimestre no por falta de capacidad o motivación sino, como ella dice, «porque soy tan tímida que no puedo sentarme en la clase esperando (rezando para) que no me llamen». Como alumna universitaria, podía esconderse al final de los concurridos cursos, llevando a cabo de forma espectacular los exámenes de preguntas de elección múltiple, pero cuando tenía que mostrar sus habilidades delante de la clase de derecho, las arenas movedizas de la timidez se la tragaban.

Pero el miedo de esta joven estudiante no es en absoluto tan inusual. En efecto, es el miedo humano *más* común, según una encuesta reciente entre 3.000 residentes en Estados Unidos. Cuando se clasificaron las respuestas a la pregunta: «¿A qué tiene más miedo?», la «oscuridad» quedó en el duodécimo lugar, «volar» fue la octava, «la enfermedad y la muerte» estaban empatadas en el sexto lugar. En tercer lugar había otro empate entre el 22 % de los sujetos con «miedo a los problemas financieros» y «miedo a los insectos y a los bichos». El «miedo a las alturas» tenía un 32 % de votos, ocupando el segundo lugar, después del mayor miedo de todos, el 41 %, «hablar delante de un grupo».[3]

En nuestras encuestas, surgía una cifra comparable del 42 % cuando se preguntaba a las personas si se consideraban a sí mismas como «tímidas». Así pues, alrededor de dos de cada cinco personas con las que nos encontramos piensan de sí mismas que son tímidas. Sin embargo, muchas de las que ahora no son tímidas informan que lo han sido en otros momentos del pasado. Alrededor de un 80 % de todos los encuestados revelaron que son tímidos ahora o que lo han sido. La mayoría de aquellos que se etiquetaban a sí mismos como tímidos siguen describiendo esta disposición como «indeseable» y como «un grave problema» que interfiere en su vida.

Desde luego, es posible pensar en uno mismo como una persona no tímida pero con sentimientos ocasionales de timidez. Hay que distinguir entre los tímidos crónicos, que creen que la timidez está «en ellos», que es un rasgo, una parte de su modo de ser, de su personalidad, que está a la vista de los demás, y los tímidos situacionales, que creen que ciertas situaciones indeseables les hacen reaccionar de una manera tímida, poco natural. Para los tímidos situacionales, la culpa la tiene la naturaleza de las situaciones sociales que les fuerzan a actuar, a sentirse el centro de atención, etc. Como primer paso para reducir el impacto negativo de la timidez, hemos ayudado a aquellos que la padecen de forma crónica consiguiendo que vuelvan a valorar su timidez como una reacción, con frecuencia adecuada, a las presiones situacionales.

En 1977, comenzamos a dirigirnos a grupos de edad específicos y, cuando encuestamos a alumnos de enseñanza secundaria de segundo grado, observamos que la incidencia de la timidez —alrededor del 40 %— era igual que en la muestra de adultos. Sin embargo, cuando encuestamos a alumnos de primer grado de secundaria (de trece a quince años), la cifra saltó a más del 50 %, debiéndose este incremento en gran parte

3. David Wallechinsky, Irving Wallace y Amy Wallace, *The Book of Lists*, Nueva York, William Morrow, 1977, Bantam, 1978 (trad. cast.: *El libro de las listas*, 2 vols., Barcelona, Grijalbo Mondadori, 1980).

a la prevalencia de la timidez en una mayoría de chicas adolescentes. La timidez es un síntoma importante de los muchos problemas de la adolescencia, especialmente para las mujeres que están haciendo la transición de niña a mujer. Mantuvimos una serie de reuniones informales con grupos de estos jóvenes para valorar mejor cómo funciona la timidez en esta edad. (Más adelante, en el capítulo 7, trataremos en profundidad por qué los adolescentes sienten «que todos los ojos se clavan en ellos» y que sus padres están siempre espiando para descubrir su «personalidad real».)

Al estudiar a los niños más pequeños, no apreciamos esta división entre el yo público que muestran los adolescentes ante el mundo y el yo privado, revelado sólo al «querido diario» y a los confidentes más íntimos. En la preadolescencia, lo que se ve es normalmente lo que sienten y piensan.[4]

Un estudio de niños en edad escolar por parte de uno de los miembros de nuestro equipo de investigación, Trudy Solomon,[5] observó la misma prevalencia de timidez autopercibida —42 %— que hemos visto repetidamente en las muestras de adultos. Estos 204 niños, de edades comprendidas entre los nueve y los trece años, de escuelas de Oakland y Richmond en California, no mostraban diferencias en timidez entre los sexos. Había una tendencia, sin embargo, a que la magnitud de la timidez se incrementara en los niños de los cursos cuarto a sexto. Este resultado encaja con otros datos que tenemos sobre alumnos de enseñanza secundaria de primer grado, que muestran un incremento de la timidez en la adolescencia.

Cuando se pidió a estos escolares que se evaluaran a sí mismos en escalas de cinco puntos sobre una serie de rasgos, como activo-pasivo y frío-cálido, los alumnos tímidos diferían de manera significativa de los no tímidos al percibirse a sí mismos como menos amigables, más temerosos, más pasivos, menos sociables, más introvertidos, se gustan menos a sí mismos y son menos tolerantes con los demás.

4. R. T. Santee y C. Maslach, «To Agree or Not to Agree: Personal Dissent Amid Social Pressure to Conform», documento presentado a la convención de la Western Psychological Association, San Diego, abril de 1979.

5. C. Maslach y T. Solomon, «Pressures Toward Dehumanization from Within and Without», documento presentado a la convención de la Western Psychological Association, Los Ángeles, abril de 1976.

Este último rasgo presenta un punto especialmente importante para nuestra comprensión de la dinámica de la timidez. Una consecuencia paradójica de la excesiva preocupación de los tímidos por ser evaluados es su propia tendencia a evaluar y criticar a los demás.[6] Aunque los niños tímidos son sensibles a las restricciones externas que influyen en las «conductas problemáticas» de otros niños, aun así es posible que etiqueten a ese niño de forma negativa. De manera similar, en un estudio con universitarias, se observó que, cuando la timidez se presentaba como un estudio del caso de una compañera con problemas, eran menos empáticas y proponían tratar el problema psicológico de la compañera institucionalizándola, en vez de trabajando con ella en una relación terapéutica, de asesoramiento.

En una investigación sobre cómo valoraban la timidez los profesores, los padres y los niños de la escuela primaria (en edades de siete y ocho años), los investigadores descubrieron algunas conductas tímidas que eran típicas de la situación (del hogar o del colegio) y otras que eran consistentes en los distintos entornos.[7] Los padres y los profesores de 135 escolares de Iowa completaron escalas de valoración de las características tímido/no tímido de cada niño. Los niños daban valoraciones de sus compañeros en historias grabadas en cinta magnetofónica de conductas tímidas y no tímidas.

Se observó un acuerdo significativo entre los juicios de timidez en entornos escolares y del hogar para las siguientes ocho conductas. Aquellos que estaban de acuerdo en que la presencia de tal conducta era indicadora de la timidez de un determinado niño se anotan junto a esa conducta:

1. conformista
(padre/profesor)
(madre/profesor)

2. cohibida
madre/profesor
padre/profesor
madre/compañero

6. T. Solomon, «Shyness and Self-concept in Grade School Children», University of California, 1977.

7. D. Stockdale, *An Assessment of Shyness in Children by Teachers, Parents and Peers*, tesina, Iowa, Iowa State University Press, 1976.

3. se turba fácilmente	*madre/compañero*
4. voz tenue	*madre/profesor*
	madre/compañero
5. habla poco	*madre/profesor*
6. raramente comparte problemas o ideas	*madre/profesor*
7. raramente inicia una interacción	*madre/profesor*
8. cohibido cuando se encuentra con extraños	*madre/compañero*

Es interesante señalar que los padres tendían a ser inconsistentes en su evaluación de la timidez. Estaban en menor acuerdo con cualquiera de los otros tres grupos evaluadores: madres, profesores o niños. O bien tenían una definición o criterio diferente de la timidez o conocían menos a sus hijos que los otros jueces.

Para nuestra investigación con niños en edad preescolar, no pudimos contar con cuestionarios y entrevistas directas con los niños. En su lugar, utilizamos cuatro fuentes de información diferentes para descubrir lo que significa, para un niño de tres, cuatro o cinco años, ser tímido. Observamos, con nuestros ayudantes de investigación, un número de entornos de clases preescolares, luego administramos nuestro *Stanford Shyness Survey Questionnaire* (Cuestionario de la encuesta Stanford sobre la timidez) a padres y profesores, para que evaluaran la timidez de sus hijos y alumnos. Finalmente, diseñamos un test de timidez, a modo de juego, para valorar indirectamente el concepto de timidez de los niños en edad preescolar.

Los padres, profesores y observadores que participaron en la investigación estaban de acuerdo en un grado sorprendente en cuanto a qué niños eran tímidos, principalmente porque la timidez es un hecho bastante público a esta edad temprana. El niño aún no ha aprendido cómo ocultar al escrutinio público las dudas sobre sí mismo y las ansiedades sociales con el tipo de sutiles estrategias que con frecuencia enmascaran la forma de ser privada de la persona. Se juzgó que un tercio de los preescolares eran niños tímidos, aunque algunos eran más tímidos en el colegio que en casa, mientras que otros lo eran más fuera de la seguridad básica de la escuela o del hogar.

En nuestro juego «¿Qué muñeco es tímido?» se enseñaban al niño dos preciosas marionetas de mano, una de las cuales se presentaba como la tímida y la otra como la no tímida. En respuesta a un conjunto de doce preguntas, el niño señalaba el muñeco que era la respuesta correcta: por ejemplo, el que «juega solo más veces», al que «no le gusta hablar con la gente» y así sucesivamente. Aunque reservemos los detalles de ese estudio para comentar más adelante cómo ayudar a los niños en edad preescolar a vencer su timidez, es importante establecer ahora varias conclusiones relevantes. Hacia los cuatro años de edad, los niños de clase media en nuestra cultura tienen un concepto coherente de lo que significa ser tímido; la timidez es un estado negativo que inhibe las acciones y las interacciones sociales y restringe las oportunidades de divertirse. Los niños se pueden identificar con el muñeco que es «tímido como ellos», pero, independientemente de su propia timidez, prefieren ser como el muñeco no tímido.

Esta investigación sobre la timidez en los niños completa nuestra investigación anterior (y todavía en marcha) sobre la timidez en los adultos. Uno de los objetivos es una mejor comprensión de cómo se desarrolla la timidez, las formas que adopta y las consecuencias que tiene. Otro objetivo es utilizar ese conocimiento para ayudar a los padres, a los profesores y a la gente tímida a intervenir en formas que contrarresten el sufrimiento que impone la timidez. Para los que ya son tímidos, se puede hacer mucho para reducir sus efectos inhibidores e incluso para superarlos completamente. También se tratará en este libro de la prevención de la timidez como parte de un programa general de desarrollo de la personalidad, diseñado para alentar a su hijo a que sea sociable, disfrute de la gente, sea capaz de asumir riesgos oportunos, de aceptar mejor los fracasos y de rendir con todo su potencial.

Antes de comenzar a compartir con usted ideas sobre cómo ayudar a los niños tímidos de cada una de las cuatro categorías de edad que hemos estudiado —preescolar, escuela primaria, escuela secundaria de primer y segundo grado y universidad—, consideremos primero qué es la timidez, las formas que adopta, las experiencias que la desencadenan y las formas en que afecta a la vida tanto de los pequeños como de los mayores.

La timidez es...

La timidez es una actitud mental que predispone a las personas a estar extremadamente preocupadas por la evaluación social que los demás hacen sobre ellas. Como tal, crea una aguda sensibilidad a cualquier indicio de rechazo. Hay una predisposición a evitar a las personas y situaciones que contengan el más mínimo potencial de críticas sobre la apariencia o conducta de la persona tímida. Implica intentar pasar desapercibidos, refrenándose de iniciar acciones que podrían llamar la atención hacia ellos. El doctor Samuel Johnson, en su *Dictionary of the English Language* de 1804, definió la timidez con tres palabras: «reserva», «cautela», «desconfianza».

Casi todos nosotros, *naturalmente*, experimentamos ese tipo de timidez en algún grado. Funciona como un instrumento natural de protección: una reserva sensata que permite a las personas considerar nuevas experiencias antes de lanzarse. Y, en esa pausa reflexiva, tratamos de determinar lo que se espera, lo que es apropiado y deseable decir y hacer en tal lugar y en tal momento. Este enfoque cauteloso es más evidente cuando nos encontramos con gente nueva (especialmente cuando parecen diferentes a nosotros) o cuando estamos en situaciones en las que las reglas del juego no están claras o no las conocemos. Al más abierto de los niños lo podemos ver aferrado al padre o la madre cuando una banda de familiares de visita se inclina sobre él con sonoros y húmedos besos. («¿Qué pasa, se te ha comido la lengua el gato? ¡Ven aquí y dile a tío Luis qué vas a ser de mayor! ¡No seas tímido, que no te voy a comer!»)

Un consejo: no permita a *nadie* que etiquete a su hijo de «tímido», ni siquiera usted, su padre o su madre amantísimos. Como portavoz de los derechos del niño, plantéelo tal como es, por ejemplo: «Necesita algo de tiempo para conocerte, piensa que sólo tenía unos meses en tu última visita».

La timidez, esta «reticencia natural», es más intensa y penetrante en los niños pequeños simplemente porque muchas situaciones son nuevas y muchas personas les resultan extrañas. Con la madurez llega una memoria más amplia de los rostros, de los lugares y de cómo actuar para conseguir lo que quieren y no tener problemas. Y en la mayor parte de los casos, con experiencia, el niño aprende a tener «pequeñas conversaciones» y a utilizar también otras tácticas para reducir gradualmente la brecha de la falta de familiaridad. El punto importante aquí es tratar de ver la situación actual desde la perspectiva del niño. Cuando lo hacemos, normalmente se hace evidente que algo o alguien en esa situación está provocando la reacción de vergüenza en el niño. Pensemos a qué conclusión llegaría un observador de allende el espacio sobre la timidez de todas las criaturas terrestres si el alienígena tuviera que juzgarnos por lo poco que nos hablamos en los ascensores.

La timidez es una virtud, «una gracia especial que hay que celebrar», según algunos filósofos, artistas y otros que prefieren la soledad a la socialización. Prefieren estar solos, pensar, escribir, pintar o conversar con la naturaleza. Si la timidez es *elegida* y se encuentra compatible con los objetivos vitales que se tengan, entonces ser tímido es simplemente hacer lo propio de uno con un contacto social mínimo. Están los que no son tímidos y que consideran la timidez como deseable en otros porque les hace comportarse de manera modesta, sencilla, recatada y agradable. Sin embargo, también hace a estos tímidos más fácilmente influibles y controlables por los explotadores no tímidos. Aún no hemos encontrado a una sola persona, ni de cuatro ni de ochenta y cuatro años, que considere la timidez como un valor personal. Más bien parece una tortura, un estado indeseable de ser que les fuerza a retroceder ante la vida, a veces todo un camino hacia el aislamiento y la soledad.

De acuerdo con el manual de diagnóstico psiquiátrico actual, la timidez es una fobia social, cuyo rasgo esencial es «un miedo persistente, irracional y un deseo compulsivo de evitar situaciones en las que el individuo puede quedar expuesto al escrutinio de los demás. Hay también un temor del individuo a comportarse de una manera que resulte humillante o embarazosa».[8]

Algunas personas tienen miedo a las arañas o a las serpientes, otras presentan una evitación fóbica de las alturas o los aviones. En presencia del objeto temido, surge la ansiedad que amenaza con anonadar a la persona a menos que escape por la salida más próxima. Pero aquellas que tienen fobia a las serpientes pueden vivir en la ciudad y los fóbicos con miedo a las alturas pueden vivir y trabajar en casas de una sola planta. ¿Adónde van los que tienen «fobia a la gente»? Evitan a las personas que provocan ansiedad encerrándose en sí mismos, apartándose de los demás y prescindiendo de ellos. Al hacerlo, intensifican su conciencia de sí mismos y su preocupación egocéntrica. Y lo que es más, en casos en los que la mayoría de las personas se ponen ansiosas, ellos se sienten vulnerables y no quieren que otros lo sepan. La forma en la que se enfrentan a tales sentimientos es aislándose en sí mismos hasta que puedan mantener su ansiedad bajo control. Pero tal aislamiento sólo sirve para empeorar los sentimientos de timidez y privar a la persona de oportunidades de practicar las habilidades sociales.

La timidez tiende a ir de la mano de una baja autoestima. Aunque las personas tímidas valoren alguna destreza o habilidad especial que puedan poseer, la mayoría son sus propios críticos más severos. Paradójicamente, una fuente de esta pobre autoimagen se deriva de los altos niveles que los tímidos tienden a establecer para sí mismos. Siempre se quedan cortos cuando la vara de medir se aplica en unidades de perfección. Es ilustrativo el caso de Steve, estudiante de enseñanza superior que se describe en estos términos: «Mido 1,93 y peso 91 kilos, soy razonablemente fuerte, bien parecido e inteligente. Por lo tanto, se esperaría que me sintiera capaz, confiado y cómodo con los demás. Pero no es así. Me siento inferior a los demás, física y mentalmente, y me siento dolorosamente inepto e incómodo junto a ellos».

Para ayudar a Steve, y a otros como él, hace falta dar un buen impulso a su autoestima, lo cual verá usted que se puede conseguir fácilmente con un esfuerzo concertado. Lo que es más difícil de alterar es la

8. *Diagnostic and Statistical Manual of Mental Disorders*, 3ª ed., Washington, D. C., American Psychiatric Association, 1980, pág. 227.

segunda fuente de la baja autoestima de la persona tímida: los sentimientos de inseguridad.

Idealmente, la relación entre los padres y el niño debería permitir a éste desarrollar un sentido de identidad que esté anclado en una creencia firme en su propia valía personal. Donde el amor no se da con liberalidad, se da condicionado a hacer «lo correcto». En tales circunstancias, el yo y el respeto hacia uno mismo se ponen en peligro cada vez que el niño, y, posteriormente, el adulto, realiza alguna acción. El mensaje está claro: eres sólo tan bueno como tu último éxito, pero nunca mejor que la suma de todos tus fracasos. La aprobación, la aceptación y el amor se ven de esa manera como artículos intercambiables por «la conducta deseada». Y lo que es más temible, se te pueden retirar al momento de haber hecho una cosa mal. Y lo más triste de todo, la persona tímida, insegura, acepta la pérdida como justificada porque realmente no merece «formar parte del grupo», «conseguir el ascenso», «que la saquen a bailar» o «solicitar un puesto de trabajo importante». Incluso después de cierto número de contrariedades, la persona segura de ser querida mantiene la fe en su bondad y valía esenciales. Como un buen jugador de béisbol ante un fracaso o un gran vendedor tras una operación con «pérdidas», este individuo acepta el fracaso y el rechazo como una consecuencia inevitable de asumir los riesgos necesarios, de competir, de llegar más allá del logro cómodo de la cosa segura, buscando el reto de lo incierto.

Los dos siguientes capítulos tratarán concretamente de este aspecto central de la timidez, examinando cómo algunos estilos de educación pueden impulsar la inseguridad, mientras que otros sirven para construir una base sólida de confianza en sí mismo que ayude al niño a resistir los ataques a la autoestima por parte de los compañeros y de las autoridades de fuera del hogar.

Sentirse tímido

¿Cómo se siente el que es tímido?, se pregunta la persona no tímida. Y las personas tímidas con frecuencia se preguntan si los otros tímidos sienten o no las mismas cosas que ellos cuando suena la alarma roja, la señal «la-timidez-se-acerca». Nuestras entrevistas en profundidad con tímidos y no tímidos revelan el abanico de reacciones y la intensidad del sentimiento que intervienen en que una persona se convierta en tímida.

Algunas personas experimentan sólo leves sentimientos de timidez y son dubitativas e inseguras en sus relaciones sociales o se turban fácilmente. Otras son simplemente tímidas. Pero en el extremo del espectro hay un miedo crónico a la gente, que puede impedir por completo que una persona tímida se relacione socialmente.

¡Miedo! La palabra que aparece una y otra vez cuando se habla de la timidez es «miedo». Los cuatro miedos más destacados son: miedo a ser evaluado negativamente por las personas con las que uno se encuentra, miedo al fracaso a la hora de responder en situaciones sociales (no saber qué decir o hacer, o «no poder hablar»), miedo a ser rechazado por alguien que nos agrada o que controla un recurso deseado y miedo a la intimidad (tener que revelar el «yo real» y los «verdaderos sentimientos» a otra persona en privado).

Tales miedos van típicamente acompañados por la excitación física, en la que se descarga la adrenalina, aumentan las pulsaciones, el corazón se dispara, se hace un nudo en el estómago, fluye la transpiración y aparece el rubor. Cada uno de estos síntomas de malestar interno se produce en más del 40 % de los americanos tímidos encuestados.

Mientras que el cuerpo está revuelto, la mente del tímido está incluso más agitada. Está llena de pensamientos y sensaciones desagradables. Hay un grado excesivo de conciencia de sí mismo, un exceso de preocupación por lo mal que se está manejando la situación y por la evaluación que están haciendo los demás, así como de pensamientos negativos que flotan libremente.

> Vivo en una ansiedad agitada, dolorosa, de preocupación por mí misma, y estoy cansada de eso. En algún lugar dentro de mí, sé que existe la capacidad de ser libre, de reír, de amar —posiblemente incluso a mí misma—... Tengo muchas cosas de lo que se supone que hace una vida feliz: un marido que me quiere, dos hijos brillantes, prometedores, una casa en el campo. Debería estar contenta, pero casi siempre me siento desdichada. Me escondo. Me oculto. Tengo miedo de la gente. Mi profesión, enfermera, me aterra. Evito a toda costa las confrontaciones desagradables.

Además de su conciencia de tener miedo y estar agitadas, muchas personas tímidas son tremendamente conscientes de que padecen déficit en las destrezas sociales: carecen de las adecuadas habilidades verbales que son necesarias para sentirse cómodas en las conversaciones, de seguridad para negociar los conflictos interpersonales e iniciar acciones en su propio interés. Y, finalmente, pueden ser insensibles a los matices de la conducta social apropiada que sería necesaria, por ejemplo, para conseguir la atención de alguien, interrumpir eficazmente, manejar los cumplidos o saber cuándo cortar antes de que las cosas se pongan al rojo vivo.

Como padres, profesores o amigos dispuestos a ayudar, podemos ejercer una influencia considerable en la mejora de la timidez. Lo hacemos cuando modelamos las conductas sociales adecuadas, cuando facilitamos al tímido muchas ocasiones de practicar la socialización, cuando le proporcionamos una retroalimentación constructiva, no amenazadora, que le ayude a mejorar sus habilidades sociales y, sobre todo, cuando recompensamos todos sus intentos de comportarse como un ser social.

Hemos observado que, mientras algunos tímidos lo son evidentemente, incluso para un observador ocasional, otros han aprendido a ocultar su tormento interno al escrutinio más cuidadoso. Estos dos tipos básicos de personas tímidas, los *tímidos introvertidos* y los *tímidos extravertidos*, representan lo esencial de la experiencia de la timidez y atraen todo nuestro interés. De estos dos tipos de personas tímidas hemos aprendido la mayor parte de cómo es *sentirse* tímido y hemos visto que sus sentimientos son bastante similares, a pesar del hecho de que el yo público sea tan espectacularmente diferente en unos y en otros.

Los tímidos introvertidos son aquellas personas cuya timidez —como la ropa interior almidonada— no se puede ocultar. Un estudiante tímido, que se está especializando en patología del lenguaje, describe los sentimientos y los síntomas de la timidez extrema de la manera más sucinta posible:

> Estaba investigando sobre la tartamudez, revisando pasajes que describían el trauma emocional y los sentimientos yuxtapuestos del tartamudo (el *deseo* de hablar y el *miedo* a hablar). Recordaba constante-

mente miedos similares, conductas de evitación anticipatoria, y muchos otros factores de asociación implicados en la tartamudez, que podía aplicar a mi propia experiencia con la timidez.

Recuerdo que pensaba, al tiempo que leía diversas características de la evitación, cómo estos miedos y ansiedades son similares a los míos.

Por ejemplo, anticipo que me voy a sonrojar cuando hable, por lo tanto, entro en conversación con ansiedad. Cuando hablo en realidad, la ansiedad se ha convertido en fisiológica —el corazón va a 200, sudo—, entonces pienso para mí que ya me debo de estar sonrojando; luego me sonrojo, incluso aunque no me hubiera sonrojado antes, ¡o me sonrojo *más* si ya lo estaba!

Es muy parecido a la conducta anticipación-ansiedad-tartamudeo que presenta el tartamudo. Al incrementar mi vergüenza porque me sonrojo, pienso que parezco torpe a mi interlocutor y que le hago sentirse torpe. Al fin, toda la situación se desencadena en: 1) confusión por mi parte porque ahora me estoy concentrando en mi (odiado) sonrojo y 2) confusión o impaciencia, falta de respeto por lo que yo digo (en estos momentos farfullando) o pena —la puedo ver en sus ojos igual que un tartamudo puede ver la pena, la conmoción o el horror en los ojos de la persona que le escucha— por parte del interlocutor porque puede ver que estoy incómodo y soy incapaz de expresarme (porque lo único que en ese momento deseo es que me trague la tierra).

Además de la vil miseria de este tipo de situación, podemos ver claramente que la persona tímida se cierra en ambos extremos, el receptor y el emisor, en lo que respecta al rechazo. En último extremo le rechazan, y en algún punto del proceso global se repliega en la timidez, rechazando así a cualquiera que esté intentando escuchar o llegar a ella. No es sorprendente, por lo tanto, su aversión a asumir riesgos, a intentar cosas nuevas. El miedo al fracaso (que puede comprender la escala desde un encuentro social difícil hasta aprender un deporte nuevo) es tan grande, que muchos niños tímidos se quedan encerrados en casa, sin darse nunca la libertad de descubrir lo bien que podrían ser capaces de funcionar en los aspectos sociales, académicos o creativos. Así, no aprenden a hacerlo en la única forma posible: a través de la práctica, el ensayo-error y el éxito.

Los extravertidos tímidos, por otro lado, se las arreglan para encontrar las palabras en la mayoría de las situaciones, responder calurosamente a las demás personas a base de sonreír, reír, establecer contacto ocular, saludar, y de esa manera consiguen ocultar bastante bien su timidez a los ojos de los demás. Tan bien lo hacen, que con frecuencia sus mejores amigos no saben que experimentan muchas de las mismas sensaciones y miedos que los introvertidos tímidos. Casi siempre son capaces de superar su timidez y representar el papel de la persona no tímida. Un muchacho de dieciocho años, bastante vivaracho, describía del siguiente modo cómo es un tímido extravertido:

> Muchas veces, en situaciones nuevas o cuando estoy con personas a las que no conozco o que me producen terror, mi corazón se acelera tanto que me preocupa que la gente pueda realmente verlo latir en mi pecho. Se me seca la boca, las manos se me ponen pegajosas, pero durante todo el rato consigo hablar y sonreír porque en realidad no quiero que nadie sepa que soy tímido. Sigo intentándolo y normalmente presento una buena fachada porque de verdad me gustan las otras personas y, por muy incómodo que pueda ser, me agrada estar con ellas.
>
> A veces, cuando entro en una habitación llena de gente, no sólo tiemblo, sino que realmente me mareo. O rechazo una taza de café porque temo que mi temblor me hará derramarla.
>
> Lo que más vergüenza me da es que, cuando me presentan gente nueva, lo primero que sucede es que olvido sus nombres, simplemente por estar tan preocupado por la impresión que les voy a producir.

Los tímidos extravertidos se pueden lucir cuando pueden representar papeles bien ensayados en situaciones claramente definidas y, especialmente, cuando tienen un papel protagonista. Actores, políticos, profesores universitarios, reporteros, presentadores de televisión pertenecen a esta raza con más frecuencia de lo que se podría sospechar. Crean la ilusión de «actuar con naturalidad», lo que requiere una gran práctica y un esfuerzo concentrado (y tal vez una o dos copas). Su timidez se expresa cuando dejan el escenario o cuando se apaga la luz roja de grabación y ellos también tienen que manejarse con la espontaneidad y el toma y daca no explicado de los encuentros cotidianos con la gente normal.

Los tímidos extravertidos nos hacen conscientes de un aspecto especial de la timidez, la separación entre el yo público y el yo privado, «real». Carol Burnett interviene en una variedad de papeles de no tímida, con un estilo único, que le ha hecho ganar premios importantes como una actriz excelente. Pero, si se encuentra ante un producto defectuoso o un cóctel lleno de desconocidos, ella es la primera en admitir que el espantajo de la timidez se inmiscuye hasta hacerla sentirse torpe e incómoda. El antiguo presidente Carter y Rosalyn Carter han declarado ambos públicamente lo mucho que les disgustaban las campañas electorales porque ambos son tímidos. La lista de tímidos parece interminable, cada día añadimos una celebridad más a ella, incluyendo a John Travolta, el fallecido Jimi Hendrix, Charlton Heston, Loni Anderson, que en televisión es Jennifer, la recepcionista sexy de WKRP, y Michael Jackson, que dice que es tímido en privado, pero que se siente cómodo en el escenario. En una entrevista con Johnny Carson, Mike Wallace trató de la timidez privada de esta persona pública, que tantos éxitos ha cosechado.

MW: Hay un estereotipo de Carson. Usted sabe que lo hay.

JC: Bueno y ¿cuál es?

MW: Es el del hielo en sus venas...

JC: Me lo quitaron hace años. Fui a Dinamarca y me lo quitaron. Ya está solucionado.

MW: Tímido, defensivo...

JC: Probablemente es verdad. Recuerdo cuando estaba en el instituto. Si sacaba mis apuntes y leía algunas cosas, la gente podría decir, mira, es vanidoso, es distante. En realidad, era más que nada timidez. ¿Sabe? Cuando estoy delante de una audiencia, es diferente. Si estoy delante de una audiencia, me puedo sentir cómodo.

MW: ¿Por qué?

JC: Porque tengo el control.

MW: (Aparte.) Ésta es una clave para comprender a Carson. Control. Profesionalidad, él insiste en ello. Socialmente, no puede pedir eso, por lo que se retira. Se siente incómodo. Y el hecho es que es tímido.

JC: Está Carson el actor y está Carson el individuo privado y yo los puedo separar a los dos.

Los orígenes de la timidez

Algunos psicólogos apuntan a un componente genético de la timidez. Dentro de la primera semana de vida, los bebés parecen diferir en su emocionalidad; algunos lloran mucho y se angustian fácilmente. Además, los niños muestran diferencias temperamentales en su sociabilidad, que puede evolucionar hacia patrones bastante fijos de conducta social.[9] Los que tienen un sistema nervioso más «sensible», siguen argumentando, reaccionarían en exceso a las amenazas. El acercamiento con cautela y la retirada pronta de las situaciones sociales amenazantes evolucionaría luego en estos niños como forma de manejar su mayor nivel de ansiedad.

Las pruebas que apoyan el origen hereditario de la timidez son indirectas y no muy concluyentes. Los bebés difieren naturalmente en lo capaces que son de responder emocional y socialmente, pero no se ha demostrado que los que *son* más «sensibles» se conviertan en tímidos de niños o de adultos, mientras que sus hermanos más caraduras se convierten en los niños enérgicos del barrio.

Las experiencias sociales aprendidas pueden conformar la mayoría de los patrones de conducta genéticamente determinados. Los bebés que sonríen consiguen que les sonrían, los cojan y les hagan mucho caso, más que los tranquilos o plácidos. Resulta más divertido estar con los niños sociables porque responden a la atención que reciben. Consiguen más recompensas sociales y palmadas cariñosas porque ellos dan más, tanto a los otros niños de su edad como a los adultos.

La creencia de que hay un componente genético en la timidez incluye la noción bastante extendida de que la timidez se hereda. Desde luego, hay evidencias de que la timidez va por familias; es probable que al menos uno de los padres de un niño tímido también sea tímido. Sin embargo, en esas mismas familias, hay muchas posibilidades de que otros niños no lo sean. Pero el problema está en la dificultad de separar la contribución de las predisposiciones heredadas hacia la timidez en un niño concreto, de las consecuencias aprendidas de la familia, la escue-

---

9. J. M. Cheek y A. H. Buss, «Shyness and Sociability», en *Journal of Personality and Social Psychology*, 1981, bajo revisión editorial.

la, el trabajo y las experiencias culturales que producen timidez, independientemente de la herencia.

Hemos deducido de nuestra investigación que hay varios orígenes diferentes de la timidez, enraizados en las experiencias de la temprana infancia y en cómo el individuo percibe e interpreta tales experiencias. Algunos niños tímidos informan de fracasos concretos en entornos sociales, dificultades en la escuela, comparaciones desfavorables con hermanos mayores, familiares o compañeros. Otros, de todas las edades, padecen la pérdida de los apoyos sociales normales, debido a las frecuentes mudanzas de la familia a nuevos vecindarios o a cambios repentinos en los lazos sociales, debido al divorcio, la muerte, un cambio de colegio o cosas similares.

Cuando los padres proporcionan unos modelos deficientes de los que aprender la alegría de la comunicación, así como de las básicas habilidades sociales que son esenciales para una interacción real, sus hijos, en «desventaja social», es más probable que sean tímidos. Éste parece ser el caso de los niños nacidos en Estados Unidos cuyos padres proceden de culturas que no muestran públicamente el afecto ni las emociones y no hay conversaciones ni debates activos entre padres e hijos.

Una total falta de experiencia en entornos sociales contribuye a la timidez. Vivir en áreas aisladas o ser educado en entornos restringidos, que niegan el acceso a una diversidad de experiencias sociales, contribuye a la torpeza y al miedo a lo desconocido. Por ejemplo, estar solo con alguien del sexo opuesto es uno de los más potentes desencadenantes de la timidez, desde la adolescencia hasta la vejez, pero no entre los niños pequeños. La razón es evidente: las personas de sexos diferentes están separadas por una multitud de mecanismos sociales, antes de la aparición de la pubertad. De ese modo, el otro sexo no sólo es «diferente», sino también una especie extraña sobre la que sabemos poco. Para muchos padres que quieren mantener a raya el interés natural entre los sexos (hasta que el matrimonio los una), el consejo es «Más vale ser tímido hoy que lamentarlo mañana».

Nos ha asombrado repetidamente cómo muchas personas tímidas pueden señalar el día, el lugar y el culpable de colocarles la etiqueta de la timidez. A veces el niño adopta la etiqueta como descriptiva de sí mismo porque debe ser así si lo dicen de esa forma el autorizado papá o el profesor que lo sabe todo. A veces la timidez se acepta como preferible a otras etiquetas que pueden dar cuenta de por qué el niño no responde de forma apropiada, como «perezoso», «tonto» o «antipático».

Otro factor que es bastante probable que incline la baja autoestima en la dirección de la timidez es la vergüenza. La lista de cosas sobre las que se puede sentir vergüenza es interminable: un aspecto personal insatisfactorio, malos hábitos, miembros de la familia peculiares, por mencionar sólo unos cuantos. La vergüenza da a las personas algo que ocultar, algo que les hace sentirse en evidencia. ¿Qué será primero: la vergüenza o la timidez? Tal vez vengan juntas. Una mujer nos dijo que había sido tímida durante toda su vida y que, desde que ella recuerda, su abuela siempre la reprendía con las palabras: «¡Qué vergüenza!», «Tendrías que tener vergüenza de ti misma», por prácticamente cualquier acto, conducta inadecuada o fracaso.

En cualquier caso, nuestra investigación corrobora que en la cultura en la que la timidez es más predominante —Japón, con alrededor de un 60 % de los encuestados, que dicen que son tímidos— la vergüenza se utiliza como una herramienta para conseguir que la gente se comporte o actúe de la forma que la sociedad dice que se «debería». Típicamente, los japoneses crecen con la idea profundamente inculcada de que no tienen que llevar la desgracia a la familia y «desgracia» se podría considerar no rendir bien en la escuela, cometer un error en los campeonatos deportivos escolares o cualquier otro fracaso. En este aspecto, se puede establecer una comparación interesante entre los valores culturales de Japón e Israel, donde la timidez es menos predominante que en cualquier otro país de los que hemos estudiado. En Japón, el fracaso cae enteramente sobre las espaldas de la persona que ha errado, mientras que sus éxitos se acreditan a padres, abuelos, profesores, entrenadores o a Buda. Un sistema así impide que el individuo asuma riesgos y tome iniciativas en solitario.

Los niños israelíes experimentan normalmente las prácticas de educación opuestas. Cualquier éxito se atribuye personalmente al individuo, mientras que los fracasos se externalizan, culpando a una enseñanza inadecuada, al juego sucio, a los prejuicios o a cualquier otra cosa. Hay recompensas tanto por tratar de conseguir algo como por su logro, con pocas, si es que hay alguna, fuentes de castigo para el fracaso. El niño israelí no tiene nada que perder y tiene todo por ganar si lo intenta. ¿Por qué no intentarlo? El niño japonés, que tiene poco que ganar por intentarlo y mucho que perder, abandona, posterga y deja pasar la oportunidad.

En nuestra cultura, los niños educados bajo valores parecidos a los de los japoneses evitan situaciones de incertidumbre o novedad y arriesgan poco en los entornos sociales. Éstos, como hemos visto y comentaremos de nuevo más adelante, son los rasgos distintivos del modo en que la persona tímida se enfrenta a la vida.

Creemos que la timidez, en último extremo, está producida por una combinación de sentimientos de baja valía personal, de etiqueta colocada y de vergüenza. Y, cuando todos estos factores se presentan en grado extremo, las consecuencias pueden ser devastadoras. Un ejemplo se puede ver en Sarah, una estudiante que viajó desde Oregón a Palo Alto, en un esfuerzo por ingresar en la Universidad Stanford para estar cerca de la Shyness Clinic, que veía como su última esperanza.

La primera vez que vimos a Sarah, estaba sentada en el despacho con los hombros echados hacia adelante en ademán de protegerse, la cabeza hacia abajo, el cabello largo cubriéndole el rostro y no sólo no establecía contacto ocular sino que también mantenía los ojos cerrados. Cuando le pedimos que nos hablara de su timidez, musitó que no podía. Continuó tratando de animarse a hablarnos, pero sólo podía susurrar, a veces de forma incoherente. Al fin, puesto que no íbamos a ninguna parte, le sugerimos que hablara a un magnetófono y la dejamos sola en el despacho. Al rebobinar la cinta, lo que llevó a Sarah casi una hora de balbuceos, esto fue lo que oímos:

> Estoy gastando la cinta... (*cuatro minutos completos de silencio*)
> Es muy difícil para mí mirar a los ojos a la gente porque... porque... toda mi vida ha sido muy difícil comunicarme con las personas, o sea, mirarles a los ojos... Mi madre, ¿sabe? dice... que mi personalidad era así... Y crecer sin tener ninguna amiga, ¿sabe?... ninguna buena amiga de verdad.
> El motivo por el que la gente no me entiende... cuando miro a las personas... no puedo pensar correctamente y, en realidad, no sé hablar muy bien. Siento que no le caigo bien a nadie porque, ¿sabe?, no tengo muchas cosas que gusten... no soy alegre, no soy animada... y yo no sé si puedo hacer algo bien... valer algo para las otras personas.

Es sólo que no puedo... siento que yo... que... no puedo poner en orden mis ideas... Estoy nerviosa... como ahora, ¿sabe? Lo que digo no tiene mucho sentido. Me siento como una maldita idiota... Me pregunto si hay alguna esperanza para mí. Yo lo intento. He sido una majadera viniendo aquí, a Stanford, tratando de conseguir ayuda. No puedo seguir así. Una parte de mí quiere amigos y la otra parte está asustada... No sé si me aceptarán... No creo que valga la pena que me acepten. Porque ¿sabe?... he decidido luchar... por un cambio... por algo. Nunca lo he hecho antes en toda mi vida... Espero que pueda funcionar.

Ahora me siento un poco más relajada... Trataré de explicarme mejor.

Toda mi vida creciendo con una hermana mayor que era muy extravertida... Era muy difícil crecer con ese peso. Todo el mundo la alababa... me hacía sentir inferior. Luego tener un hermano que es igual... te hace sentir como un sándwich en medio de los dos. Realmente, increíble. Luego tener un padre que maltrata... Nunca me podía sentir segura en esa casa porque él había llegado y estaba con un estado de ánimo violento... Cuando bebía, estaba más violento. Nunca me sentía segura. Siempre decía, ¿sabe?, que yo no valía, que nunca debería haber nacido, que yo era un accidente... y él no quería un segundo hijo y luego llegué yo. Mi padre nunca me dejó que lo olvidara.

Mi madre... era mejor, en el sentido de que siempre intentaba que me sintiera bien en la casa (pero esto suena como que, a lo sumo, Sarah era una invitada). Ella siempre creía que yo no tenía la culpa...

Los profesores, ¿sabe?, siempre se estaban metiendo conmigo. Cuando estaba en la escuela primaria, tenía una o dos amigas buenas de verdad... Una profesora... pedía a las niñas realmente malas que se hicieran amigas mías. Yo no podía responderles. Eran tan desagradables siempre. Los profesores siempre me dejaban fuera... porque no tenía muchas amigas. Siempre me enviaban al psicólogo del colegio.

A partir de esto y de las conversaciones siguientes con Sarah (que poco a poco conseguimos que fueran más fáciles), era evidente que su autoestima se había destruido. Y aun así, el entorno del hogar era sólo *un* factor en la construcción de su timidez, tan debilitante.

Otros factores importantes, nos dijo Sarah, incluían tener que llevar unas gruesas gafas, unos horribles zapatos ortopédicos y un «andador», todo lo cual le hacía sentirse extremadamente inferior y siempre consciente de sí misma. Y, después de que Sarah comenzara a ir al colegio, su profesora de primer curso convirtió en una costumbre llamar la atención hacia sus problemas con los pies, obligándola a levantarse delante de la clase y a «caminar derecho», lo cual proporcionaba a sus compañeros una «comedia» y a Sarah una audiencia burlona. En una experiencia muy clásica, Sarah pasó de ser el chivo expiatorio de la familia a ser el chivo expiatorio de la profesora, papel que iba a representar muchas veces a lo largo de los años.

Ciertamente los padres de Sarah habían empezado, pero lo importante al considerar el papel que ellos desempeñaron es que *tuvieron muchos cómplices*.

Padres mucho menos culpables que los de Sarah se culpan a sí mismos si sus hijos son tímidos. Aunque evidentemente es cierto que la timidez a veces se puede rastrear hasta el entorno del hogar, hay, como ya hemos visto, otras causas.

Hemos descubierto que los más vulnerables a la timidez son los niños que se relacionan bien con los adultos pero no con sus compañeros, los niños superdotados, los hijos únicos, los niños demasiado maduros para su edad, los que viven en entornos aislados (áreas rurales o áreas urbanas inseguras), los muchachos debiluchos y otros que se ven a sí mismos como significativamente diferentes. Y hemos observado que la timidez aflora con frecuencia cuando los padres se divorcian o cuando se producen otras crisis en una familia. Colocarlos en un centro altamente competitivo, orientado al logro, puede debilitarlo todo excepto los fundamentos bien afianzados de la propia valía. Muchos estudiantes de enseñanza secundaria informan que se han convertido en más tímidos como consecuencia de ser alumnos internos en un centro de altos vuelos.

Causas que suscitan la timidez

Exactamente de la misma manera que hay una variedad de causas que predisponen a alguien a ser tímido, hay muchas situaciones específicas que precipitan la reacción de la timidez. Los tipos de personas y de entornos sociales que desencadenan la respuesta de timidez se pueden resumir como sigue:

Otras personas (en orden de su potencial para desencadenar la timidez):

1. los desconocidos,
2. las autoridades en virtud de sus conocimientos,
3. los miembros del sexo opuesto,
4. las autoridades en virtud del papel que desempeñan,
5. los familiares y extranjeros,
6. las personas ancianas (para los jóvenes),
7. los amigos,
8. los niños (para las personas mayores),
9. los padres,
10. los hermanos (menos que cualquier otro).

El principio subyacente parece ser que la timidez la suscitan en mayor grado aquellos que se perciben como diferentes, los relativamente poderosos, los que controlan recursos deseados o los suficientemente conocidos para hacer evaluaciones críticas.

Situaciones (en orden de su potencial para desencadenar la timidez):

1. en las que soy el centro de atención: en grandes grupos o cuando tengo que hablar en público,
2. en las que tengo el estatus inferior,
3. en las que se requiere seguridad,
4. nuevas, en general,
5. en las que soy evaluado,
6. de vulnerabilidad (necesito ayuda),
7. interacciones cara a cara con el sexo opuesto,
8. sociales, en general,
9. en las que soy el centro de atención: grupos pequeños,
10. en las que formo parte de un grupo pequeño de trabajo.

Las personas tímidas comienzan a preocuparse cuando tienen que actuar en situaciones poco familiares, cuando son objeto de atención y de evaluación crítica por parte de otros que perciben que son dominantes o exigentes.

Tales circunstancias producen cierta ansiedad incluso en personas confiadamente seguras, pero éstas consideran la ansiedad como un indicio de que hay que hacer un mayor esfuerzo para manipular el entorno y conseguir que funcione a su favor. De forma parecida, un atleta interpreta el flujo de adrenalina que se produce inmediatamente antes de la competición como la emoción y la «preparación» para el reto, más que como una preocupación ansiosa por expectativas de fracaso. Tendemos a mantener la timidez por las formas sesgadas en las que hemos aprendido a interpretar nuestras reacciones a situaciones que con frecuencia tergiversamos. Así pues, una estrategia importante para tratar la timidez consiste en reestructurar esos pensamientos, para que nos lleven a funcionar de manera constructiva en vez de a la parálisis de la inactividad.

Lo que puede hacer la timidez

La timidez ocasiona muchas cosas negativas en las personas, jóvenes y viejas:

• Dificulta conocer gente nueva o disfrutar de experiencias potencialmente buenas.

• La timidez impide que las personas hablen de sus derechos y expresen sus propias opiniones y valores. Los tímidos son más conformistas y es menos probable que cuestionen las reglas y las autoridades opresivas.

• Limita las evaluaciones positivas por parte de otros de los puntos fuertes personales.

• Alienta estar consciente de uno mismo y la preocupación excesiva por las propias reacciones, hasta la exclusión de la preocupación por los demás.

• La timidez no deja pensar con claridad y comunicarse eficazmente, produciendo de ese modo dificultades de aprendizaje a los niños en la escuela.

• Sentimientos negativos tales como depresión, ansiedad, autoestima baja y soledad acompañan típicamente a la timidez.

• Las personas tímidas son más dependientes que otras de la presión de los iguales y más vulnerables a ella, lo cual, en el caso de los muy jóvenes, los hace susceptibles a las presiones para fumar, beber, usar drogas, ser promiscuos de mala gana e incluso afiliarse a sectas.

• Las personas tímidas tienden a guardar sus emociones, lo que no sólo les priva del calor y la intimidad con otros, que todos necesitamos, sino que también les puede llevar a reprimir su ira, hasta que estalla, a veces con violencia.

• Los niños tímidos se resisten a plantear preguntas, a buscar aclaraciones o a pedir ayuda en el colegio cuando la necesitan.

• A las personas tímidas de toda las edades se las interpreta mal con frecuencia. Como señaló el poeta Tennyson, «Ella era tímida, y yo la juzgué fría». Puede parecer que no les interesa lo que alguien les está diciendo, o que son poco amigables o poco de fiar, puesto que no son capaces de mirar a las otras personas a los ojos. Si, además, son atractivos, se considera que los tímidos son arrogantes y rechazan a los demás.

• Cuando los síntomas funcionan a toda marcha, la persona tímida puede recordar experiencias pasadas con turbación y preocuparse anticipadamente por futuras tonterías. El presente, al menos el presente social con su oportunidad de disfrutar el momento, se convierte en prácticamente inexistente. Casi el 10 % de los tímidos son tímidos incluso cuando están solos.

• Con toda esta preocupación por sí mismas, las personas tímidas no sintonizan adecuadamente con lo que sucede en el momento y, de esa manera, no escuchan adecuadamente muchas veces. Un buen ejemplo de esto es que las personas tímidas frecuentemente olvidan el nombre de una persona inmediatamente después de que se la han presentado. Y la incapacidad de concentrarse en el presente y de seguir adecuadamente el curso de lo que se está diciendo dificulta pensar con claridad o expresarse con eficacia.

• La amistad con los de la misma edad no sólo es agradable, sino que las investigaciones han demostrado que es vital para el crecimiento y la salud emocional de un niño. Cuando la timidez impide a los niños tener amigos, lo cual es bastante posible, está perjudicando su salud emocional.

Nuestra preocupación primordial es ayudarle a minimizar los efectos de la timidez que puedan impedir a sus hijos alcanzar su pleno potencial como seres humanos. Incluso cuando los niños son sólo moderadamente tímidos, se pierden valiosas experiencias sociales. Y, cuando la timidez es realmente grave, vivir en esa cárcel psicológica puede arruinar una vida.

Sarah es un ejemplo de lo mucho que se puede hacer por los niños tímidos. No sólo lo consiguió por la entrevista con el departamento de admisión, sino que ha sido aceptada como una alumna en tránsito a la universidad que había elegido. Y por primera vez en su vida tiene muchos amigos cuyas atenciones le han enseñado a sonreír, a mirar a los ojos, a disfrutar de la vida y aspirar a algo más. Aún es bastante tímida, pero no es la misma alumna dolorosamente tímida que vino desde Oregón en busca de ayuda. Utilizando sus propias palabras: «Después de estar aquí dos semanas, toda mi vida comenzó a cambiar de rumbo porque encontré a personas que se preocupaban por mí». Sí, cambió de rumbo porque las personas se preocupaban lo suficiente por ayudar a que Sarah hiciera que eso le sucediera y por su propia fuerza interior.

Sarah es una inspiración para que todos —padres, profesores, humanos comprometidos— hagamos todo lo posible por ayudar a nuestros hijos a vencer la timidez.

2
Un estilo educativo para combatir la timidez

Los padres con varios hijos tienen con frecuencia tantas actitudes educativas como hijos. Una madre de una familia de catorce hijos, por ejemplo, se describió a sí misma diciendo: «Soy catorce madres diferentes». Sin embargo, hay tres estilos educativos con los que generalmente se cuenta y cada uno de ellos tiene un impacto diferente sobre los hijos. La psicóloga Diana Baumrind[1] describe esos estilos en esencia como sigue: el estilo *permisivo* «tiene como meta darle al niño la mayor libertad posible que sea compatible con su supervivencia física», el estilo *autoritario* «valora la obediencia como virtud y cree que hay que restringir la autonomía del niño», el estilo *autorizado* «trata de dirigir las actividades del niño de una manera racional, orientada a los resultados». Después de estudiar los efectos de estos estilos educativos sobre ciento cincuenta niños, la doctora Baumrind llegó a la conclusión de que, de los tres, el estilo autorizado era el más eficaz.

Cuando se busca una posible conexión entre la timidez y los estilos educativos de los padres, vemos que es más probable que el estilo autorizado cree en un niño sentimientos de seguridad y de confianza en sí mismo, de ahí que sea el más eficaz para combatir la timidez. Para una comprensión más profunda de las razones que hay tras esto, echemos una mirada más de cerca a estos estilos educativos básicos y a lo que hacen para promover o dificultar el desarrollo de un niño con capacidad de respuesta a lo social.

1. D. Baumrind, «The Development of Instrumental Competence Through Socialization», en A. Pick (comp.), *Minnesota Symposia on Child Psychology*, vol. 7, Minneapolis, University of Minnesota Press, 1973, págs. 3-46; y «The Contributions of the Family to the Development of Competence in Children», en *Schizophrenia Bulletin*, vol. 1, nº 14, otoño de 1975, págs. 12-37.

Contrariamente a la creencia popular, la permisividad no contribuye mucho a la sensación de seguridad del niño. Se ha descubierto que con frecuencia los padres permisivos son indiferentes a casi todo, desde el llanto que señala una necesidad de consuelo o de atención, hasta fijar unas normas de conducta a medida que el hijo se hace mayor. Los padres permisivos son a veces benignamente descuidados e inconsistentes y pueden transmitir a sus hijos una sensación de que no les preocupan. Recordando su propia educación permisiva, una estudiante universitaria nos dijo: «No es que mis padres fueran malos y ciertamente no eran estrictos. No creo que realmente se preocuparan porque simplemente no se les podía molestar. Crecí sintiendo que yo no era muy importante y que no valía la pena molestarse por mí, cosa que creo que es una de las razones de mi timidez».

En el otro extremo del espectro están los padres autoritarios, que también son descuidados en lo que respecta a mostrar afecto y preocupación. También dejan que el niño llore en vez de consolarlo con cariño, por un temor erróneo de que responder al llanto de un bebé para que lo cojan dará lugar a un niño «malcriado». Desde el principio, aunque puedan tener en cuenta todas las necesidades físicas reales de los niños y prestarles mucha atención en lo que se refiere a disciplina y guía, los padres autoritarios no prestan a sus hijos mucha atención positiva. Realizan en silencio su tarea paternal y no los consuelan ni los abrazan; no les leen, ni les hablan, ni juegan mucho con ellos. Los padres autoritarios tienden a estar muy preocupados por que la «buena» conducta de sus hijos los refleje bien a ellos. Con frecuencia les preocupa más la evaluación de los de fuera que los de su familia. Al creer sinceramente que siendo rígidos y duros, por ejemplo, convertirán a su hijo «en un hombre», pueden estar haciendo justo lo contrario. Como dice la especialista en desarrollo infantil Eleanor Maccoby, de la Universidad Stanford: «Dos formas de hacer a un niño excesivamente dependiente son ignorarlo y tratarlo toscamente... La retirada del afecto, la insensibilidad, la falta de respuesta y el rechazo son cosas que pueden conducir a una conducta dependiente». Cuando no se cubren las necesidades de afecto de un niño, permanecen insatisfechas, dando lugar a sentimientos de inseguridad que pueden contribuir a la dependencia de los demás.

La relación entre el autoritarismo y la timidez está clara en esta descripción de una estudiante tímida: «La buena conducta lo era todo para mi madre, que siempre estaba preocupada por las apariencias. Era muy estricta y quería que estuviéramos callados, educados y nos comportáramos bien. Estaba siempre muy tensa y nunca era expresiva. Pero siempre estaba pendiente de la disciplina. Creo que estaba tan ocupada en tratar de crear unos hijos perfectos que no tenía tiempo de ser afectuosa. No recuerdo que me cogiera en brazos, sólo recuerdo a una madre haciendo terriblemente su trabajo.

Su inflexibilidad y sus exigencias de perfección me ponían nerviosa y me hacían sentir que nunca podría alcanzar su nivel de exigencia; nunca sería tan buena como debería. Siempre me he sentido inferior de algún modo y muy consciente de mí misma».

Un estilo educativo autoritario es más probable que sea característico de un enfoque de un padre hacia sus hijos, puesto que este estilo se ajusta mejor que los otros a los estereotipos masculinos, así como a los valores tradicionales del «lugar de trabajo». Su énfasis está en el producto, no en el proceso; los sentimientos se relegan al último rincón porque a menudo se interponen en el camino del cumplimiento eficaz de la tarea. El control, el poder, el estatus y la autoridad son los medios que utilizan para conseguir las metas explícitas. La cooperación, la negociación y la participación democráticamente compartida en el establecimiento de los objetivos y los medios para conseguirlos *no* forman parte de la manera que tiene el autoritario de conseguir que se hagan las cosas.

¿Pero qué sucede cuando un niño incorpora tales valores en su enfoque hacia otras personas? La supervivencia de los individuos y los grupos requiere flexibilidad, capacidad de sobrellevar la incertidumbre, toma de decisiones que integre diversas entradas de otras personas y siempre alguna predisposición a negociar y a aceptar el compromiso. Para el autoritario, estas estrategias y tácticas «sociopolíticas» se presentan como molestias y barreras innecesarias, más que como arte y parte de la interacción entre seres humanos imperfectos.

En una investigación con estudiantes universitarios observamos una relación significativa entre la timidez y una tendencia a apoyar valores autoritarios.[2] Este hallazgo encaja con nuestro análisis de la naturaleza de la timidez en el capítulo anterior, donde veíamos que la evitación de las situaciones sociales nuevas, no estructuradas, es típica de las personas tímidas, como lo es un mejor funcionamiento cuando se les da un papel concreto que desempeñar en una relación social bien definida. Pero el camino por el mundo está formado frecuentemente por senderos sin señalar, con mojones borrosos y con guías en cambio permanente.

El punto medio entre estos dos extremos es, evidentemente, el estilo autorizado que, de acuerdo con las investigaciones de la doctora Baumrind, presenta a unos padres que mantienen totalmente el control, aunque son muy solícitos. Los padres autorizados son afectuosos, tienen una idea realista de lo que un niño concreto es capaz de hacer en una determinada etapa del desarrollo y hablan a su hijo y le escuchan. Estos padres modifican las reglas y las decisiones según cambia la situación y cuando hay unas pruebas convincentes (a veces presentadas por el niño) de que hay que hacerlo de otro modo.

Antes de atormentarse, desesperado por haber sido demasiado permisivo, demasiado dictatorial o por haber hecho que su hijo sea tímido, anímese. Recuerde que hay también otras fuerzas que pueden hacer que un niño sea tímido y que siga de esa manera. La psicóloga doctora Louise Bates Ames, del Gessell Institute of Human Development, de la Universidad de Yale, nos dice: «Aunque el entorno del hogar es un factor importante en el desarrollo psicológico de un niño, sólo es un factor. Otras influencias son la escuela, la iglesia, las relaciones del niño con otros adultos y, de forma más contundente, su grupo de iguales y sus rasgos innatos de personalidad».

Pero muchos de los padres, continúa diciendo, «tienen un profundo temor básico a estar causando daño a sus hijos de algún modo. Pero el hecho es que los padres escrupulosos, al preocuparse por esto, probablemente se producen *a sí mismos* más ansiedad de la que nunca podrían infligir a sus hijos.

Naturalmente —nos recuerda— si los padres son muy severos, indiferentemente permisivos o terriblemente inconsistentes en el trato con

2. R. Schicha y P. G. Zimbardo, «The Relationship Between Shyness, Authoritarianism, and Structure», California, Stanford University, 1980.

sus hijos, es posible que éstos resulten perjudicados. Pero los padres así tienden a no preocuparse por esto, mientras que, paradójicamente, sí que lo hacen los padres escrupulosos; y el hecho de que se preocupen tanto me dice que ellos son, probablemente, los que *menos* producirán daños.

La paternidad es tal vez el trabajo más difícil del mundo y creo que es un milagro que los padres lo hagan tan bien como lo hacen. Y la mayoría lo hace muy bien».

Así pues, sí, usted puede cometer algunos errores, errores que pueden contribuir o no a que su hijo sea tímido, pero *recuerde* que existen otras fuerzas en la vida de su hijo que también desempeñan un papel. Y al reconocer los errores puede dejar de cometerlos.

Antes de continuar describiendo (y prescribiendo) lo que hacen un padre o una madre que quieren contribuir positivamente al desarrollo de un niño socialmente abierto, emocionalmente sensible, no tímido, hay que hacer una salvedad. *Usted* tiene que enfrentarse a algunos cambios en usted mismo. Tendrá que modificar ciertas formas de relacionarse con otros en presencia de su hijo, si usted es tímido, dominante, excesivamente dependiente, demasiado autosuficiente o hipercrítico. Y tendrá que estar dispuesto a actuar como un «agente del cambio social» para alterar toda la atmósfera socioemocional en su hogar, para crear un entorno que no lleve a la timidez. Esto podría significar suscitar cambios en su cónyuge o en otros adultos que viven en casa o que la visitan con regularidad, al igual que en los otros hijos. La timidez no es como un trastorno auditivo de un niño que se puede corregir con ayudas para la audición; es análogo al mal funcionamiento de un motor, que requiere cambios estructurales en el entorno hogareño.

Veamos ahora más de cerca los elementos *básicos* que se encuentran en el estilo educativo autorizado, que es más probable que combata la timidez.

El contacto físico

Puesto que no se puede minimizar la relación entre timidez e inseguridad, tampoco se puede minimizar la importancia del contacto físico para la seguridad básica de un niño. Numerosas investigaciones apoyan lo que decimos. Una de ellas, por ejemplo, la llevó a cabo Mary Salter Ainsworth,[3] de la Universidad de Virginia. Ella y sus colaboradores han examinado las relaciones madre-hijo durante los últimos diez años y han observado que aquellos niños cuyas madres responden a sus necesidades emocionales —la necesidad del contacto físico y las caricias— lo mismo que a sus necesidades físicas tienden a ser muy estables o, dicho en términos más analíticos, tienen un «apego» que les proporciona seguridad. Típicamente, las madres sostenían mucho a sus hijos desde el principio y respondían al llanto de sus bebés cogiéndolos en brazos y consolándolos.

Aunque puede no haber una relación directa entre la cantidad de afecto físico que recibe un niño y la timidez, creemos que existe una relación, no simplemente porque el contacto físico y la sensación de seguridad van de la mano (por así decirlo), sino debido a lo que algunos de nuestros alumnos tímidos nos han comentado. Un joven, que en la actualidad tiene veinte años, nos dijo que no tenía ningún recuerdo en absoluto de sus padres abrazándole, ni de haberse sentado alguna vez en el regazo de su madre. Y una joven dijo: «Quería desesperadamente que mis padres me abrazaran. Veía a mi madre que cogía en brazos a mi hermanito y trataba de que me abrazara también a mí, pero siempre mi padre me echaba, diciendo, "No eres un bebé". No podía tener más de cuatro años por entonces».

Esta necesidad de contacto físico y de ser querido no desaparece de ninguna manera a *ninguna* edad. Sería mejor si usted hubiera empezado a acariciar a su hijo desde el nacimiento, pero lo bueno es que *cualquier momento es bueno para comenzar*. Como nos dijo un padre, divorciado de la madre de su hijo y casado de nuevo:

> Mi hijo, que ahora tiene quince años, era muy poco expresivo de pequeño. Nunca mostraba ningún afecto a nadie de la familia, ni siquiera a su abuela. Creo que tenía que ver con el hecho de que su madre y yo estábamos pasando por todos esos problemas, por lo que él no encontraba allí afecto. Luego, hará unos cuatro años, estábamos sentados viendo la

3.   M. D. S. Ainsworth, «Social Development in the First Year of Life: Maternal Influences on Infant-Mother Attachment», en J. M. Tanner (comp.), *Developments in Psychiatric Research Viewpoints in Review: Essays Based on the Sir Geoffrey Vickers' Lectures of the Mental Health Trust and Research Fund*, Londres, Hodder, 1977.

televisión y mi segunda esposa, Jane, me rodeó con un brazo a propósito y luego hizo lo mismo con mi hijo, de una manera muy cariñosa, y comenzó a decir: «Éste es mi bebé *grandote*». En tono de broma y estableciendo un contacto físico, lo que ella estaba diciendo era que no sólo podemos abrazarnos y acariciarnos en esta casa, sino que queremos hacerlo. Desde entonces, cuando está con nosotros y baja a desayunar, le da los buenos días con un beso, me besa a mí y besa al bebé. ¡Y eso que es un adolescente! Pero no fue así hasta que tuvo doce años. Me encanta. Yo le devuelvo el beso. Y a él también le gusta.

Así pues, aunque no lo haya hecho en el pasado, acaricie a sus hijos, béselos, abrácelos y demuéstreles su cariño.

Y no tema dejar que los pequeños trepen hasta su cama y le abracen. O, al menos, deje que estén todos abrazados en una mañana del fin de semana. Es realmente muy malo que algunos padres, inhibidos por la generalizada estrechez mental cultural, se pierdan esta forma de dar y experimentar la intimidad. Sabemos de algunos que temen incluso dejar a sus hijos que vayan a su cama cuando tienen pesadillas.

El temor al erotismo interfiere en la forma de expresar el afecto, sin embargo, es así tanto en «la cama familiar» como fuera de ella. Los padres se tienen que dar cuenta de que es natural sentir un cierto placer sensual al acariciar (e incluso al mirar) a sus propios hijos. En tanto en cuanto ese placer sensual sea platónico, no hay necesidad de ser reservado en la expresión del afecto. Como nos dijo una madre: «El amor que sientes hacia tu hijo es el más puro y el más verdadero». Si usted experimenta un sentimiento así, adelante.

Acariciar, por cierto, es una buena forma de hacer que un niño alborotado se calme. Cuando creemos que uno está pidiendo una azotaina porque está dando botes con la pelota en las paredes, podría estar pidiendo alguna caricia de otro tipo. Intente acariciarlo y pasarle la mano por el cabello, los brazos, los hombros, la espalda, las piernas. Y, si los niños están «fuera de control», un abrazo apretado y un beso cuando se calmen harán maravillas que un castigo no haría.

El psicólogo James Prescott[4] presenta un caso bastante convincente

4. James Prescott, «Body Pleasure and the Origins of Violence», en *The Futurist*, abril de 1975.

para la hipótesis de que el placer físico inhibe activamente la violencia física. «Está claro —explica— que el mundo no tiene más que un tiempo limitado para cambiar su costumbre de resolver los conflictos violentamente... [Para hacerlo así] podemos trabajar en la dirección de fomentar el placer y estimular las relaciones interpersonales afectivas, como un medio de combatir la agresión.»

La fuerza de la caricia para ayudar a la gente a sentirse conectada con la comunidad humana de una forma significativa no sólo afecta a la timidez sino que, según James Lynch, autor de *The Broken Heart*,[5] desempeña un papel importante en la enfermedad y en el mantenimiento de la salud. Lynch afirma que, cuando una persona está aislada del contacto físico, la confianza y la ternura de los otros seres humanos, aumenta el riesgo de padecer enfermedades. «Hay una base biológica para nuestra necesidad de relaciones humanas —deduce de su investigación—. Si no logramos cubrir esa necesidad, nuestra salud está en peligro.»

Hablar

Se ha descubierto que, si las madres hablan a sus bebés, cuando estos bebés se convierten en niños, son más verbales que aquellos cuyas madres simplemente están silenciosas mientras realizan las tareas de cuidarlos. Incluso si el niño es demasiado pequeño para comprender el lenguaje, hablarle, contarle cuentos y cantarle son cosas que ayudarán a poner en marcha el programa de sociabilidad de su hijo. Y, cuando ese niño empiece a hablarle por primera vez, la base para mantener abiertas las líneas de comunicación dependerán de si usted escucha y responde o si no lo hace.

Algunas normas básicas para mantener abiertas las líneas de comunicación son:

• Permita a sus hijos que se expresen libremente; estimúlelos a que den sus opiniones, a decirle lo que les gusta y lo que no, acerca de todo,

5. James Lynch, *The Broken Heart*, Nueva York, Basic Books, 1977.

desde lo que se ha servido para cenar hasta un familiar que no les entusiasma. ¿Por qué un personaje de un libro o de una película de dibujos animados es su favorito? ¿Qué soñaron anoche?

• Permita a sus hijos expresar su enfado. Esto es especialmente importante, puesto que la mayor parte de las personas tímidas tienen dificultades en manejar la ira. Cuando a sus hijos se les permite expresarla de formas no destructivas, es menos probable que estallen y más probable que defiendan sus derechos y sean firmes en lugar de tímidos.

• Aliente a sus hijos a hablar sobre sus sentimientos de una manera directa, a ser capaces de decir «Estoy triste», o contento, o lo que sea.

• Invite a sus hijos a que hablen con usted, pero no les obligue.

Es bastante posible que la mayor barrera a la conversación entre los miembros de la familia sea la televisión, que es una actividad que aísla.[6] Sin embargo, se puede convertir en una oportunidad para aquellos padres a los que les gustaría hablar más con sus hijos, pero que en realidad no saben cómo iniciar una conversación. Al ver algún programa juntos, por ejemplo, se puede quitar el sonido en los cortes de publicidad y hablar de lo que está pasando: se puede preguntar a un niño lo que piensa que están haciendo los personajes y por qué se comportan de esa manera. Con frecuencia, incluso en *Barrio Sésamo*, tienen lugar procesos complejos que pueden estar fuera del nivel de comprensión de un niño, por ejemplo, los dobles sentidos, las palabras aisladas utilizadas, los conceptos de toma y daca. Y, si se pregunta a un niño cómo se siente por una determinada situación o personaje, esto le alienta a afirmarse a sí mismo —«Yo creo», «Yo siento»—, cosa que los tímidos no hacen con mucha frecuencia. Recientes investigaciones han demostrado que ver un programa educativo como *Barrio Sésamo* es eficaz para mejorar las capacidades intelectuales del niño, pero sólo si uno de los padres lo ve también con el niño y lo comentan.

Finalmente, la mayoría de los padres suponen que sus hijos saben que les quieren, pero los niños necesitan que se lo aseguren muchas veces. Necesitan que les digan «Te quiero» y que se lo digan con frecuen-

6. G. S. Lesser, «Children and Television: Lessons from Sesame Street», Nueva York, Vantage, 1975.

cia. «Pero ellos saben incluso si no lo digo sinceramente» es la respuesta habitual que nos dan los padres (especialmente los de los niños mayores).

Un reciente perfil de Henry Fonda, un actor que parece tan directo, tan sincero y cariñoso en la mayoría de sus papeles en la pantalla, revela lo tímido que realmente es. De acuerdo con el escritor y crítico teatral Leonard Probst, Fonda dice que es «penosamente, penosamente tímido... La peor tortura que me puede suceder es no tener una máscara para esconderme tras ella. Me propuse actuar cuando descubrí que era una terapia para un joven muy consciente de sí mismo».

Es de especial interés para nosotros la dificultad de Fonda para disfrutar de sus hijos todo lo que hubiera querido, hasta hace poco. Admitía ingenuamente: «Hasta hace dos años no era capaz de decir "Te quiero" a mis hijos. ¿No es terrible no ser capaz de abrazarlos y darles un beso y decirles "Te quiero"? Por supuesto que los he querido desde el momento en que nacieron».

¿Cómo este cariñoso padre de Jane y Peter Fonda consiguió dar un giro a la edad de sesenta y nueve años? Sus hijos tuvieron que tomar la iniciativa para cambiar el guión. Como explicaba Peter: «Comenzamos por teléfono. Yo adopté la postura flagrante de decir "Te quiero". Eso fue hace cuatro años [1974]. La primera respuesta de Henry fue un comentario ahogado, terminado en un confuso "Adiós". Pero no pensaba dejarle escapar. A medida que pasaba el tiempo, se sentía obligado a responderme. Pero las primeras cuarenta o cincuenta veces eran atragantarse, lágrimas, no saber cómo contestar».[7]

Esta emocionante descripción con final feliz nos recuerda el análisis de la timidez y de la necesidad de comunicar los sentimientos de amor del dramaturgo George Bernard Shaw. En la obra de Shaw, *Cándida*, el romántico y tímido poeta Marchbanks, que está enamorado en secreto de la heroína, Cándida, confiesa:

> Me pongo a buscar el amor y lo encuentro en los almacenes inconmensurables de los demás. Pero, cuando yo trato de pedirlo, esta horrible timidez me estrangula y yo me vuelvo mudo, o peor que mudo, digo co-

7. *San Francisco Chronicle*, 8 de noviembre de 1978.

sas sin sentido: mentiras tontas. Y yo veo que el afecto que ansío se da a los perros y a los gatos y a los pájaros porque vienen y lo piden. Hay que pedirlo: es como un fantasma; no puede hablar a menos que se le hable primero. Todo el amor del mundo anhela hablar; sólo que no se atreve porque es tímido, tímido, tímido. Ésa es la tragedia del mundo.[8]

Ame a su hijo «sin condiciones»

Detrás del consejo, tantas veces dado, hay algo más que los padres tienen que asegurarse de transmitir al niño: la idea de que, aunque no les guste especialmente lo que hace en ocasiones, es la *conducta* y *no* el niño lo que en ese momento no les gusta. Dicho de otra manera, lo que se aconseja a los padres es que se aseguren de que sus hijos siempre saben que el amor de sus padres hacia ellos es constante, esto es, *incondicional*.

En lo más profundo, es muy probable que el amor que usted siente por sus hijos *sea* incondicional. Pero pregúntese si es posible que se comporte de forma que este hecho quede oscurecido para ellos. ¿Cuántas veces el amor escondido ha sido un as en la manga? ¿Cuántas veces sabía que podía añadir un poco de amor, o retirar algo de él, a su hijo para conseguir que se comportara de la forma deseada: recoger los juguetes, sacar la basura, llegar a casa a la hora o irse a la cama? *¿O estar callado?* Una persona tímida nos dijo que su timidez surgió de estar callada: «Debía de tener unos tres años de edad —dijo—, cuando llegué a la conclusión de que podía conseguir palmadas en la espalda por parte de mis padres por estar callada. Así pues, yo estaba callada. Era una niña buena, callada».

Recordemos que se ha descubierto que las personas tímidas con frecuencia invisten todas sus actuaciones sociales con su bien más preciado, su yo. Cuando se les niega su petición o una aproximación no consigue reciprocidad, llegan a la conclusión: «No le caigo bien», «Cree que no soy lo suficientemente bueno», «Aquí no me quieren». De algún

8. G. B. Shaw, *Candida*, Baltimore, Penguin Books, 1974 págs. 35-36 (trad. cast.: *Cándida*, Madrid, MK, 1985).

modo, han aprendido erróneamente a equiparar lo que hacen y lo que no hacen —cómo actúan— con su misma esencia: su valor personal y su identidad. En vez de centrarse en cómo podrían cambiar la petición la próxima vez o razonar que el rechazo no tiene nada que ver con ellos personalmente, saltan a la egocéntrica conclusión: «*Me* han evaluado negativamente y *yo* he sido rechazado».

Parte de esa forma errónea de pensar proviene de haber aprendido en casa que se les ama y respeta *condicionalmente* a cómo se comportan. Lo que ellos añaden a la ecuación es: «Cómo los otros responden a mi conducta indica lo que piensan de mí y si yo soy o no una persona deseable».

Sentimos con fuerza que la *conducta* puede ser indeseable (por lo tanto no aceptable o incluso punible), pero a su hijo o a su hija nunca se le debería hacer sentir que es una persona indeseable.

Disciplina con amor y comprensión

Todos los niños necesitan de unos límites para sentirse protegidos. Y nosotros no sólo queremos que nuestros hijos estén protegidos, sino que queremos también que sean socialmente aceptables fuera del hogar. Por lo tanto, no queremos que sean unos «golfillos» o que actúen sin importarles las necesidades de los demás.

Puesto que la razón para la disciplina es producir la conducta deseable, es útil que comentemos las percepciones de los padres de lo que es y lo que no es exactamente así. Muchos padres, nos dijo el psicólogo doctor Fitzhugh Dodson, creen que sus hijos se comportan mal cuando, «en realidad, se están comportando como *niños*». Estos padres, dice Dodson, autor de *How to Parent* y *How to Grandparent*, esperan que sus hijos se comporten como adultos y se asombran y se frustran cuando no lo hacen. Así pues, eche una mirada a sus expectativas sobre la conducta de su hijo y no suponga que se está comportando mal, por ejemplo, un niño de dos años y medio, cuando simplemente está actuando como un niño de dos años y medio.

La excesiva disciplina (especialmente si es injusta o dura en intensidad) puede influir en la timidez de diversas formas:

a) La disciplina se basa con frecuencia en la suposición de que el niño está en falta y, por lo tanto, necesita cambiar. El niño que cree que la autoridad paternal es «justa» acepta la disciplina como merecida por él mismo o ella misma por ser «malos». De esta manera se rebaja la autoestima, un componente nuclear de la timidez.

b) El temor a la autoridad se puede generalizar y llevar a inhibiciones en presencia de figuras de autoridad. Las autoridades, como hemos visto, son un importante desencadenante de la timidez. La timidez se produce, no debida al respeto a la autoridad, sino por el temor de la persona tímida a su poder sobre ella.

c) En otros datos que hemos recopilado, los universitarios tímidos admiten un miedo mayor que el de sus compañeros no tímidos a perder el control y a preocuparse más por otros que pueden llegar a controlarlos. El control es una preocupación central de los padres que aplican una disciplina severa y nuestros alumnos tímidos crecen tanto con el miedo como con la preocupación sobre el control: tienen demasiado y ejercen demasiado poco.

d) La disciplina se aplica a las personas, no a las situaciones. Con frecuencia la verdad se encuentra examinando el *contexto* en el que se produjo la conducta: los responsables pueden ser otros o los culpables verdaderos pueden ser ciertos elementos de la situación. Por ejemplo, una niña se quejaba a la madre de un niño de que su hijo de cinco años, tímido, de modales suaves, le pegó «sin ningún motivo». Tal como se vio después, la niña había estado burlándose de él, llamándole cojo. Desde luego el niño era cojo y llevaba unas pesadas abrazaderas en las piernas. Aunque no debería haber pegado a la niña, es fácil comprender por qué lo hizo. Teniendo eso en cuenta, pregúntele a su hijo, antes de imponer un castigo, cuál es su versión de cualquier infracción de una de sus normas «de obligado cumplimiento». Además, indague siempre de los demandantes cuáles eran las circunstancias atenuantes que rodearon el hecho en cuestión. ¿El niño no estaba atento en clase porque había terminado su lección y estaba aburrido? ¿Se obligó a los niños a competir por un recurso limitado y la competición se fue de las manos?

Las personas tímidas tienden a restar importancia o incluso a ignorar la importancia de las fuerzas situacionales que pueden determinar su propia conducta o la de las otras personas hacia ellos. Su pensamiento se ha encauzado estrechamente hacia las personas-como-causas. Hay muchas investigaciones psicológicas que apoyan la conclusión de que para cambiar la conducta es necesario identificar y cambiar las condiciones externas que mantienen tal conducta. Pero a las personas tímidas les resulta difícil cambiar, aun cuando estén muy motivadas para hacerlo, precisamente porque no logran apreciar que sus reacciones se están produciendo debidas a elementos concretos de las situaciones en las que se hallan y no por su timidez.

La disciplina debe ser un asunto privado. Cualquier acción disciplinaria que se adopte se debería hacer de una manera que preserve la dignidad del niño. Se ha de hacer en privado y, sea cual fuese la conducta que dio lugar a la disciplina, se debe tratar como confidencial. El uso de reprimendas públicas y la vergüenza que con frecuencia crea en el niño es contraproducente para detener la conducta indeseable y, por añadidura, aviva las ascuas de la timidez.

En un estudio sobre el uso espontáneo del castigo por parte de los profesores se observó a dos niños de cada una de cinco clases durante un período de cinco meses. Estos niños eran «ingobernables» en el aula y se les reprimía por parte de los profesores, delante del resto de la clase. Estas reprimendas públicas hacían poco para vencer la conducta inadecuada. Sin embargo, cuando los investigadores consiguieron que los profesores cambiaran a las reprimendas «suaves», que sólo podía oír el niño, la conducta inadecuada disminuyó de forma evidente.[9] Para demostrar convincentemente que la vergüenza pública del niño era ineficaz en comparación con la disciplina personalizada, se les pidió a los profesores que dieran de nuevo reprimendas en voz alta durante algunas semanas y luego suaves en las semanas finales de la investigación. Las conductas que daban lugar a la disciplina aumentaron cuando las reprimendas se dieron otra vez en voz alta, y descendieron cuando se hacían en voz baja.

Dorothy McCorkille Briggs, autora de *Your Child's Self-Esteem*,[10]

9. K. D. O'Leary y otros, «The Effects of Loud and Soft Reprimands on the Behavior of Disruptive Students», en *Exceptional Children*, n° 37, 1970, págs. 145-155.

10. D. M. Briggs, *Your Child's Self-Esteem*, Nueva York, Doubleday, 1970, Dolphin, 1975.

defiende lo que ella llama «democracia en la disciplina». El que la aplica, nos dice, reconoce al niño como una persona separada y no como una extensión de los padres o una posesión de ellos. Y, como persona separada, el niño, como el resto de nosotros que vivimos en una democracia, quiere tener voz en los asuntos que atañen a su vida. Ha observado que «frecuentemente los adultos confunden la disciplina democrática con un exceso de permisividad. Compartir el poder dista mucho de renunciar a él. *La democracia no significa retirada; el exceso de permisividad, sí*».

Briggs indica también que el autoritarismo dura sólo mientras está presente la figura de autoridad. Estamos de acuerdo. Todos conocemos a niños que se convierten en salvajes una vez que están fuera del ámbito de control de sus padres. Tenemos que añadir que también hemos visto niños tan acobardados por la autoridad que son demasiado tímidos para rebelarse, incluso cuando lo mejor es hacerlo. Crecen teniendo un yo que está excesivamente controlado; no pueden dejarse llevar por miedo a perder todo el control. Han internalizado los valores y las normas restrictivas de su carcelero, que sabe cómo mantenerlos encerrados en su cárcel de la timidez.

Cuantas más normas utilizan los padres y profesores para «llevar las cosas», menos utilizarán los incentivos positivos y los elogios. Puesto que las normas establecen los estándares de lo que se espera, un niño que sigue obedientemente todas las normas está «sólo haciendo lo que se espera de él», por lo que normalmente no consigue ninguna recompensa. Pero la violación de las normas siempre supone problemas, tocan el silbato, «llaman a la policía» y el castigo. Es una situación en la que no pueden ganar las personas que viven en tales entornos controlados por normas. Para aquellos que son tímidos o están en camino de serlo, eso significa que tienen poca práctica en manejar el elogio y los cumplidos y crecen como adultos tímidos, incapaces incluso de aceptar graciosamente lo que tanto desean.

Tal vez una oportunidad para que los niños practiquen el manejo del elogio y la cortesía (como también alentar la buena conducta) se puede presentar cuando los niños *no* incumplan las normas. Los padres pueden, por ejemplo, equilibrar las advertencias con el elogio adecuado por seguir las normas. No tienen que lanzarse y decir a su hijo de siete años: «Es maravilloso que no hayas robado nada hoy», o «¡Qué bien!, no le has pegado una patada en la cabeza a tu hermana», pero, cuando los niños recogen sus juguetes, llegan a casa a la hora de cenar o hacen los deberes sin que se lo digan, una simple frase de elogio puede ser un gran refuerzo.

Enseñar la tolerancia

Los prejuicios pueden contribuir a la timidez porque, en la medida en que existan en el hogar, les hacen saber a los niños que incluso las personas que ellos quieren piensan en clases o tipos de personas en términos evaluativos. Esto les dice que las personas tienden a evaluar negativamente a otras simplemente sobre la base de lo que son. Ello refuerza la impresión del niño tímido de que el mundo es un lugar de juicios donde la gente está dispuesta a juzgarlo *a él* y, como consecuencia, se vuelve reflexivamente consciente de sí mismo o temeroso de otras personas que están en posición de juzgarlo (negativamente).

Así pues, con su ejemplo, enseñe a sus hijos a ser caritativos. Enséñeles también a conceder a los demás el beneficio de la duda, contemplando los errores a la luz de las circunstancias, en vez de debidos a la ineptitud de alguien. Pregúntese en voz alta, con ellos, qué pudo llevar a alguien a cometer un acto desviado o qué motivación podría haber llevado a un cambio inexplicable en la conducta de alguien. Cuando los errores se deben a la ineptitud, muéstreles cómo el fracaso nos enseña la necesidad de la práctica, de la previsión y la planificación para la siguiente ocasión, y simpatía, no sarcasmo, para el que ha fracasado. La sensibilidad a los sentimientos de los demás debe ser parte de la regla de oro del niño tímido si se espera que los otros sean sensibles a sus sentimientos amables. Esto significa que los padres y los hermanos mayores deberían evitar ridiculizar, las evaluaciones hipercríticas y poner motes, ni siquiera a enemigos y malhechores.

El palo y la piedra pueden romperles los huesos, pero las etiquetas permanecen siempre

La mayoría de los padres son muy conscientes de que deben evitar las etiquetas *negativas*, tales como «estúpido», «perezoso», «callado», «tonto», y no decir cosas como: «Eres un inútil, nunca llegarás a nada» porque todas ellas socavan la autoimagen de un niño. Así pues, cuando esté tentado de utilizar tales etiquetas, tenga en cuenta la relación entre la timidez y la autoestima de un niño y evite así que se ponga en marcha un programa de timidez.

Se debe tener un cuidado especial cuando se etiqueta a un niño delante de otros niños de su edad. Nos confirmó esto la madre de una niña de tres años, que nos contó que había dicho a su hija que era «una niña mala» delante de sus compañeras de juegos. Al día siguiente, la madre oyó a las amigas de su hija que no querían jugar con ella porque «Tú eres mala. Lo dijo tu madre».

En la Stanford Shyness Clinic, un tema constante que interviene en la historia de todo cliente y se convierte en un objetivo importante para el cambio terapéutico es ponerse motes a uno mismo. Hemos llegado a pensar en la autoestima en los términos sencillos de la proporción entre el número de cosas buenas que las personas dicen de sí mismas y el número de veces que se degradan. Las personas con una alta autoestima son liberales a la hora de alabarse a sí mismas cuando lo merecen, pero parcos a la hora de autoculparse, a menos que esté claramente justificado. Nuestros clientes tímidos, con baja autoestima, dicen pocas cosas positivas sobre sí mismos, pero continuamente encuentran lo negativo en todas partes. El tratamiento consiste en hacer que registren, durante una o dos semanas, cada vez que se dan cuenta de que están haciendo autoevaluaciones buenas o malas. Lo hacen comenzando con un número fijo de pequeños objetos (monedas, clips, cerillas, o cosas similares) en un bolsillo o un monedero y trasladando un objeto a otro lugar cada vez que se dan cuenta de que han dicho una cosa buena sobre sí mismos. Descubren que inicialmente no es un ejercicio muy emocionante. Luego tienen que decir «*Basta*» a sí mismos tan pronto como observan aquellos puntos negativos: «Fui tonto por esperar... *Basta*», «Llevaba hoy el pelo tan feo... *Basta*», «Desde luego, lo he estropeado, es como si yo... *Basta*». A continuación, los negativos se modifican para proporcionar una retroalimentación constructiva, lo que significa que se podría hacer de forma diferente la próxima vez: «Tendría que haber esperado esa reacción suya, así es que la próxima vez... Bien», «No planteé la pregunta que quería porque no la había reflexionado del todo, mañana seré el primero en preguntar si... Bien».

Cuando las afirmaciones buenas sobre uno mismo exceden las malas, la autoestima sube y una de las fuentes de la timidez se desintegra.

Cimentando la confianza

Si la timidez es una fobia a la gente, ¿qué podemos hacer para ver lo que hay detrás de ese miedo a la gente? Parte de la respuesta es conseguir que el niño confíe en los demás. Los niños confían más si se confía en ellos. Confían en los demás cuando han aprendido una historia de experiencias que se suman a un punto de vista de la naturaleza humana que dice: «Las personas tienden a cumplir las promesas que me hacen; cuando no lo hacen, normalmente hay un motivo que lo justifica. Las personas tienden a respetar mi privacidad, mis posesiones y los secretos compartidos; las personas a las que aprecio están dispuestas a confiarme secretos sobre sus temores y frustraciones, sus heridas y sus aspiraciones».

Confiarse cimenta la confianza, la confianza es esencial para la intimidad y la intimidad es vital para que de las personas conocidas florezcan amistades íntimas. Y, como hemos aprendido en el capítulo anterior, ni siquiera los extravertidos tímidos se sienten cómodos en situaciones de intimidad. «No puedo creer que nadie que conozca mi verdadero yo me pueda querer» es el estribillo de su canción. Usted, como padre o como madre, debería llegar a lo más próximo que pueda en el conocimiento del «verdadero yo» de su hijo y demostrarle que lo quiere y lo respeta, y lo mismo harán los demás si se les permite acercarse. Desde luego, hay ocasiones y hay personas, allá fuera, en el mundo frío y cruel, que mienten, hacen trampas y actúan fraudulentamente hacia nosotros y nuestros hijos, pero son una minoría y pronto se ven expuestas por lo que son. Los niños que no aprenden de sus padres a confiar a una edad temprana creemos que pueden ser incapaces de confiar realmente por completo en nadie más, ni siquiera en su propio cónyuge o en sus hijos.

Prestar atención a su hijo

Una respuesta típica de un padre o una madre a quien se le dice que es importante prestar atención a un niño podría ser: «Pero yo *de verdad* presto atención a mi hijo. De hecho, parece que casi cada dos minutos me pregunta algo y no sólo espera que deje lo que estoy haciendo para ver si necesita algo sino que yo lo hago. ¿Qué más puedo darle?».

Muchos niños *parecen* querer un 110 % de su atención en todo momento. Algunos *realmente* lo hacen y, desde el momento en que usted abre los ojos por la mañana hasta que los cierra por la noche, le pueden consumir. Hay una forma de que no le consuman y también una forma para que su hijo reciba la atención que anhela y de una manera que reforzará su autoestima. Para conseguirlo, usted tendría que comprender por qué algunos niños son tan exigentes.

La psicóloga infantil doctora Annye Rothenberg dirige el programa de educación sobre la crianza del niño en el Children's Health Council en Palo Alto, California, y dice que es natural que los niños sean exigentes —que interrumpan— en parte porque tienen un calendario temporal interno diferente de los adultos. «Los niños tienen una capacidad de concentración durante cortos períodos —nos dice—, mientras que los adultos pueden concentrar la atención durante más tiempo, y ellos no comprenden que los adultos necesiten tiempo para reflexionar sobre las cosas, tiempo para leer una frase completa o simplemente tiempo para estar solos mientras hacen algo. Los niños sencillamente no son sensibles a las necesidades adultas de sus padres y tienen necesidades y cientos de preguntas.» Viven también en una zona temporal de un «presente expandido» donde el pasado y el futuro están en una posición secundaria al aquí y ahora.

Esto significa que usted tiene que responder a las demandas de atención de un niño, pero lo hace explicando por qué no puede satisfacer esa demanda *ahora*, que lo hará pronto, a una hora determinada (cuando haya terminado su tarea actual). Enséñele al niño la manera de interrumpir educadamente lo que está haciendo ahora con un «Perdón» o «¿Puedo interrumpirte?» y a esperar su respuesta antes de lanzarse precipitadamente por la urgencia del momento.

Si no se puede atender la petición de acción concreta, la petición general de atención sí que se puede atender normalmente. La rivalidad entre hermanos que se desarrolla por la llegada de uno nuevo a la casa se puede rastrear normalmente hasta la drástica reducción del nivel de atención al que el niño mayor estaba acostumbrado. «El bebé me necesita ahora, más tarde, hijito» es el mensaje de mamá. No tendría por qué ser así. Por ejemplo, mientras amamantaba a su recién nacido, la mujer de Phil practicaba juegos con su hija de cuatro años que decía abiertamente: «Tienes tan poco tiempo para mí y tanto para el bebé». La niña se podía mover, aunque su madre no pudiera, por lo que una solución era el escondite. Mientras contaba hasta diez, la niña corría y se escondía en algún lugar, dentro de una distancia en la que se la pudiera oír, y salía cuando la descubrían. «¿Estás debajo del fregadero? ¿En el lavabo del vestíbulo? ¿Encima de la lavadora?» llamaba la madre. La hija respondía con un jubiloso «Sí, estoy aquí» cuando se descubría su lugar de escondite, y corría hacia otro lugar para el siguiente escondite.

Sin embargo, es frecuente que incluso padres inteligentes sean insensibles al punto de vista del niño sobre qué atención necesita. Un buen ejemplo de esto se produjo cuando fuimos a una fiesta que daba una pareja, ambos catedráticos. Poco después de nuestra llegada, nos estaban hablando sobre las extrañas estanterías para libros que tenían, que comenzaban alrededor de 120 centímetros del suelo. Explicaron que tenían un niño pequeño y a medida que crecía tenían que estar moviendo los libros a más y más altura porque, si estuvieran a su alcance, él los destrozaría. Finalmente, dijeron, se habían dado cuenta de que lo hacía porque los libros competían con él por la atención de los padres. Parece que sus padres pasaban casi todo su tiempo libre leyendo y, cuando les interrumpía, le decían: «Vete, estamos leyendo». Ante esto, el niño comenzaba a destrozar los libros.

Aunque estos padres tenían la idea de por qué el niño destrozaba sus libros, no lo tradujeron en la idea de que debían resolver el problema dedicándole algunos minutos de atención íntegra o explicarle, más allá de decir que estaban ocupados, por qué no siempre podían dejarlo y luego decirle *cuándo* hablarían con él o jugarían con él y después *hacerlo*. Tampoco se daban cuenta, como muchos padres, de que los niños van a conseguir atención de una manera o de otra y se pueden sentir apremiados a tomarla, poco a poco, posiblemente durante varias horas.

Frecuentes rivales para la atención de un niño, además de los hermanos y los libros para los padres-profesores, son la televisión, el periódico y el teléfono. Sea consciente de lo frecuentemente que usted no sintoniza con las necesidades de atención de su hijo. Intente reducir los retrasos largos o repetidos y dígale al niño cuándo volverá a la realidad a la que él se está enfrentando. Como cualquier padre o madre que trabaje fuera del hogar, incluso con una limitada disponibilidad, lo que cuenta es la buena calidad del tiempo que usted pasa cerca de su hijo más que el tiempo en bloque que por casualidad pasa cerca de él.

Otros niños también se pueden beneficiar de la atención que usted les preste. La mayoría de los adultos tratan a los hijos de los amigos que contestan a sus llamadas telefónicas como si fueran telefonistas. «Dile a papá que se ponga, dile que le llama Morris.» Intente hablar con ellos durante uno o dos minutos, preguntándoles cómo están, qué hacen, si han visto el nuevo *Superman* o cualquier película y así sucesivamente. Pronto descubrirá que ha hecho un nuevo amigo duradero, al que cada vez usted le caerá mejor y que le respetará, en parte porque «es diferente de los otros mayores, que son tan formales y nunca se interesan por nosotros, los niños». También podría insinuar a sus amigos adultos que apliquen esta lección a la forma en que se relacionan con los hijos de usted.

Mostrar atención a los demás, plantear preguntas personales refleja un interés por ellos que es halagüeño y que normalmente se aprecia. Durante una aparición en el programa de «Phil Donahue», nuestro Phil interrumpió la pregunta de Donahue con una suya: «¿Eres tímido? Me gustaría saberlo y estoy seguro de que a tus fans también les gustaría». Antes de que Donahue respondiera «Sólo en los cócteles», confesó estar contento de que uno de sus invitados se preocupara por él, puesto que era raro que alguno de ellos lo demostrara alguna vez. Incluso las superestrellas necesitan a veces de nuestra atención: eso le sucede a su superestrella en embrión.

Resumiendo

Si ahora piensa que sus prácticas educativas pueden haber contribuido a la timidez de su hijo, esto sólo es importante hasta el punto en que tales prácticas puedan hacer que siga siendo tímido y, si ése es el caso, usted querrá realizar algunos cambios. Con ese fin, hágase las siguientes preguntas:

- ¿Soy demasiado permisivo o demasiado autoritario con este niño en concreto?
- ¿Le *demuestro* mi cariño lo suficiente? ¿Necesita este niño más caricias y abrazos?
- ¿Cuándo fue la última vez que realmente hablé con este hijo? ¿Cuándo fue la última vez que realmente escuché lo que tenía que decir? ¿Doy ejemplo siendo yo comunicativo? ¿Mantengo abiertas las líneas de comunicación, dejándole claro que puede hablar conmigo? ¿Estimulo la expresión libre?
- ¿Procuro disuadirle de las actividades *excesivamente* aisladoras, como la televisión y la lectura (constante)?
- ¿Le doy a este niño algo de atención individualizada cada día?
- ¿Le doy esas cosas especiales, tales como organizar una fiesta por su cumpleaños, que hace a los niños sentirse especiales?
- ¿Inspiro en mis hijos ese tipo de confianza que hace que sepan que pueden contar conmigo y confiar en las demás personas?
- ¿Estoy enseñando a este niño a ser tolerante con sus deficiencias, a ser tolerante con los demás? ¿Le enseño el valor de la unicidad de cada individuo?
- ¿Planteo la disciplina de manera que preserve la dignidad de mi hijo, dándole una sensación de seguridad?
- ¿Lleva mi disciplina un mensaje de cariño y comprensión?
- ¿Consigo que mi hijo sepa que yo le quiero «incondicionalmente»?
- ¿Son realistas mis expectativas sobre la conducta de mi hijo? ¿O espero que se comporte como un adulto más que como un niño?

3
Estrategias para minimizar la timidez

En estos tiempos no es tan raro que los padres tengan expectativas poco realistas sobre sus hijos y, de hecho, dada la naturaleza competitiva de nuestra cultura, es difícil no tener tales expectativas. «Dime cómo es el niño y te diré cómo son los padres» es un cliché que aún alberga la mente de muchas personas y, con frecuencia, sin darnos cuenta, nuestros hijos se convierten en nuestros más visibles símbolos de estatus. Su misión en la vida parece ser traernos a casa la comprobación de que son los niños más brillantes, más hábiles y más guapos del barrio.

Pero por desgracia, por mucho que los padres deseen premios para sus hijos, no todos los niños los pueden traer todos —o uno siquiera— a casa.

Después de asegurarse de que su estilo educativo es tal que maximice el sentimiento de seguridad de su hijo, para su programa de reducción de la timidez es muy importante ir más allá y enseñarle a ser independiente, a aprender a asumir riesgos y a desarrollar habilidades que le proporcionen confianza en sí mismo. Igualmente importante es el papel que las *expectativas* de usted desempeñan en mantener la timidez de su hijo y el papel que esas expectativas desempeñarán cuando usted aplique las estrategias que sugerimos en este capítulo para ayudar a cimentar la autoestima y reducir la timidez de su hijo.

Que la autoestima de un niño padezca por las expectativas de los padres depende mucho de si estas expectativas son *realistas*. Si son excesivamente *elevadas*, ya puede el niño prepararse para el fracaso y los padres para las decepciones, decepciones que raramente pasan desapercibidas al niño.

Si las expectativas de los padres son demasiado *bajas*, es probable que el niño rinda *por debajo* para satisfacer los objetivos mínimos con el mínimo esfuerzo. Aunque en estas condiciones no fracase, la sensación de éxito del niño será bastante baja y la autoestima sufrirá.

Cuando las expectativas de los padres son demasiado altas

Un buen ejemplo del síndrome «mi-hijo-tiene-que-ser-perfecto-o-al-menos-el-mejor» se puede ver en Betsy, una niña de cuatro años que observamos durante el curso de nuestra investigación de niños en la escuela infantil. Betsy nos llamó la atención por primera vez al darnos cuenta de que no jugaba con los otros niños cuando se les mandaba a todos afuera, sino que se quedaba rezagada al borde de la actividad, observando cómo los demás jugaban a la pelota o salían de estampida hacia la pared de escalada y las barras. A veces percibíamos que se quedaba rezagada en el aula, vagando por allí sin rumbo o sentada en una esquina leyendo un libro. Cuando preguntamos sobre esto a la profesora, nos dijo: «Betsy es muy tímida. No sólo no juega con los otros niños, tampoco canta con la clase ni baila con la música cuando los demás lo hacen. Pasa la mayor parte del tiempo sentada, callada y leyendo».

Según descubrimos después, los padres de Betsy parecen haber internalizado un valor cultural bastante común entre la comunidad universitaria —la medida del valor de un niño basado en la inteligencia y el logro— y creen que leer a una edad *temprana* es un símbolo de ese omnipotente poder del cerebro, por lo que presionaron a Betsy para que leyera desde los dos años de edad. Betsy simplemente no estaba preparada, pero en vez de dejarla que se moviera a su propio ritmo, sus padres han combatido sus «fracasos» empujando más fuerte y Betsy se siente cada vez más un fracaso. La profesora nos dijo que Betsy ahora tartamudea mucho.

Puesto que las expectativas de sus padres eran demasiado elevadas, Betsy estaba programada desde el principio para fracasar. Incluso ahora que a los cuatro años *sabe* leer, en vez de considerarlo como un logro impresionante, Betsy probablemente sabe que no es lo suficientemente bueno porque es demasiado poco y demasiado tarde. Suponemos que siente que nunca será capaz de complacer a sus padres.

Y hay pocas dudas de que la confianza de Betsy en sus posibilidades de conseguir *algo* está socavada por su enorme fracaso en complacer a sus padres. Nos dimos cuenta de eso cuando se negaba a jugar a la pelota con los otros niños, gritando en un estallido de tartamudeo, que ella «no sabía» tirar la pelota.

Hemos observado una actitud que es normal en las personas tími-das: al dejarse llevar por el impulso de sus padres que esperan demasia-do, internalizan esas expectativas y se las imponen a sí mismos; después es posible que ni siquiera lo intenten. Puesto que no pueden hacer algo a la perfección, no lo hacen.

Es importante, por lo tanto, que usted primero reconozca la disposi-ción de ese niño concreto a dominar una determinada tarea y después que identifique y le enseñe aquellos tipos de acciones, tales como tirar la pelota, que son en gran medida una cuestión de práctica y que re-quieren un análisis y un aprendizaje para dar la respuesta correcta. Por ejemplo, los niños canadienses de diez años son típicamente hábiles ju-gadores de hockey sobre hielo; los europeos de su misma edad hacen cosas notables con un balón de fútbol; los chicos hawaianos cabalgan sobre las olas, en un arriesgado equilibrio sobre sus tablas de surf, mien-tras que es frecuente que los niños del gueto jueguen al baloncesto ex-traordinariamente bien. La clave del éxito de un niño es la práctica. To-dos comienzan jugando el deporte favorito de su entorno a una edad muy temprana y lo practican hora tras hora. No es cuestión de haber na-cido con una coordinación especial o estar «dotado», sino que la mayo-ría de los chicos aprende por medio de la observación de los demás, el ensayo y el error y a base de trabajar practicando el juego.

Pero, insistiendo en este punto, a los ojos de nuestros hijos, nosotros, los padres, somos las autoridades o los expertos y, cuando les transmi-timos el mensaje de que deberían ser capaces de lograr esto y aquello, ellos se lo creen. Luego, cuando no pueden hacer algo que se espera de ellos, más que cuestionar si los padres tienen razón, suponen que es en *ellos*, en los hijos, en los que algo no va bien. Hablando sobre lo desdi-chados que se sienten los niños bajo tales presiones, Eugene Kennedy, en su libro, *If You Really Knew Me Would You Still Like Me?*,[1] dice lo siguiente:

¿Ha visto alguna vez a los niños luchando por cumplir las exigencias de unos padres no realistas? Esos niños quieren y necesitan desespera-

1. E. Kennedy, *If You Really Knew Me Would You Still Like Me?*, Niles, Ill., Ar-gus Communications, 1975.

damente ser amados. Luchan con todas sus fuerzas por encontrar alguna forma de obtener esta respuesta de sus padres. Y a veces se doblegan hasta desfigurarse en el proceso. Hacen todo lo posible por parecerse a la imagen ideal que sus padres tienen de ellos, pero esto significa que la verdad sobre sí mismos nunca es lo suficientemente buena. No sorprende mucho que nunca se sientan bien consigo mismos...

Pueden ser niños, por ejemplo, que tienen sólo una capacidad media, pero cuyos padres tienen la idea de que deberían conseguir las mejores puntuaciones en los exámenes y ganar los primeros premios. Los niños que son considerados de esta manera en casa nunca pueden estar a la altura. Lo que ellos son nunca es lo suficientemente bueno para los padres que han decidido de antemano lo maravillosos y famosos que han de ser sus hijos. Es triste, pero no sorprendente, que estos niños encuentren difícil ponerse en contacto con lo que realmente son o que tengan a lo largo de toda su vida problemas de confianza en sí mismos y de autoestima.

Conocemos a un hombre que estaba tan profundamente convencido de que ser un consumado jugador de béisbol era una medida importante del valor de su hijo, que, cuando el muchacho no jugaba bien en la liga infantil, el padre dejaba de hablarle. De hecho, en una ocasión su hijo y otro niño estaban jugando en equipos contrarios. Los llevó a ambos en coche al partido y, en el camino de vuelta a casa, se negó a hablarles a *ninguno* de los dos: a su hijo porque su equipo perdió y al otro niño porque hizo que su equipo ganara. No sabemos de hecho si la razón de la timidez de este muchacho tiene algo que ver con la liga infantil, pero seguro que acertamos si apostamos que la vara de medir que su padre utiliza para medir su valía tiene mucho que ver con la forma en que el muchacho la mide también.

De vuelta al amor incondicional

Volviendo al ejemplo de Betsy, ella ilustra nuestra creencia de que, cuando los niños no logran satisfacer las expectativas de los padres —o, como en su caso, no las satisfacen según su calendario—, los sentimientos de fracaso se combinan con una sensación de que el amor de sus padres hacia ellos está basado en el logro. Si fracasan, pierden el amor de sus padres y, como consecuencia, los niños se cuestionan su propio valor como seres humanos.

A partir de aquí, la situación sólo puede empeorar. Betsy, por ejemplo, «fracasó» a la hora de agradar a sus padres cuando no sabía leer. Al presionar ellos más, ella sólo podía responder con un mayor fracaso, que consumía no sólo su confianza en sí misma sino también su sentimiento de seguridad de que sus padres la querían. Ahora tartamudea, lo que le hace sentirse siempre consciente de sí misma entre los otros niños de su edad, y eso es también una «insuficiencia» más para disgusto de sus padres, para los cuales la competencia verbal tiene la máxima importancia (la madre es terapeuta del lenguaje).

Sólo podemos preguntarnos si Betsy recibirá en algún momento el refuerzo de los padres que con tanta desesperación necesita. Conjeturamos que seguirá convencida de que será así sólo si satisface los requisitos que sus padres han establecido para recibir su aprobación. Así, a pesar del hecho de que en lo más profundo de sus corazones es posible que amen a Betsy sin reservas, puesto que Betsy lo cree de otra forma, estos padres *dan un amor condicional*.

Cuando los padres retiran el afecto y la aprobación porque su hijo no se ha comportado de acuerdo con los estándares establecidos, el niño considera que eso significa que el cariño de los padres es condicional. Y los padres que asocian el amor al éxito desarrollan en sus hijos las nociones de que: «Sólo soy tan bueno como mi último logro» y «Logro, luego soy». Hemos visto que uno de los principales problemas para el tímido es su concepto del mundo como un escenario en el que son actores bajo un constante escrutinio por parte de inspectores críticos. ¿Cómo va a poder uno relajarse, «perderse» en la tarea entre manos, dejarse absorber totalmente en el proceso en el que se forma parte, siendo hipersensible al hecho de que lo que hace se va a evaluar como un logro? Los tímidos dicen que no pueden.

En realidad, la mayoría de los padres quieren a sus hijos *incondicionalmente*, pero no siempre les transmiten a ellos ese mensaje. Incluso cuando empezamos con sentimientos de amor en abundancia, a medida que crecen nuestros hijos, a veces es fácil caer en un esquema en el que *parece* que basamos nuestro amor y nuestra estima de ellos en sus logros. Cuando se comportan bien y adquieren habilidades que nos hacen sentirnos orgullosos, les damos palmadas en la espalda: afecto y elogios, el símbolo de nuestro amor.

Podemos usar el poder de influencia de nuestro amor sin darnos cuenta de que un niño lo puede ver como un signo de que ese amor sólo estará presente si cumple de acuerdo con nuestras expectativas. Así pues, todos necesitamos examinar la calidad de nuestro amor: si les demostramos a nuestros hijos que es una constante o si les transmitimos otro mensaje cuando nos dejan mal.

Y, desde luego, debemos mantener la perspectiva en cuanto a nuestras expectativas. ¿Son realistas? ¿Son demasiado elevadas? ¿Consideramos a nuestros hijos como «adultos pequeños» y esperamos un rendimiento que está por encima de su nivel de desarrollo? ¿O son nuestras expectativas demasiado *bajas*? ¿Suponemos que son bebés mucho después de que ya no lo son y los tratamos como si lo fueran?

Cuando las expectativas de los padres son demasiado bajas

Un niño de dos años y medio, conocido nuestro, harto de que le dieran la comida con cuchara y que estuvieran siempre pendientes de él, un día anunció, intrépido: «¡Abuela, no me trates como a un bebé! ¡Yo quiero ser mayor!». El grito de independencia de un niño tiene que ser aceptado y estimulado, dentro de los márgenes de lo que es posible en cada etapa de madurez. Pero, para sentirse independiente, un niño debe percibir alternativas, se le deben dar opciones significativas y se le debe permitir que elija. Con tal libertad de conducta, viene la confianza y el sentimiento de logro por las decisiones sensatas, así como la responsabilidad por aquellas que no lo son.

Cuando los padres comienzan con unas expectativas irrealmente *bajas* para sus hijos, pueden socavar su confianza en sí mismos de tal modo que los niños pueden sentir que no son capaces de dominar tareas sencillas, compatibles con su nivel de desarrollo. Conocemos a una madre, por ejemplo, cuyos reflejos habituales de cuidar la hicieron automáticamente cortar la carne del plato de su hijo, de dieciséis años, mientras comentaban con un invitado los pros y los contras de los centros educativos de la Ivy League,* en los que el muchacho había presentado una solicitud de ingreso. Conocemos a otra madre que seguía vistiendo a su «bebé» de seis años, hasta que se le señaló que su «bebé» era perfectamente capaz de vestirse por sí misma, que se le debería estimular para que lo hiciera y que se sentiría mejor consigo misma por ser capaz de hacerlo.

Recordemos que los hijos ven a los padres como expertos. Así pues, si una madre o un padre creen que una niña no es capaz de vestirse sola, que un niño no puede cortarse la carne, atarse los zapatos o cualquier otra cosa, tanto si el niño o la niña son capaces de llevar a cabo la tarea realmente como si no, pueden internalizar el punto de vista del padre o la madre.

Sabemos de una madre que se resistía a que su hijo desarrollara una independencia en la adolescencia y, cuando comenzó la enseñanza secundaria, cundió el pánico. De repente, su niño, que antes era un encanto, «resultó un insolente» en realidad y su madre se quedó tremendamente dolida por lo que ella veía como su pérdida de control sobre su hijo. Es difícil darle la bienvenida a la independencia que surge en un niño cuando aflora en forma de diatribas contra los padres, desafiando su autoridad, lo que supone la amenaza de que la conducta rebelde está a la vuelta de la esquina.

Sin embargo, pruebas médicas recientes confirman nuestras observaciones generales respecto a aquellos que tienden a ser más sumisos. Por ejemplo, los pacientes que es más probable que consigan ponerse bien con más rapidez son los que se consideran pacientes «malos». El que tiene un mejor pronóstico es el que se queja, el que reclama sus derechos y exige explicaciones de lo que se está haciendo con su cuerpo. Los hospitales, como otras muchas instituciones, vuelven pasivos a los pacientes (y a los clientes), haciendo por ellos lo que ellos podrían muy bien hacer por sí mismos. Esta pasividad impuesta deprime la personalidad y homogeneiza la variedad de individuos que necesitan tratamiento por sus problemas médicos en una masa de gente común, indiferenciada, que desempeña el papel del paciente.

* Prestigioso grupo de colegios y universidades en el noreste de Estados Unidos. (N. del t.)

Partiendo de la base de lo fácilmente que los tímidos se rinden ante las exigencias de la autoridad, tendríamos que predecir que ellos serían los «buenos» pacientes: los que sufren en silencio y no quieren causar problemas, «señor». Y a cambio de su aparentemente buena conducta, se les recompensa con una más larga estancia en el hospital. Otro aspecto de este asunto es la reticencia de las personas tímidas a culpar a la situación en la que están o a exteriorizar una ira justificada, unido a su predisposición a redirigir tales sentimientos negativos hacia dentro, para culparse a sí mismos. Una orientación así estimula sentimientos de culpa que, a su vez, colocan los cimientos de la depresión y autohumillación.

Tenga cuidado de no caer en ello ni en la trampa de la dependencia que acompaña a las bajas expectativas y sea consciente de la necesidad de inspirar en su hijo sentimientos de independencia y un sentido de la responsabilidad.

Expectativas, independencia y responsabilidad

James, un estudiante universitario que vino a pedirnos ayuda por su problema de timidez, es un ejemplo extremo de la dependencia corriente en la gente tímida. Antes de darnos cuenta, estábamos haciendo muchas cosas por él, cosas que él era perfectamente capaz de hacer por sí mismo, simplemente porque había transferido a nuestros hombros su dependencia respecto de sus padres y no asumía ninguna responsabilidad. Irónicamente, James tenía solamente que pensar en sí mismo y en sus preocupaciones, mientras que nosotros estábamos ocupados con las tareas de toda la jornada de trabajo, nuestras obligaciones de escribir y las demandas de nuestros hijos, con las complicaciones que presentaban a sus diversas edades. Sin embargo, uno de nosotros, por ejemplo, llamaba a la compañía de transporte de viajeros para preguntar por los horarios de autobús que James necesitaba o dejábamos cualquier cosa que estuviéramos haciendo siempre que tenía un ataque de ansiedad. Si se sentía solo, le invitábamos a nuestras casas para hablar; también le invitábamos a nuestras fiestas, en las que se sentaba como una piedra, dejando que los demás asumieran toda la responsabilidad de cualquier conversación.

Cuanto más amables éramos con James, más exigente y manipulador era él, para evitar asumir la responsabilidad de sí mismo. De repente vimos claro que, en vez de tener un efecto positivo, estar tan atentos y darle a James las palmadas en la espalda que imploraba lo estaba volviendo más tímido cada día. El asunto es que cuanto más alientas la dependencia en un niño (o para el caso en cualquier otro), más alientas la timidez, algo que sabemos muy bien, pero aun así lo seguimos haciendo durante un tiempo. Así, como padre o como madre, usted necesita ocuparse de esto y enseñar a su hijo a ser independiente, en la medida de sus posibilidades, por supuesto.

Cuando los niños o los adultos tímidos dejan el hogar en el que les han enseñado a ser dependientes, lanzan señales a los demás de que no hay que tratarlos como a iguales. En nuestra clínica de la timidez, por ejemplo, observamos normalmente los signos indicadores de: «Soy frágil, no me exijas o me puedo romper ante la más mínima presión». Además, al tratar de iniciar conversaciones entre media docena de alumnos tímidos, sentimos como si estuviéramos caminando con un antifaz a través de una habitación sobre la que se han esparcido cáscaras de huevo: un movimiento erróneo y hay cáscaras de huevo esparcidas por todas partes. Es fácil entonces que los demás, si no rechazan a la persona tímida de inmediato, adopten un papel protector que resguarde al amigo de las duras realidades de la vida social.

Sin embargo, esta actitud de los compañeros no tímidos *no* favorece los intereses de la persona tímida. En un estudio que comparaba las percepciones de sí mismos de los estudiantes tímidos con las que tenían de ellos sus compañeros de habitación, había algunos rasgos de timidez en los que ambos estaban de acuerdo; algunos, sólo la persona tímida creía que eran característicos; y otros rasgos, sólo los otros creían que formaban parte del modo de ser de la persona tímida.

Como se puede ver en la siguiente lista, los atributos compartidos tendían a ser aquellos que estaban ligados a conductas observables (menos habladores, inseguros y demás). Puesto que la persona tímida sólo tiene acceso a sus propios pensamientos y sentimientos, hay atributos privados, como «más predisposición a sentir culpa», «más probable que rumien», «menos probable que se consideren a sí mismos físicamente atractivos», que existen sólo en la mente de la persona tímida.[2] Pero son más significativas aquellas cualidades de las que las personas tímidas no eran conscientes y que sus compañeros de habitación veían en ellas. Algunas como «se compadecen más a sí mismos», «más autoderrotados», «más probable que abandonen frente a la adversidad» conllevan un retrato de sus compañeros de habitación tímidos como débiles y no merecedores de respeto. Desde luego, raramente se comentan abiertamente las bases de estas percepciones porque, como uno de los compañeros de habitación no tímidos nos dijo: «No creo que pudiera manejar ese *feedback*, por lo que yo fingía que sentía de otra manera. Pero entorpece el desarrollo de una amistad íntima».

Percepciones de la persona tímida
*(por parte de los alumnos tímidos
y sus compañeros de habitación)*

A. *Vistos tanto por los tímidos como por los otros*

Más sumisos
Más probable que mantengan a las personas a distancia
Más desconfiados en general de la gente
Más ansiosos
Más probable que se comparen con los demás
Más blandos emocionalmente
Menos habladores
Menos hábiles en técnicas sociales
Menos probable que inicien bromas
Menos probable que se comporten firmemente
Menos gregarios
Menos alegres
Menos equilibrados socialmente

---

2. C. G. Lord y P. G. Zimbardo, «Mapping the Private World of Shyness Through Template Matching and Q-Correlates», California, Stanford University, 1980.

B. Vistos sólo por los tímidos, no por los otros

Más sensibles a la crítica
Más introspectivos
Más probable que sientan una falta de sentido personal en la vida
Más miedosos en general

Más predisposición a sentir culpa
Más preocupados por su propia adecuación como persona
Más probable que mediten y que tengan ideas preocupantes y persistentes
Más probable que tengan estados de ánimo fluctuantes
Menos probable que susciten la aceptación de los demás y que caigan bien
Menos expresivos facialmente y/o gestualmente
Menos interesantes como personas
Menos probable que se sientan satisfechos consigo mismos
Menos atractivos físicamente
Menos agradables personalmente
Con menos fluidez verbal

C. Vistos sólo por los otros, no por los tímidos

Más autodefensivos
Más hipercontrolados
Más probable que abandonen frente a la adversidad
Más autoderrotados
Se compadecen más a sí mismos
Menos probable que se acuda a ellos en busca de consejo o de ayuda para tranquilizarse
Menos interesados por los miembros del sexo opuesto

La importancia de la soledad para el desarrollo de la independencia

Una paradoja de la timidez es que a las personas tímidas, más que a las no tímidas, no les gusta estar solas y parecen ser dependientes de otros para la diversión o para aliviar el aburrimiento. Aunque no queremos alentar el aislamiento en nuestros niños tímidos, *queremos* estimularlos para que disfruten del placer de su propia compañía por dos razones: primero, queremos que sean independientes y eso requiere que sean capaces, cuando la ocasión lo requiera, de entretenerse solos. Segundo, creemos que, si tienen que ser aceptados por los demás y que los demás lo pasen bien con ellos, primero ellos deben pasarlo bien consigo mismos y aceptarse. Se ha dicho que, para caer bien a los demás, uno tiene primero que caerse bien a sí mismo. Así pues, enseñe a sus hijos a disfrutar del placer de su propia compañía.

Otra paradoja de la timidez es que *algunas* personas tímidas son tan dependientes de los demás y anhelan tanto la compañía de otras personas de su edad que, por mucho miedo que les dé acercarse a los demás, lo hacen e insisten con demasiada intensidad, lo cual puede alejar a la gente, cosa que sucede con bastante frecuencia. No queremos que su avidez ahuyente a sus amigos potenciales, sino que, en vez de eso, desarrollen un yo fuerte que otras personas encuentren atractivo.

Usted puede enseñar a sus hijos a ser independientes animándolos a que hagan solos algunas cosas concretas, como dar un paseo por la calle, ir al museo o a la biblioteca o, cuando son mayores, ir al cine o a darse una caminata por el monte. Éstas no son más que algunas sugerencias para comenzar a pensar sobre las formas en las que a *usted* le gustaría ver a su hijo capaz de distraerse él solo.

Un reciente estudio con alumnos de secundaria en Chicago reveló que pasaban solos alrededor de una cuarta parte de su vida de vigilia.[3] La soledad parecía tener un efecto positivo en el aumento de la capacidad de concentración. Este estudio descubrió también que aprender a

3. Dava Sobel, «Solitude Emerges as a Blessing in Research on Adolescents», *New York Times*, 19 de agosto de 1980, pág. L-662.

valorar la soledad permitía en muchos casos a los adolescentes *sentirse más cómodos con los demás.*

Poner en marcha la independencia y la responsabilidad

Tiene que estar alerta a esos momentos en que sus hijos están dispuestos a asumir mayores responsabilidades y permitirles que lo hagan y alentarlos a hacerlo. ¿Cómo saber cuándo están «preparados»? Mire, pregunte, proporcione oportunidades, ofrezca aproximaciones sencillas de la conducta deseada, haga que se disponga de pequeños pasos que en su momento lleven a la gran meta. Por ejemplo, los niños de dos años pueden aprender a cocinar, primero ayudando en pequeñas cosas: añadir las hierbas previamente medidas a las salsas y los quesos a las tortillas, empanando el pescado y tareas sencillas similares. También pueden ayudar en la limpieza y les encanta hacerlo si no se presenta como un «trabajo» y si se recuerda que el estándar de limpieza de un niño puede ser algo diferente del que el padre o la madre han aprendido y practican.

Lo mejor para empezar es estimular a los niños a que cuiden de sí mismos. Usted enseña simultáneamente responsabilidad e independencia (avivando en el proceso una autoestima alta), cuando estimula e insta a sus hijos a que:

• Escojan la ropa que se van a poner y se vistan solos. Si les deja que comentan errores al combinar la ropa, estimula la iniciativa y fomenta el objetivo de la independencia. Usted puede, por supuesto, explicar que la gente normalmente no lleva al mismo tiempo un calcetín rojo y uno azul, pero, si el niño insiste, aprenderá la lección con más fuerza, al haberlo aprendido por medio de la experiencia. Al comprar ropa, también podría permitir que su hijo tome la decisión final entre las alternativas que usted seleccione y con el tiempo que seleccione también las alternativas. (Aclare las diferencias de valores que con frecuencia producen choques innecesarios, tales como: usted quiere una variedad en el aspecto día a día del niño, mientras que él prefiere sus vaqueros favoritos una y otra vez... y una vez más.)

- Recojan sus juguetes. Es práctico tener un lugar especial para guardarlos en la habitación del niño.
- Hagan sus camas. Dependiendo de lo que el niño es capaz de hacer, la cama puede quedar peor después de hecha. Pero *aprendemos* a base de hacerla, no a base de que nos la haga nuestro padre o nuestra madre que están tremendamente preocupados por las camas sin hacer o hechas de forma chapucera.
- Se peinen, se laven los dientes, se aten los zapatos, todo ello tan pronto como muestren signos de que están preparados para hacerlo.
- Limpien su dormitorio. Pero los padres tienen que ser conscientes de que sus estándares son más altos que los de sus hijos. Cuando, por ejemplo, usted le dice a un niño o una niña de ocho o nueve años que limpie su habitación, dependiendo de cuáles sean sus normas, lo que usted sugiere puede ser tan abrumador como decirle a un adulto sin experiencia que tiene que construir una casa. Y, con niños pequeños, recuerde que usted tiene que enseñarles a hacerlo y, con frecuencia, trabajar con ellos como parte de un equipo. Lo importante aquí es hacer que el niño se sienta responsable de limpiar su propio territorio.
- Laven su propia ropa. Desde los ocho años en adelante, le puede enseñar a qué botones hay que dar y recordarles que limpien el filtro de la secadora. Una vez más, tenga en cuenta que es probable que sus estándares no sean los mismos que los de usted y no se preocupe por lavados de un blanco inmaculado.
- Se preparen su propio desayuno por la mañana; empaqueten su bocadillo.
- A partir más o menos de los diez años, pidan sus citas para el médico, el dentista y la ortodoncia y que hagan el seguimiento.
- Y, cuando sean lo suficientemente maduros para hacerlo, deberían ser lo bastante mayores para acudir a esas citas ellos solos, utilizando el transporte público o su bicicleta, según prefieran.
- Lo mismo se puede aplicar a otras actividades como deportes o clases de música y danza y a que escriban sus propias notas de agradecimiento.
- Practiquen utilizando el teléfono para comprobar las horas de los espectáculos, pedir información, llamar para disculparse por no haber podido asistir a algún acto al que les habían invitado.

Estimule a los niños para que sean responsables de compartir la carga del cuidado de la casa. Incluso los más pequeños pueden sentir que sus contribuciones en este aspecto son importantes, son útiles.

¿Cuáles son algunas de las cosas que usted hace normalmente en la casa y que sus hijos podrían ser capaces de hacer?: ¿dar la comida a la mascota?, ¿sacar la basura?, ¿cargar el lavavajillas?, ¿separar las latas para reciclar?, ¿cortar el césped?, ¿pasar la aspiradora?, ¿poner las sábanas y toallas en la lavadora y la secadora?

Haga una lista de todos los quehaceres domésticos que se le ocurran y contrástelos con cada niño de la familia, de acuerdo con lo que podría ser capaz de hacer. Y prepárese a estar abierto a negociaciones cuando haya desacuerdo sobre las tareas. Al asignar los trabajos, es una buena idea resistirse a la tentación de delegar sólo aquellos que son inferiores o desagradables.

Creemos también que es más fácil conseguir que los niños hagan las tareas de la casa y del jardín si ven hacerlas tanto a las madres como a los padres y si *ambos* padres participan en la asignación de los quehaceres a los niños. Esto es especialmente importante cuando la madre hace la mayor parte del trabajo de la casa porque los niños, que no *ven* realmente a su padre trabajando en la oficina, pueden tener la impresión, si hace poco en casa, de que no hace *nada en absoluto*, aparte de ver los partidos de fútbol en la televisión o leer el periódico.

Finalmente, la clave para conseguir que los niños hagan prácticamente cualquier cosa es hacerla con ellos. Comparta al principio la actividad y luego déjele al niño la responsabilidad total.

Para cualquier tarea que asigne y cualquier método que idee para conseguir que sus hijos la hagan, recuerde nuestra regla básica: *sea realista*. Y recuerde que a los niños les lleva más tiempo realizar las tareas que a los adultos y que necesitan muchísima práctica; así pues, la *paciencia* ha de ser la segunda regla básica.

Más allá de las tareas: el valor de enseñar a sus hijos a ser responsable de otros

Los niños también pueden aprender a ser más responsables e independientes cuando se les enseña a ser responsables de otras personas. Pueden, por ejemplo, cuidar a los niños más pequeños de la familia y ayudarles en las tareas difíciles y los deberes escolares. Un beneficio adicional, que es una protección contra la timidez, es que, cuando los niños se comprometen a ayudar a otras personas, eso les ayuda a desarrollar un esquema de centrarse en *los demás* en vez de estar conscientemente centrados en *sí mismos*.

Para los niños pequeños, la «distancia generacional» es típicamente la gran cantidad de tiempo entre un cumpleaños y el siguiente. La edad es un aspecto muy importante en la elección de amigos, puesto que con frecuencia se producen unos cambios evolutivos espectaculares en cada año del crecimiento del niño. Las amistades de la misma edad son deseables, debido a su naturaleza igualitaria y porque proporcionan las bases para hacer comparaciones sociales estables (de las propias capacidades, opiniones, emociones). Sin embargo, dado que los niños tímidos comienzan muchas veces por infravalorar sus propios atributos, hay mucho que decir en favor de estimular las amistades de todas las edades.

Los antropólogos que han estudiado las culturas en las que se espera que los niños se relacionen con hermanos y otros niños de diferentes edades informan que estos niños llegan a preocuparse más por el bienestar general de la comunidad social más amplia y están menos centrados en sí mismos. Otro beneficio es que su mayor independencia y confianza en los compañeros de su edad reduce las demandas que hacen a sus padres.

Hay una considerable investigación psicológica que confirma los beneficios de los encuentros con niños de otras edades, tanto para los mayores como para los pequeños. Para los niños mayores, estos contactos no son amenazadores y estimulan tanto el papel de liderazgo-seguridad como el cuidado de los otros. Hay una abundante admiración derivada de los niños más pequeños (que con frecuencia se sienten privilegiados por el hecho de que un niño mayor esté jugando con ellos), unida a los elogios de los adultos que observan. Mientras que el «niño ciudadano mayor» está desarrollando un sentido de capacidad por tales contactos reforzadores con la generación más joven, los niños pequeños reciben ayuda de varias formas. Sus habilidades de conversación pueden mejorar, aprenden a seguir normas y guías, y también obtienen experiencia de primera mano negociando con modelos de roles más similares a ellos mismos que los adultos.

Puesto que los niños más pequeños típicamente no pueden recurrir a su capacidad de hacer las cosas bien, tienen que apoyarse en el tacto y en la diplomacia para conseguir lo que quieren o lo que les corresponde en algunos momentos. Entre los bienes más valiosos que una persona puede poseer están las sutiles habilidades interpersonales que implican la negociación y la maniobra en situaciones de conflicto potencial. La investigación ha demostrado que los niños nacidos tarde tienden a ser más populares y a caer mejor que sus compañeros que son los primogénitos. Tal vez esto suceda como un subproducto de haber tenido que aprender a usar las habilidades sociales y no el dominio físico para sobrevivir en un mundo poblado de hermanos y hermanas mayores.

En el siguiente capítulo revisaremos con más detalle las pruebas recientes del Child Development Laboratory de la Universidad de Minnesota, que demuestran de forma convincente lo eficaz que resulta emparejar a niños de edades diversas para reducir la timidez. Cuando los niños tímidos mayores se emparejan con niños más pequeños durante breves períodos de juego, después se muestran menos retraídos socialmente en grupos de juego de niños de su misma edad.

Recomendamos, como un primer paso en la ayuda para que un niño supere la timidez, la creación de oportunidades de juego (o de ayuda, como hemos sugerido antes) con otro niño de menos edad y que sea más pequeño físicamente. Usted también puede querer tratar de controlar a distancia lo que hace el niño tímido. Más tarde, pregunte al compañero de juego más pequeño si lo ha pasado bien jugando con él (si es así, ¿por qué?; y si no, ¿qué pasó?). Esta información puede proporcionar una retroalimentación constructiva que ayude a formar las habilidades y el estilo interpersonal del niño tímido.

Enseñar a los niños a defenderse a sí mismos

Una forma en que los padres pueden socavar, sin pretenderlo, la confianza en sí mismos de sus hijos y su capacidad de defender sus propios derechos es implicándose en sus batallas. Cuando uno de los padres salta al lado de su hijo que está peleando con otro niño, el niño recibe el mensaje de que no es capaz de manejar la situación sin ayuda del padre o de la madre.

Sin embargo, probablemente no existe un solo padre o madre en el mundo que no haya corrido a intervenir cuando parecía que su hijo o su hija se llevaba la peor parte. Esté alerta por si éste es *realmente* el caso y, a menos que se trate de una situación en la que un niño mayor está molestando a uno pequeño, en verdad es mejor dejar a sus hijos que libren sus propias batallas, de manera que no caigan en un esquema de depender de usted para que lo haga por ellos o en creer que son incompetentes para la tarea. Queremos que nuestros niños se muestren adecuadamente seguros y queremos que sean independientes en la medida de lo posible.

Compensación, asumir riesgos y expectativas de los padres

Una cosa importante que los padres pueden hacer cuando sus hijos son tímidos es encontrar alguna actividad compensadora que le dé a un niño la oportunidad de cimentar su confianza en sí mismo por medio de logros, como a través de clases de música, de danza, de gimnasia, de costura y de arte.

Sin embargo, puesto que un proceso central de la timidez es la predisposición a no arriesgarse, los padres de los niños tímidos necesitan alentarlos realmente a hacerlo, pero hay varios puntos que recordar:

• Trate de determinar si la actividad es algo que el niño realmente quiere. Pregúntele por qué los *otros* niños la hacen, qué cosas buenas sacan de ella. Utilizadas como estrategia proyectiva, estas preguntas ayudarán a averiguar la interpretación de su hijo de lo que se consigue dedicándose a la actividad.

• Valore lo que el niño percibe que son los costes, los peligros ocultos, de participar. ¿Por qué podría un niño no querer hacer una actividad determinada, aunque sepa hacerla?

• Determine cuáles cree su hijo que son las habilidades necesarias o los atributos que uno tiene que poseer para hacerlo bien en una actividad determinada. ¿Los tiene su hijo?

• Una vez establecido que el niño tiene la motivación y las habilidades básicas, usted puede prepararlo para impulsar la acción. Eso se hace disminuyendo las tensiones que están creando las tendencias de evitación, al tiempo que se aumentan las tendencias de acercamiento, describiendo tanto el placer de comprometerse en el proceso (de jugar, salir de excursión y otras cosas), como los buenos resultados anticipados.

Aunque los padres tienen que proporcionar el empuje, hay una fina línea entre alentar y presionar a un niño y los padres de niños tímidos necesitan tener un cuidado especial de no traspasar esa línea cuando dirigen a sus hijos hacia fuera. Por ejemplo, sería un error tan grande forzar a Betsy a jugar a la pelota con los niños como lo fue obligarla a aprender a leer cuando no estaba preparada para hacerlo. Betsy necesita primero aprender a jugar a la pelota y luego tener confianza en que lo puede hacer y tiene que comprender que un componente necesario en este proceso es que hay toda una serie de posibilidades de que, antes de conocer el éxito en alguna medida, experimentará algún fracaso en el camino.

Hay otra línea divisoria más entre alentar y presionar a un niño, a la que todos los padres tendrían que ser sensibles: se trata de si *lo que* usted está alentando es necesario o deseable para el niño.

Es necesario, por ejemplo, que los niños hagan ciertas cosas en determinadas etapas de su desarrollo: utilizar el cuarto de baño, comer con cubiertos, vestirse solos, atarse los zapatos, ir al colegio. Y los padres deben determinar cuándo sus hijos son capaces de hacer estas cosas y ver que las hacen. *No* es necesario, sin embargo, que un niño sea bailarín, futbolista o músico o capaz de leer a los dos años.

Dicho de otra forma, si usted ha tenido alguna vez un secreto deseo de bailar como Ginger Rogers y ha inscrito a su hija en una clase de claqué, en el caso de que a ella no le guste el claqué, usted la está presionando para que cumpla uno de sus sueños personales. Por otro lado, si a ella le *encanta* el claqué y quiere ir a clase, le está proporcionando una oportunidad de hacer algo que quiere hacer, algo de lo que disfrutará y que probablemente dará como resultado que se fortalezca su confianza en sí misma.

Dar el primer paso

Volviendo atrás un instante y utilizando una vez más el ejemplo extremo de Betsy, para que tenga una vida plena no se le puede permitir que siga haciendo aquello en lo que la gente tímida es realmente experta: la evitación, porque ella, al elegir no intentarlo, como otros tímidos, se priva a sí misma de la auténtica oportunidad de construir su autoestima y su falta de coraje contribuye inevitablemente a su baja autoimagen. Para combatir esto, después de llegar a la conclusión de que Betsy es perfectamente capaz de aprender a jugar a la pelota, se le tiene que enseñar a hacerlo y darle la oportunidad de practicar y de dominar esta nueva habilidad; *a su propio ritmo*.

Podemos averiguar la manera de guiar a una niña como Betsy partiendo del tratamiento que se utiliza para ayudar a las personas a superar la agorafobia, una forma extrema de timidez que puede hacer que algunas personas que la padecen no den ni un paso fuera de la puerta de su casa.

Los terapeutas, casi literalmente, hacen que los agorafóbicos den un paso cada vez y al ritmo del paciente. Primero se da un paso fuera de la puerta y una práctica continuada, hasta que resulta cómodo; luego se da el segundo paso y se practica hasta que por fin el agorafóbico puede llegar hasta el buzón del correo, al extremo de la calle y finalmente dar la vuelta al mundo. La clave es un paso en cada momento, gradualmente para minimizar la ansiedad, cuando el agorafóbico comprueba por sí mismo que no ha pasado nada terrible en cada etapa del esfuerzo.

Hay algunos puntos que tener en cuenta al tratar de conseguir que su hijo tímido asuma riesgos, tanto si se trata de tirar la pelota como de aprender claqué.

Con frecuencia el único paso difícil es el primero, conseguir que el niño levante la mano, diga «Hola», exprese una opinión en voz alta, se una al juego. Una vez que se ha dado el paso que produce la ansiedad, se pone en marcha el placer intrínseco de la actividad y es seguro que se deslizará suavemente a partir de ahí. Consiga que el niño practique esa acción inicial primera, represente la situación con él y consiga que haga un ensayo general.

Recompense sus intentos en la dirección deseada, elogie incluso los pequeños pasos de aproximación y sea comprensivo con las fuentes del miedo: el punto de vista del niño sobre la situación.

Preparar a su hijo para el éxito y para el fracaso

Usted ha llegado a la conclusión de que a su hija le encanta el claqué, ella ha asistido a las clases y se aproxima un gran festival. Usted quiere que ella baile y puede ser que trate de que participe en una representación que se está preparando en el Centro Comunitario. Pero ¿qué pasa si la anima a presentarse en público y fracasa? Una vez más, usted tiene que examinar sus motivos. ¿Quiere que actúe ante el público por *usted*? ¿Lo desea por ella? Si quiere ser honrado con su hija, lo siguiente que tiene que hacer es evaluar cuáles son sus probabilidades de éxito. Puede preguntar al profesor de baile si está preparada o no, puede observarla en la práctica y le puede *preguntar a ella si cree que está preparada* para el acontecimiento. Luego determine qué posibilidades de éxito tiene. No tiene por qué ser un éxito asegurado, pero usted no quiere enviarla tan mal preparada que tenga un fracaso penoso.

Una vez que usted ha decidido que probablemente tiene la habilidad suficiente para lanzarse y si ella está dispuesta a hacerlo, lo siguiente que tiene que hacer es avisarle de que el fracaso a la hora de alcanzar una meta deseada es una clara posibilidad. No quiere sugerir que hay muchas probabilidades de que el resultado sea un fracaso, simplemente que es una posibilidad. A un niño se le puede hacer comprender que el fracaso es una posibilidad, y no tan terrible, enseñándole que es probable al principio, cuando se intenta algo nuevo, tanto si se trata de colgarse de las barras en el jardín de infancia como de probar en el torneo por equipos en el colegio o el instituto. Los padres pueden ayudar a un niño a comprender esto compartiendo con él los «fracasos» en sus propias vidas. Puesto que usted ha sobrevivido, esto ofrece una prueba viviente de que su hijo también lo hará.

Un niño necesita que le digan que el fracaso no existe: que el fracaso *genuino* es cuando alguien juega sin riesgos, por no intentar nunca nada nuevo o que suponga un reto. Y no sólo se les debería enseñar a los niños que es mejor haber jugado el partido y perder que no haber jugado, sino que también se les debería elogiar —por ellos mismos y por los demás— por haber asumido el riesgo.

Usted quiere comunicar a su hijo que, sea cual sea el resultado, asumir un riesgo es, en sí mismo, una medida de éxito. Una perspectiva saludable que ilustra este punto es lo que aprendimos de un psicólogo que es oficial del ejército en West Point. Nos dijo, por ejemplo, que uno de los problemas más grandes a los que se enfrenta la academia al formar a los mandos es el fuerte temor al fracaso de tantos jóvenes. Buscan la «solución aprobada», el viejo modo de hacer, justo, demostrado-y-verdadero, en vez de experimentar, innovar, ensayar nuevas posibilidades, jugársela. ¿Y no es exactamente eso lo que más distingue a los líderes creativos de los laboriosos seguidores? Cuando comparamos a los cadetes tímidos con aquellos que no lo eran, seguro que los tímidos, como media, tenían unas puntuaciones de eficacia para el mando más bajas. La dependencia, la baja autoestima, la evitación de situaciones nuevas y la resistencia a iniciar contactos son las cortapisas de la persona tímida en el camino de convertirse en líder.

Si se asumen muchos riesgos, la consecuencia de cualquier fracaso (o incluso de una serie de ellos) se reduce a su magnitud como opuesto a cuando es el único fracaso de un único intento. Si su hijo pide a cinco niños que jueguen y tres rechazan el ofrecimiento, aún hay dos compañeros de juego más que si el niño desistiera tras una sola petición. Los vendedores ambulantes a domicilio, los Testigos de Jehová y los atletas, todos ellos comparten esa verdad básica: el éxito proviene de las veces que uno «conecta», independientemente de las ocasiones en que uno no logra puntuar. El mundo de la pelota base estaba todo emocionado por las fenomenales hazañas de lanzamientos de George Brett, que fallaba en unas seis de cada diez oportunidades de batir: ningún otro jugador había fallado mejor desde que Ted Williams lo hizo así hace cuarenta años, batiendo 0,406. Así pues, parte de lo que constituye el fracaso es si se mira a los aciertos o si se mira a las pérdidas en la vida. Creemos que los niños tímidos están inhibidos por el miedo de perder si lo intentan y se les debe estimular para que superen ese miedo.

Sacar partido al fracaso

Para conseguir el máximo de aquellos intentos que no alcanzan el éxito que nosotros o nuestros hijos habíamos esperado, hay una serie de pasos que seguir:

• Defina el fracaso. Sea concreto al describir la acción, las bases de su evaluación y el estándar o forma por la que se mide. ¿Se trata de un fracaso absoluto (no se llega a formar el equipo, expulsión de la universidad) o más relativo (no ser elegido como capitán del equipo o no conseguir una «nota media de sobresaliente»)?

• Sea sensible a interpretaciones alternativas de lo que constituye el fracaso para una persona determinada, en un entorno concreto y en cierta etapa de la vida.

• Haga explícitas las metas que no se alcanzaron. ¿Quién las estableció, eran lo que usted o el niño querían realmente antes o mientras se trataba de alcanzarlas? ¿Podría estar el problema en la vaguedad de las metas, la falta de unas metas intermedias más viables, el cambio en la motivación que alteró la significación de las metas o la imposibilidad de conseguirlas en ese momento?

• Describa el tipo de persona que ganó, cuya acción consiguió el resultado deseado. ¿Le gustaría a usted (o al niño) ser ese tipo de persona o hacer lo que ella hizo para tener éxito (largas horas de práctica, exclusión de otras actividades, amigos o cosas similares)?

• Especifique las circunstancias atenuantes que un buen abogado podría invocar para dar cuenta del fracaso. Entre las posibles candidatas:

— el nivel (o imparcialidad) de la competición;
— la tendenciosidad (o juicio incorrecto) de los jueces;

— la estrechez de criterios, prejuicios o evaluación deficiente por parte de los otros miembros del equipo;

— los factores situacionales, de contexto (ventajas por un público casero, distracciones, clima, etc.);

— el fracaso de los que estaban a cargo de ofrecer la información adecuada sobre expectativas, oportunidades de práctica, potenciar los puntos fuertes.

• Determine (a partir de la observación de los ganadores) qué niveles y clases de habilidades son necesarias para tener éxito; establezca cuánta práctica habría que realizar y qué tipos de sacrificios exigiría.

• Defina qué se necesita hacer mejor en la próxima ocasión.

Qué hacer, por otra parte, con el éxito

Supongamos que usted tiene una hija o un hijo que está especialmente dotado —o usted así lo cree— para un determinado empeño, como cantar, bailar o tocar el piano.

Lo último en el mundo que usted quiere hacer es convertir ese logro en un vehículo que genere sentimientos de timidez. No *oblique* a su hijo o a su hija a practicarlo delante de familiares o amigos cuando es evidente que no quiere hacerlo.

Normalmente se puede saber cómo se siente un niño por la forma de arrastrar los pies, la mirada baja o las quejas cuando hace la sugerencia delante de otros. Pero mejor que nada, usted puede descubrir *en privado* cómo se siente el niño respecto a su actuación, simplemente preguntándole por adelantado. Le puede explicar por qué a usted le agradaría que lo hiciera. Idealmente, no debería ser para exhibir una de sus posesiones, sino para compartir con otros el talento o el don que tiene su hijo, siempre que el niño lo quiera compartir.

En ocasiones los niños padecen de miedo escénico, por lo tanto, deje que se lo piense. A veces tales miedos anticipatorios demuestran ser una tontería después de estar realmente con las otras personas o cuando el ambiente es más propicio de lo que se podría haber imaginado anteriormente. Así pues, pregúntele en privado o acuerde una señal, «pulgar arriba» o «pulgar abajo», que deje al niño la decisión final. Y apoye su criterio, comentando después cómo se podría conseguir la próxima vez un resultado diferente.

Si el niño decide actuar, es mejor no hacer una apología, ni un alarde de relaciones públicas. Podría simplemente anunciar: «A Adam le gustaría tocar para nosotros una nueva composición en la que ha estado trabajando» o mejor aún deje que él mismo haga la presentación. En cualquier caso, no permita que su hijo se sienta humillado por su exageración poco realista, con el inevitable «¿Y eso es todo?» por parte de la audiencia. También podría invitar a sus amigos y familiares a compartir sus talentos para el disfrute del grupo, no por orgullo personal.

A propósito, los visitantes de la República Popular China, igual que nuestros colegas que han estudiado a los niños chinos, destacan lo desenvueltos y «poco tímidos» que parecen. Están ávidos por hacer de guías, por mostrar su colegio, cantar canciones, recitar poemas, incluso para los desconocidos. Esta sensibilidad social surge, en parte, por la orientación que sus padres y profesores les han infundido, lo que saben y lo que pueden hacer desde el punto de vista artístico no se utiliza como una medida de su valía personal, sino más bien como un medio de hacer felices a los demás y en elogio de su cultura. Piense en lo diferente que es nuestra orientación típica hacia las actuaciones en público y tendrá parte de la explicación de por qué «hablar en público» es la fobia número uno entre los americanos.

Mantener a raya las expectativas de los padres

Aquellos incidentes aislados que reflejan unas expectativas de los padres no realistas no hacen mucho daño y son incluso divertidos. Pero cuando esos incidentes son frecuentes y forman parte de un esquema que refleja una necesidad excesiva de los padres de brillar a la luz de la gran actuación de sus hijos o bien reflejan su convicción de que el hijo es incapaz e incompetente, el efecto acumulado será dañino para la autoimagen del niño tímido.

En el ejemplo de la madre que cortaba la carne del plato de su hijo adolescente, es evidente que, aunque ella quiere a su hijo y desea el bien para él, éste ha sido su esquema durante toda la vida del niño. Lo ha protegido ansiosamente, vistiéndolo siempre, insistiendo en que se pusiera la bufanda, que comiera todo lo del plato o moriría de inanición, al tiempo que le advertía de todo peligro concebible en el mundo. No es sorprendente que su hijo, que había crecido sintiéndose tarado de algún modo, que no podía ni siquiera atarse los cordones de los zapatos, sea totalmente tímido cuando cree que *tiene que* actuar en cualquier entorno social.

Cuando las expectativas de los padres son demasiado elevadas, una cosa de la que los padres podrían no ser del todo conscientes es *por qué* algunas veces esperamos que nuestros hijos sean ejemplares. Al tratar de hacer que actúen de forma que merezcan nuestra aprobación, nosotros también, a veces, podemos estar buscando la aprobación para nosotros mismos. Probablemente no hay ningún padre o madre en todo el mundo que no haya caído, en alguna ocasión, en la trampa de lo-que-piensa-todo-el-mundo hasta tal grado que haya planteado exigencias a un hijo o bien sentido vergüenza cuando su actuación o su conducta no fue óptima, simplemente por la preocupación de lo que los demás pensarían de ellos como padres. A veces los padres sentimos que todo el mundo está observando cómo luchamos por hacer lo correcto y luego, cuando nuestros hijos no están del todo a la altura, tememos que nos medirán por sus fracasos, grandes y pequeños.

Probablemente en ningún momento es esto tan cierto como cuando nuestros hijos están en el colegio. Comenzando por el primer curso de primaria y con frecuencia a lo largo de toda su carrera escolar, el niño es, en bastante medida, como un espejo de los padres, reflejando qué clase de padres somos en lo bien que él lo hace.

«En parte es así porque los profesores siempre les dicen que sus hijos podrían hacerlo mejor —nos dijo la doctora Louise Bates Ames del Gessell Institute—. A la mayoría de los padres les preocupa que sus hijos no vayan mejor en la escuela. Bueno, normalmente, a menos que ese niño fracase, realmente está haciendo lo mejor que puede en el momento. Pero muchos padres se preocupan excesivamente si sus hijos no sacan notables o sobresalientes.»

Trabajar con fuerza para resistirse a caer en la trampa de lo-que-piensa-todo-el-mundo es una forma de mantener a raya las expectativas paternas sobre nuestros hijos. Como una madre sensata nos dijo: «Les digo a mis hijos que, si un suficiente es lo mejor que pueden conseguir, para mí es un sobresaliente». Ésta es ciertamente una perspectiva de los padres que se puede aplicar a todas las facetas de la vida de un niño.

La siguiente es una lista de comprobación que le ayudará a desarrollar esa clase de perspectiva y a mantener a raya sus propias expectativas:

• ¿Han sido casi siempre los logros precoces importantes para mí? ¿He esperado que mi hijo utilice perfectamente el retrete a los dieciocho meses, que sepa leer a los dos años, se ate los cordones de los zapatos a los cuatro y que monte en bicicleta con sólo dos ruedas a los seis y me he disgustado cuando no lo ha hecho?

• ¿Me he impacientado cuando un niño no podía llevar a cabo alguna tarea determinada, pensando que algo iba mal?

• ¿Cómo determino cuándo está mi hijo preparado para dominar una nueva habilidad?: ¿por su edad?, ¿por el tamaño?, ¿por lo que los hijos de mis amigos son capaces de hacer? ¿He estado indiferente a las señales de estar preparado, de no estarlo, que me ha enviado?

• ¿Retiro a veces el cariño y el afecto cuando mi hijo se comporta mal o no rinde bien, enviándole el mensaje de que mi amor es condicional y no constante?

• ¿Tengo la costumbre de hacer cosas para mi hijo y continúo haciéndolas mucho después de que él es capaz de hacerlas por sí mismo?

• ¿Estoy siempre pendiente, haciendo cosas tales como ayudar al niño a ponerse un suéter o colocándole la cuchara en la boca? ¿Soy de los que cortan la carne?

• ¿Tengo sentimientos ambivalentes hacia el hecho de que mi hijo me necesite menos? ¿Desearía a veces que no creciera tan rápidamente y que no se independizara tanto de mí?

• ¿Pido cita al dentista para mi hijo de doce años? (Nota: el ejemplo más extremo con que nos hemos tropezado es la madre que lo hace para su hijo de veintiún años, cuya mujer, si se casa, lo más probable es que asuma este papel de cuidadora.)

• ¿Soy aún su chófer cuando los niños son perfectamente capaces de llegar a sus lugares de citas por sus propios medios?

- ¿Participo en las peleas de mis hijos, aunque no haya ninguna necesidad real de que yo intervenga?

- ¿Estimulo realmente a mis hijos a participar en las tareas de la casa, ayudar a los demás y ser generalmente independientes y responsables?

- ¿Le proporciono a mi hijo las oportunidades y las herramientas para intentar cosas nuevas y le estimulo luego para que asuma riesgos, y me acuerdo siempre de tener expectativas realistas en cuanto a los resultados?

- ¿Presiono a mi hijo a hacer aquellas cosas y a ser aquellas cosas que eran importantes para mí, pero que nunca fui capaz de conseguir?

- ¿Sé perder y enseño a mis hijos también a saberlo? ¿O me entristezco cuando pierde el partido o no trae los premios a casa? ¿Y por *quién* me entristezco?

- ¿En tales ocasiones, transmito mi disgusto *a mi hijo*?

- ¿Suelo forzar a mi hijo a que muestre sus habilidades a mis amigos y familiares, aunque sé que no quiere actuar?

- ¿Soy tan comprensivo como debería cuando mi hijo no va bien en la escuela?

- ¿Le pido permiso a mi hijo antes de volver a contar una anécdota sobre él o enseñar algo que ha hecho? (Hacerlo así le dice al niño que se le respeta y se le trata como un individuo con derechos, no simplemente como una extensión de las ambiciones de los padres.)

Para algunos padres es muy difícil saber lo que se puede esperar realísticamente de cada niño en cada etapa del desarrollo y qué metas se tendrían que establecer. Es importante tener ciertos conocimientos del desarrollo del niño para que le ayuden a usted a conocer cuándo una conducta o una acción es normal y cuándo se podría esperar más madurez.

Las guías sobre el desarrollo del niño son una ayuda siempre que usted comprenda que están basadas en un amplio abanico de conductas: que, por ejemplo, cuando nos dicen que un niño normalmente da sus primeros pasos cuando tiene un año de edad, esto está basado en la *media* de los niños que comienzan a caminar en cualquier momento entre los diez y los dieciséis meses.

El desarrollo motor e intelectual se produce en etapas bastante fijas por las que atraviesan todos los niños, en la misma secuencia, aproximadamente a la misma edad. Pero el desarrollo social, puesto que depende de las habilidades verbales, la memoria y el desarrollo de las capacidades para asumir papeles, muestra una variación mucho más grande de niño a niño, a través de las clases socioeconómicas y de cultura a cultura. No hay una vara de medir objetivamente contra la que evaluar el desarrollo social de su hijo. En vez de eso, el asunto es si al niño le gusta estar con otros, actúa de maneras que atraen —no repelen— a los demás, obtiene placer y produce placer por estar con otras personas. Además, la vida social debería formar parte de una serie total de implicaciones equilibradas que incluyen las actividades solitarias (leer, escribir, entretenimientos) y el disfrute de estar solo en compañía de sus propios pensamientos, sentimientos y fantasías.

Es fundamental que usted, como madre o como padre, haga todo lo que pueda para estimular a su hijo a que comparta con usted su *interpretación* de por qué se comportó de una forma determinada. Ese conocimiento es muchas veces más importante que el hecho de haber hecho o no alguna cosa.

Para los padres que permanecen confusos a la hora de establecer sus expectativas sobre el desarrollo intelectual y motor y sobre las habilidades sociales, sería una gran ayuda una consulta con un pediatra sensible.

Sin embargo, y lo que es más importante, si su hijo es algo lento y no alcanza cada hito del desarrollo a tiempo, acéptelo por lo que básicamente es. Aceptar es amar. Pero no juzgue a un niño como lento demasiado deprisa; recuerde que Albert Einstein no comenzó a hablar hasta los tres años de edad, pero, cuando estuvo preparado para decir algo, realmente era algo.

4
Enseñar a su hijo a convertirse en un ser social

Ken Margerum es un americano típico, gran jugador de fútbol americano, que recientemente consiguió un récord universitario por atrapar más pases de su equipo. Durante una entrevista después de un partido, sorprendió a los periodistas señalando que, una vez que el juego había terminado, raramente hablaba sobre él y no guardaba los recortes de prensa de sus proezas.

«Me tomo muy en serio lo que *hago* —dijo—, pero no me tomo *a mí mismo* en serio.»

Aquí tenemos la antítesis de nuestra persona tímida típica que proclama —en voz muy baja—: «No puedo tomarme en serio lo que hago porque siempre me tomo a mí mismo muy en serio». Para los tímidos es difícil concentrarse en cualquier tarea más que en sí mismos. Así pues, la mayoría son incapaces de dejar que se apodere de ellos la alegría intrínseca natural de un juego, un baile, una obra de teatro o un acontecimiento social. Siempre que hay otras personas que están implicadas como participantes o como espectadores, la persona tímida normalmente está excesivamente preocupada por *controlar la impresión que produce*.[1]

Todos trabajamos para tratar de controlar las impresiones que otras personas se forman de nosotros. Lo hacemos tomando decisiones conscientes, e incluso inconscientes, que dirigen nuestro aspecto físico y nuestra conducta. La mayoría de las personas quieren transmitir una imagen positiva de sí mismas a los demás, para conseguir de ellos reconocimiento y aprobación social. Una buena forma de hacerlo es dedi-

---

1. E. Goffman, *The Presentation of Self in Everyday Life*, Nueva York, Doubleday, 1959 (trad. cast.: *La presentación de la persona en la vida cotidiana*, Madrid, H. F. Martínez de Murguía, 1987).

carse a actividades que los otros valoran o disfrutan. O bien podríamos producir una impresión positiva cuando hacemos cosas que lleven a los demás a pensar en nosotros como «interesantes», «atractivos», que poseemos alguna habilidad o atributo especial o del que se pueden beneficiar. Compartir recursos, como juguetes, juegos, equipo deportivo y demás, ayuda a crear una imagen positiva. Lo mismo sucede apoyando a la gente, alentándola, cuidándola y siendo amable. Piense en la clase de persona que es cuando está junto a personas a las que usted quiere caer bien. Y considere lo que hacen otras para fomentar el hecho de que usted las valore positivamente. Los rasgos de la situación son importantes, tanto si se trata de un entorno íntimo, cara a cara, como de una actividad en un grupo pequeño, una cena formal o un encuentro casual. También tienen importancia la edad, el sexo y el ambiente de su «objetivo».

Nuestros jovencitos tímidos adoptan una estrategia diferente de control de la impresión que producen, que refleja un *estilo de presentación protector*.[2] Más que actuar para conseguir la aprobación, la persona tímida actúa para minimizar la desaprobación. Este estilo crónico de acercarse al mundo surge, en parte, como hemos dicho antes, porque la persona tímida anticipa las evaluaciones negativas de los demás. Esta orientación puede proceder de su baja autoestima. O puede resultar de tener un alto nivel de ansiedad social.[3] Las investigaciones han demostrado que las personas con una ansiedad social alta son especialmente sensibles al escrutinio público de su conducta. Como consecuencia, se vuelven más *modestos* sobre sus capacidades y atributos cuando se tropiezan con una situación pública que puede resultar embarazosa. No sólo presentan al mundo un yo público «desfavorable, modesto», sino que normalmente llegan a aceptarlo.

Además, la investigación ha demostrado que, mientras que los alumnos universitarios que *no* eran socialmente ansiosos estaban activamen-

2. R. M. Arkin, «Self-Presentation Styles», en J. T. Tedeschi (comp.), *Impression Management Theory and Social Psychology Research*, Nueva York, Academic Press, 1981.

3. R. M. Arkin, A. J. Appleman y J. M. Burger, «Social Anxiety, Self-presentation, and the Self-serving Bias in Causal Attribution», en *Journal of Personality and Social Psychology*, nº 38, 1980, págs. 23-25.

te «orientados hacia la recompensa» al tratar con otros que los estaban evaluando, sus compañeros con una ansiedad social alta asumían más la responsabilidad por el fracaso que por el éxito.[4] Hay otras investigaciones que prueban que estas personas se preocupan tan excesivamente por sí mismas cuando se enfrentan a la «amenaza» de ser evaluadas, que no dedican suficiente atención a la tarea que tienen entre manos. En efecto, lo hacen peor que aquellos con una ansiedad social baja, que no están tan debilitados por la perspectiva de ser evaluados.

Comprender la timidez de esta forma, como un estilo protector, ayuda a dirigir nuestra estrategia para superarla en los niños. Podemos comprender mejor la imagen inofensiva, conservadora, de la persona tímida, que es característica del «síndrome reticente» (tal como lo describe el investigador del habla Gerald Phillips).[5] El niño tímido es reacio a relacionarse con otros porque ha decidido que lo que podría ganar se ve superado por lo que es más probable que pierda si se implica con los demás y deja al otro que se acerque lo suficiente para descubrir los defectos que tiene (escondidos como el horrible acné debajo de un ungüento de color carne). Las situaciones nuevas, desconocidas, no estructuradas, evaluativas suscitan la timidez porque suponen un riesgo mayor de actuar de manera inadecuada y ser rechazado. Adoptando unos modales modestos e incluso menospreciándose a sí misma, la persona tímida ahuyenta el viento de las velas de las críticas potenciales, incluso antes de que pueda comenzar el juicio. Después de todo, ¿hasta qué punto puede resultar herida una persona tímida que se arroja por la ventana del piso bajo en el que vive su ego?

Este excesivo temor a ser negativamente evaluado se puede manejar de una manera completamente diferente, aunque consiguiendo un objetivo comparable. En vez de adoptar la imagen encogida de la que se queda sentada en el baile, hemos visto a personas tímidas que mantie-

4. J. Brockner, «Self-esteem, Self-consciousness and Task Performance: Replications, Extensions, and Possible Explanations», en *Journal of Personality and Social Psychology*, nº 37, 1979, págs. 447-461.

5. G. M. Philips y N. J. Metzger, «The Reticent Syndrome: Some Theoretical Considerations About Etiology and Treatment», en *Speech Monographs*, nº 40, 1973, págs. 14-24.

nen a los demás a raya siendo «bravucones», habladores compulsivos o extravagantes en el vestido o los modales. En vez de esperar a que llegue el veredicto negativo cuando tenga que llegar, el tímido impertinente o rebelde reduce la incertidumbre haciéndose cargo de él, *produciendo* la evaluación negativa y ahuyentando a los demás: «¿Ves?, ya te lo dije, no vale la pena esforzarse por ellos; son maricas, no tienen nada que decir, nada en común conmigo, y están demasiado pendientes de cosas superficiales tales como el aspecto físico de una persona». Resultado final: una persona tímida aislada, poco centrada, escondida en una dura concha.

La confusión y el conflicto entre la imagen pública y lo que la persona tímida cree que es el «yo privado real» está certeramente expresado por Sheryl (escrito por consejo del doctor Schlessinger, columnista del *San Francisco Chronicle*):

> Mi interior es definitivamente diferente de mi exterior. Por fuera soy rebelde, gregaria, abierta, atractiva. Por dentro soy tímida, distante, estirada, asustada; una especie de niñita con los pies sucios.
>
> Siempre he creído que esto es inaceptable para todo el mundo que me rodea. La gente necesita que sea de una determinada manera; yo soy responsable de ser de la forma que la gente quiere. ¡Creo que la gente me utiliza para realizar sus fantasías!

«Utilizado», «maltratado», «ignorado» o «rechazado» son temas centrales en el vocabulario de los tímidos para describir cómo permiten pasivamente que el mundo los trate. Tenemos que ayudar al niño tímido a ver a la gente como un recurso precioso que hay que valorar y buscar activamente, pero no comprarlo al precio de la propia integridad o independencia. Debemos hacer todo lo que podamos para ayudar a un niño a que se guste a sí mismo y que guste a los demás. Tenemos que trabajar para forjar a cada uno de nuestros hijos como un vínculo vital en la gran cadena de seres sociales que es la relación humana.

Los niños como triunfadores

En este capítulo subrayamos nuestro plan estratégico general de juegos, al tiempo que desarrollamos algunas tácticas concretas para hacer que los niños se sientan y actúen como triunfadores. En el proceso de diseñar un nuevo futuro para el niño que fue tímido, mostraremos cómo minimizar las prácticas negativas del hogar y la escuela y cómo reforzar las áreas de capacidad y los puntos fuertes de ese niño.

Un niño para todas las situaciones

«¡Soy bueno!», «¡Me quieren!», «¡Sé hacerlo!» Ésta es la imagen positiva que queremos que tengan nuestros hijos tímidos. Podemos lograrlo transmitiéndoles afirmaciones más favorables, tranquilizadoras para ellos, en vez de comentarios negativos, despreciativos, como: «Estás tonto», «No te quiere ni tu abuela», «Déjalo, no tienes arreglo».

Comience por controlar con qué frecuencia su hijo dice cosas buenas y malas sobre sí mismo. Observe también la frecuencia con la que usted y otros lanzan al niño estos tipos de mensajes. Si, como sospechamos, los negativos superan a los positivos, se impone un cambio.

Refuerce todas las afirmaciones del niño sobre sí mismo en un tono favorable, así como las críticas constructivas que indican lo que se puede hacer mejor la próxima vez. «Contestaré mejor a la pregunta del profesor si repaso los apuntes antes de comenzar la clase», en vez de: «Qué tonto fui al no ser capaz de contestar a una pregunta tan fácil».

Negativas: «¡Basta!».

Degradantes: «¡No está bien!».

Etiquetas desagradables: «¡Aquí no!».

No lo puedo hacer: «Con práctica, mañana podrás».

Conseguir que el niño diga y piense cosas buenas sobre sí mismo forma parte del proceso de condicionamiento oculto. Las investigaciones psicológicas han demostrado que tal aprendizaje «silencioso» puede ejercer efectos poderosos para cambiar la conducta en el sentido deseado.

Pero puede necesitar algo más. La idea del mundo que tiene el niño tímido necesita una sacudida por medio de una «reestructuración cognitiva». El niño necesita que le digan y le demuestren que el mundo no está lleno de espectadores críticos que esperan en las profundidades silenciosas, como tiburones, dispuestos a devorar a los incompetentes que se acercan nadando por encima de sus cabezas. En vez de eso, tenemos a nuestro alrededor millones de personas a las que les encantaría compartir las alegrías de la vida a la mínima oportunidad que les diéramos. ¡Imagine no nadar en un lago porque allá lejos, en el océano, hay tiburones!

Es ineludible que los niños busquen las cosas agradables y no los oscuros nubarrones. Adoptar una orientación positiva en la que siempre sea posible la aprobación y la recompensa permite al niño actuar de manera que sea probable que cree una profecía conductual que se cumpla a sí misma (como se ha demostrado en la investigación de Mark Snyder).[6] El optimista que sonríe y envía saludos descubre que al menos seis de cada doce personas están contentas, mientras que el tímido pesimista percibe a los seis que miran con el ceño fruncido.

A los niños se les puede enseñar lo que aprendemos de nuestros errores, que un *feedback* constructivo es más valioso que una aprobación sin información. Así pues, queremos tener alrededor de nosotros a personas que nos digan cuándo «no estamos en línea» para que nos dediquemos a hacer autoanálisis y decidamos métodos para mejorar. Sin embargo, es importante reconocer que a veces las críticas proceden de los motivos personales del crítico, motivos tales como presumir, vengarse o provocar un sentimiento de culpa para obtener alguna ventaja. Trate de utilizar ejemplos concretos de esta «crítica hostil» para permitir al niño discriminar la crítica aceptable.

Otros mensajes que forman parte integral de esta red de ideas que tiene que transmitir a su hijo tímido incluyen:

• Asumir riesgos inteligentes, calculados; no hay nada que perder.
• Lo que uno es como persona no siempre es lo mismo de cómo se comporta en público, como un actor.

6. M. Snyder y W. Swann, «Behavioral Confirmation in Social Interaction: From Social Perception to Social Reality», en *Journal of Experimental Social Psychology*, nº 14, 1978, págs. 148-162.

• El yo no queda disminuido por una mala actuación, sino que se educa para hacer las cosas de forma diferente la próxima vez.

• Nunca se fracasa por intentarlo, puesto que el proceso es emocionante y la experiencia nos proporciona información.

• Se fracasa siempre que uno se niega a intentarlo, teniendo la capacidad y la motivación para hacerlo.

• Aunque tenemos que planificar para el futuro de manera que coordinemos nuestros medios con nuestros objetivos, una vez que comienza la tarea es mejor dejar que se acabe totalmente. Hay que enfocar toda tarea social como un niño que juega. No importa tanto cuál sea el resultado del juego, sino que al dejarnos absorber totalmente por él nos enriquecemos.

• Con frecuencia nos rondan pensamientos irracionales que bloquean la acción eficaz y que nos hacen pensar mal de nosotros mismos. El conocido psicólogo Albert Ellis[7] ha demostrado que estas ideas irracionales nos pueden herir emocionalmente. A continuación figura una muestra de diez de tales pensamientos irracionales bastante corrientes:

Actitudes y creencias irracionales

1. Para ser feliz y valioso, es necesario ser aprobado y amado por prácticamente todo lo que uno hace; si a uno lo critican o rechazan, esto representa un fracaso personal catastrófico por el que uno debería ser castigado y/o sentirse totalmente desgraciado.

2. Para valer como persona es esencial ser totalmente competente, eficiente y perfecto en todos los aspectos posibles.

3. Ciertas personas son malas, perversas o ruines y se les deberían reprochar sus maldades de forma severa. A uno se le deberían reprochar (como opuesto a considerarle responsable) sus errores. Uno nunca debería actuar mal y se debería sentir totalmente indigno si hace algo mal.

7. A. E. Ellis y R. A. Harper, *A Guide to Rational Living*, North Hollywood, California, Wilshire Book Co., 1975.

4. Para ser feliz, uno nunca debe estar frustrado durante mucho tiempo: es antinatural y catastrófico cuando las cosas no van de la forma que nos gustaría, y se debería reaccionar a la frustración con indignación.

5. La felicidad está en gran parte externamente determinada y uno tiene poca o ninguna capacidad para liberarse de la ansiedad y de otros sentimientos negativos.

6. Si algo es o pudiera ser temible y peligroso, uno debería estar completamente preocupado y ocupado en ello, por ejemplo, seguir pensando sobre la posibilidad de que suceda.

7. Uno debería tratar de evitar la mayoría de las dificultades y responsabilidades de la vida e insistir siempre en la gratificación inmediata. Uno no debería hacer planes a largo plazo para el propio placer y disfrute.

8. El pasado de uno es de una importancia suprema a la hora de determinar la propia felicidad: puesto que ciertos acontecimientos en su momento afectaron con fuerza la vida de uno, inevitablemente tienen que seguir haciéndolo.

9. Las personas y las cosas deberían ser mejor de lo que son y es una catástrofe si no se encuentran de inmediato soluciones perfectas a las realidades desagradables de la vida.

10. La máxima felicidad humana se puede conseguir por inercia y «pasándolo bien» pasivamente y sin ningún compromiso por parte de uno.

Y he aquí un ejercicio para un niño tímido, a partir de los 12 años de edad:

a) El niño escribe varias afirmaciones que describen su actitud mental cuando se acerca a un adulto que ocupa un puesto de autoridad, del que necesita ayuda o consejo, y también cuando se acerca a alguien del sexo opuesto para pedirle que salga con él. Por ejemplo: «Creo que pensará que soy estúpido por pedir ayuda».

b) El padre o la madre lee la lista de los diez pensamientos irracionales y decide cuál encaja en la afirmación sobre la actitud mental personal del niño en las situaciones descritas.

c) El padre o la madre comenta con el niño cómo se podrían cambiar estas afirmaciones sobre sí mismo para hacerlas más racionales y mejores para el bienestar emocional del niño.

La esencia de este fortalecimiento de la propia imagen es desarrollar un estilo que no sea conservador, restringido y protector, sino atrevido, flexible y abierto a nuevas personas e ideas.

Recordemos la diferencia entre los esquemas israelí y japonés de educación de los niños, en las que al niño judío se le prepara para conseguir las cosas buenas que la vida tiene que ofrecer, mientras que al japonés se le enseña a evitar el fracaso y la vergüenza. De la misma forma, disminuyendo la preocupación del niño tímido por la evaluación negativa, el fracaso, la vergüenza y el rechazo, y alentándole a buscar recompensas por intentarlo y por conseguir lo que pueda, nace un nuevo niño. Este niño será capaz de aceptar el éxito y tendrá la fortaleza necesaria para enfrentarse a la adversidad, sea cual sea el motivo.

ACABAR CON LA ANSIEDAD SOCIAL

Relacionarse eficazmente con otras personas requiere querer establecer contacto, tener las habilidades sociales básicas y un buen sentido de la autoestima y no sentirse tan ansioso que interfiera con la propia acción.

El alto nivel de ansiedad social que experimentan los niños tímidos en los ambientes sociales tiene un componente físico, excitante, al igual que un componente de pensamiento y de sentimiento. Ambos se pueden tener bajo control por una práctica llamada *desensibilización sistemática*, desarrollada por Joseph Wolpe.[8] Este enfoque para reducir cualquier clase de ansiedad implica cuatro pasos: entrenamiento en relajación, construcción de una jerarquía de ansiedad específica, ensayo de conducta visualizada y práctica de la desensibilización en la situación real provocadora de la ansiedad.

Entrenamiento en relajación. El entrenamiento en relajación se lleva a cabo normalmente utilizando unas instrucciones grabadas que describen cómo se van relajando los músculos, comenzando por los de la cabeza y la cara y dirigiéndose progresivamente a cada grupo de músculos del cuerpo. Hay anuncios de tales casetes en cualquier número de

---

8. J. Wolpe, «Behaviour Therapy in Complex Neurotic States», en *British Journal of Psychiatry*, nº 110, 1969, págs. 28-34.

Psychology Today, que podrían ser útiles como guía general para los padres. Pero es suficiente hacer que el niño tímido se siente cómodamente, cierre los ojos, mientras que uno de los padres le habla en un tono calmado, suave, sedante, sobre una ola apacible de relajación que fluye por el niño y relaja todos los músculos tensos. El niño también podría imaginar alguna situación asociada con sentimientos positivos y con un estado de ánimo relajado, como tomando el sol en una playa, flotando, dándose un baño tibio o mirando al fuego. Cuando el niño informa que se siente relajado y en calma, dispuesto a seguir con la siguiente parte de este juego, el padre o la madre continúa.

Jerarquía de situaciones de ansiedad. Cualquier situación social que hace a un niño sentirse ansioso se puede descomponer en unidades separadas. Hay pasos separados (en el tiempo y en la distancia) ordenados desde el que provoca menos ansiedad (el más remoto) a los más cercanos cada vez y finalmente los aspectos más provocadores de esa situación.

Por ejemplo, un modelo de una jerarquía de este tipo, presentada por F. Orr y sus colaboradores,[9] describe una situación en la que al joven tímido se le invita a una fiesta a la que también asistirá un miembro del sexo opuesto hacia el que se siente atraído. La decisión de hablar a esa persona provoca mucha ansiedad, mientras que aceptar la invitación cinco semanas antes es lo que menos ansiedad conlleva.

Ensayo de conducta visualizada y desensibilización. Estando aún relajado, se le propone al muchacho tímido que visualice (utilizando todos los sentidos) cada uno de los pasos de la jerarquía de ansiedad, comenzando con el punto más remoto. «Imagínate que estás allí, que *eso* está sucediendo, lo estás experimentando, pero estás relajado y cómodo como estás ahora. Ensaya lo que dices y haces para conseguir el resultado que quieres.»

En cualquier paso en el que la ansiedad se hace demasiado grande, la persona tímida vuelve atrás, a un paso previo, se relaja más profundamente y se vuelve a empezar. Los padres (o el profesor) pueden ofre-

9. F. Orr, D. Degotardi, J. Boughton y B. Crouch, «Social Shyness: An Experimental Clinical Study», en *University of South Wales, Student Counseling and Research Unit Bulletin*, n° 15, 1979.

cer consejos sobre la forma concreta de expresarse o las tácticas de acercamiento, para ayudar a reforzar las habilidades sociales deficientes del niño. Después de algún entrenamiento en las habilidades sociales, que describiremos más adelante, se alienta a la persona tímida a pasar sistemáticamente por la serie de pasos en la situación de la vida real. Con práctica, este procedimiento de desensibilización sistemática permitirá a la persona tímida lanzarse a la acción más temida anteriormente. Una vez que se lleva a cabo con éxito, es un fuerte empuje para los sentimientos de destreza y valía personal.

ENSEÑAR LAS HABILIDADES SOCIALES BÁSICAS

¿Por qué un niño necesita estar con otros? Arnold Buss,[10] el investigador de la Universidad de Texas especializado en el estudio de la conciencia del sí-mismo, ofreció siete buenas respuestas a esa pregunta en una conferencia ante la American Psychological Association. Las personas necesitan a las personas para:

1. alivio (heridas, dolor, decepciones),
2. estimulación (competición, facilitación social, emocionalidad),
3. atención (reconocimiento de su identidad),
4. elogio (recompensas por actividades con éxito),
5. compartir actividades (lo que no se puede hacer individualmente, como tocar en un cuarteto),
6. afecto (dar y recibir amor y sentimientos de ternura),
7. comparación social (evaluar la calidad de las propias opiniones, capacidades y emociones en comparación con otros).

En tanto en cuanto un niño tímido se sienta torpe o tenso en presencia de otros, reducirá las oportunidades de recibir a lo largo de su vida esos beneficios que todos los seres humanos sociales deberían tener en su «fondo de confianza».

10. A. Buss, «Sociability, Shyness and Loneliness», documento presentado a la convención de la American Psychological Association, Montreal, Canadá, 1980.

Con los niños pequeños, la timidez parece estar más relacionada con la falta de las habilidades sociales apropiadas que con esa ansiedad social abrumadora que se crea en las personas tímidas mayores durante años de excesiva preocupación por sí mismas y de obsesión por la evaluación negativa. En muchos casos, la timidez dejaría de ser un problema sólo con que el niño tuviera unos pocos amigos o, cuando es mayor, se pudiera sentir a sus anchas en las situaciones heterosexuales.

«Si yo fuera tímido y quisiera dejar de serlo —aconsejaba Timmy, de cuatro años de edad— hablaría más.» Es claramente un comienzo en la dirección correcta. Pero ¿qué decir y cómo y cuándo, y cuándo refrenarse de decir? Un niño debe aprender una serie compleja de tácticas para ponerse en contacto con otros niños, solo o en grupos, juntamente con las reglas no escritas sobre la sincronización social.

William Corsaro[11] ha estudiado el uso de «estrategias de acceso» por parte de los niños de guarderías y nos describe el siguiente ritual:

> Dos niñas, Jenny y Betty, están jugando alrededor de un compartimento de arena en el patio exterior del colegio. Estoy sentado en el suelo, cerca de la arena, observando. Las niñas ponen arena en botes, moldes para pastas y teteras... Otra niña, Debbie, se acerca y se queda cerca de mí observando a las otras dos. Ni Jenny ni Betty se dan por enteradas de su presencia. Debbie no me habla a mí ni a las otras niñas y nadie le habla a ella. Después de observar durante un tiempo (unos cinco minutos), da tres vueltas en torno a la arena, se detiene de nuevo y se queda de pie cerca de mí. Después de unos pocos minutos más de observar, Debbie se acerca a la arena y coge una tetera de la arena; Jenny le quita la tetera a Debbie y gruñe «No», Debbie se da la vuelta de nuevo y se queda cerca de mí observando la actividad de Jenny y de Betty. Luego camina cerca de Betty, que está llenando de arena un molde para pastas. Debbie observa a Betty durante unos segundos y luego dice: «Somos amigas ¿vale? Somos amigas ¿vale, Betty?»
>
> Betty, sin mirar hacia arriba a Debbie y mientras sigue poniendo arena en el molde, dice: «Vale».

11. W. A. Corsaro, «We're Friends, Right? Children's Use of Access Rituals in a Nursery School», en *Language in Society*, nº 8, 1979, págs. 315-336.

«Voy a hacer café», dice Debbie a Betty.

«Yo voy a hacer pastas», contesta Betty.

Jenny contesta: «Vale».

Betty se vuelve hacia Jenny y le dice: «Somos madres, ¿de acuerdo, Jenny?»

Jenny responde: «De acuerdo».

Las tres «madres» continúan jugando juntas durante 20 minutos más, hasta que los profesores anuncian el momento de recoger.

La «entrada no verbal» de Debbie es típica de los niños en edad preescolar, que no usan con frecuencia las estrategias verbales directas que comunican de alguna manera: «Hola, ¿puedo jugar contigo?». Tal vez han aprendido que otros niños se quedan tan absortos en el juego (o viendo la televisión) que no oyen ni responden a los saludos «intrusos». Cuando la siguiente estrategia de Debbie de circundar el área es ignorada, ella entra en acción. Al tomar la tetera señala, alto y claro, que quiere tener acceso. Cuando la rechazan, como sucede con frecuencia a los de fuera que tratan de establecer una cabeza de puente en una actividad protegida que comparten dos o más niños, Debbie demuestra una habilidad de acceso que salva el juego. «Somos amigas ¿vale, Betty?»

Esta referencia explícita a la afiliación satisface varias cosas a la vez. Señala a Betty como especial; ella puede continuar jugando con Jenny al igual que continúa su amistad con Debbie incluyéndola en este juego. Desde luego, existe el riesgo de que Betty replique de forma negativa: «¡No, no somos amigas!», pero esto no es probable, puesto que es una acción extremadamente enérgica y hostil. Además, el abordaje directo a Betty le permite llevar a cabo una acción unilateral admitiendo a Debbie sin consultar a Jenny. Puesto que Jenny ya había rechazado anteriormente a Debbie, ésta no querría dejarle que tuviera el mismo voto en la decisión de admisión. Finalmente, Debbie se amolda al patrón de conducta en marcha y se asegura de que las otras se dan cuenta de ello describiendo explícitamente su actividad de preparar el café. Betty, perdida ahora en el papel de la que tiene que tomar decisiones por la estrategia de acceso de Debbie, lleva a Jenny al redil haciéndola estar de acuerdo en que todas son madres. «¿De acuerdo?»

En su espléndido libro *Amistades infantiles*,[12] el psicólogo Zick Rubin, de la Brandeis University, subraya el importante papel que deben jugar los padres y profesores en cuanto a ayudar a los niños a que aprendan a cultivar amistades. Estos papeles incluyen: «Proporcionar oportunidades a los que están dando sus primeros pasos y a los niños en edad preescolar de relacionarse con niños de su edad, ayudándoles a desarrollar habilidades sociales y dándoles comprensión y apoyo cuando las amistades fallan o se acaban. Especialmente con los niños más pequeños, los adultos pueden hacer un esfuerzo para alentar la interacción con niños del otro sexo y de otras edades. Finalmente, hay veces en que los adultos deben intervenir y alejar a un niño de una amistad o pandilla que le está haciendo daño».

Y, por supuesto, creemos que es importante que los padres apoyen a sus hijos para defenderlos, ser firmes y concederles el beneficio de la duda cuando informan de que les ha tratado injustamente; esto les ayuda a saber que usted los ama y confía en ellos y que pueden contar con usted. Sin embargo, de igual importancia es cómo y cuándo les da un apoyo incondicional. No le hace ningún favor a su hijo cuando siempre supone que ha sido la parte agraviada y a veces usted puede reforzar el tipo de conducta antisocial que en su momento puede desencadenar el rechazo de su hijo por parte de los otros niños de su edad.

Es ilustrativo el ejemplo de una madre que, cuando su hija se quejaba de que una niña había sido mala o desagradable «sin ningún motivo», se enfadaba con la otra niña y decía cosas como: «Patty es mala y odiosa, no deberías tener nada que ver con ella» o bien: «Voy a llamar ahora mismo a su madre y a decírselo». A veces esta madre incluso regañaba a la otra niña.

Durante años, siempre se supuso que la hija tenía razón y el resto del mundo estaba equivocado. Pero ahora las probabilidades están en contra de que *cualquiera* tenga razón siempre. Y, puesto que en esta historia había tantos casos que implicaban a compañeras de juegos y

---

12. Z. Rubin, *Children's Friendships*, Cambridge, Massachusetts, Harvard University Press, 1980, págs. 139-140 (trad. cast.: *El desarrollo del niño*, vol. 13, *Amistades infantiles*, 3ª ed., Madrid, Morata, 1998).

más tarde a compañeros de clase, a profesores y a otros adultos, en algún momento su madre tuvo que haberse dado cuenta de que la indignación de su hija por los diversos desprecios podría no estar siempre justificada. Lo más notable de todo era que, aunque la chica es preciosa físicamente y bastante inteligente, cuando estaba en el instituto, los chicos nunca le proponían una segunda cita y sólo tenía una amiga, y eso a intervalos. Ahora es una joven de veintitantos años que compendia la persona solitaria y tímida que anhela compañía y que no sólo tiene miedo de la gente, sino que tampoco le gusta, y ella no gusta a la gente.

Los padres han de estar alerta a esas veces en las que pueden estar reforzando actitudes antisociales en sus hijos. En vez de precipitarse siempre a la defensa de un niño, explore con él la posibilidad de que la situación en cuestión no sea siempre como parece ser y sugiérale formas de establecer relaciones en unas bases de dar y tomar.

Otra forma en que los padres pueden sacar partido al conflicto de un niño con algún otro es utilizándolo como una oportunidad para enseñarle cómo llevarse bien con otras personas. Por ejemplo, una madre oyó, sin que él lo supiera, a su hijo de doce años y otro muchacho peleándose y se dio cuenta de que su hijo estaba siendo muy ofensivo con su amigo. Le pidió que entrara en casa, mientras que el otro esperaba fuera, y le dijo: «Cariño, sé que te cae bien este nuevo amigo y no quiero que pierdas su amistad. Pero él tiene que saber que te cae bien. No he podido evitar oír lo que le estabas diciendo y me temo que, si sigues así, no va a volver».

«Pero, mamá —dijo el niño—, es que he tenido un mal día en el colegio y estoy de mal humor.»

«Lo comprendo —dijo su madre—, luego hablaremos de lo que te preocupa, cuando se vaya tu amigo. Pero ahora, recuerda que, si quieres mantener un amigo, no tienes que pagar con él tus problemas, lo tratas bien porque te cae bien.»

El muchacho salió y se disculpó con su amigo y los dos reanudaron el trabajo que habían estado haciendo con sus bicicletas cuando se desencadenó la discusión. Sin necesidad de espiar o fisgonear, usted puede estar abierto a oportunidades así para enseñar a sus hijos la importancia de ser amables con las demás personas.

Nuestra investigación con padres de alumnos de preescolar y de primera etapa de secundaria revela una tendencia a que los padres tímidos tengan más probabilidad de tener uno o más retoños tímidos que los padres no tímidos. Para ellos, la tarea de enseñar a sus hijos las habilidades sociales es más difícil que para la mayoría y supone en mayor medida un reto personal. Esto bien podría indicar que ha llegado el momento del autoexamen y del cambio en tales padres, puesto que los niños aprenden las habilidades sociales observando cómo se comportan los modelos significativos (empezando por los padres). También se les enseña por medio de la instrucción directa: «Cuando tengas que dejar a un amigo con el que has estado jugando o de visita, di "Adiós", no te vayas sin más». Pero las lecciones aprendidas se deben poner en práctica e ir seguidas de una retroalimentación concreta e inmediata, que recompense la respuesta adecuada y reconduzca las acciones indeseables. Así pues, los padres (y especialmente los tímidos) tienen que volver a examinar sus propias habilidades sociales y dejar claro lo que consideran que es una conducta correcta igual que lo que es una conducta inadecuada y explicar el porqué. No se puede enseñar a un niño un idioma extranjero sin hablarlo. De forma parecida, no se puede enseñar a un niño el lenguaje de la amistad sin practicarlo a diario en el hogar.

• Descubra los conocimientos de su hijo sobre tácticas para hacer amigos, llevando a cabo con él ensayos de conducta de las siguientes situaciones:

— hacerse amigo de un nuevo niño de la clase (del mismo sexo y del sexo opuesto),
— hacerse amigo de un niño muy popular,
— hacerse amigo de un niño minusválido,
— hacerse amigo de un niño más pequeño y, también, de otro mayor.

Los investigadores han descubierto que los niños considerados populares por sus compañeros de clase tenían más conocimientos sobre cómo hacer amigos que los niños impopulares. En los casos en los que el niño carece de conocimientos o éstos son erróneos, proporciónele la información correcta o quede con un niño «enterado», popular, para que participe en la sesión de ensayo.[13]

• Practique la «charla en privado» para desarrollar las habilidades de conversación de su hijo. Normalmente, el temor a la comunicación proviene de la falta de práctica y de las expectativas irrealistas sobre la necesidad de sonar como Richard Burton o ser tan hábil verbalmente como Barbara Walters.

Richard Garner, autor de *Conversationally Speaking*,[14] nos recuerda que, aunque en las escuelas se enseña (mal) a hablar en público, la charla en privado no se enseña nunca, ni siquiera se estimula. «Las escuelas existen —dice Garner— para decirnos que nos callemos. Son lugares de silencio.» ¿Se puede decir lo mismo de su hogar?

• Enseñe a plantear preguntas con un final abierto y no con final cerrado que requieran sólo una respuesta de una o dos palabras. Observe a los maestros en este arte, como Johnny Carson, que consigue que sus invitados se abran y les hace sentir especiales planteando cuestiones con final abierto. «¿Cómo?», «¿Por qué?», «Hábleme del momento en que...» son planteamientos que estimulan a hablar.

• En los primeros encuentros es importante el intercambio de nombres; el niño debe pronunciar el suyo alto y claro (y corregir las malas pronunciaciones). De igual modo se debería preguntar y repetir el nombre del otro niño, niños o adultos, para estar seguros de que es correcto, así como ayudar a recordarlo por repetición. Al hacer consultas telefónicas o contestar al teléfono, el niño se debería identificar. Cuando se produce un nuevo encuentro, las personas se quedan impresionadas cuando se recuerdan sus nombres, por lo que el niño debería trabajar en la mejora de la memoria de nombres y rostros.

• Enseñe al niño una variedad de saludos y despedidas: «Hola-Adiós», «Qué tal-Hasta luego», «Me alegro de verte-Ha sido agradable hablar contigo», «¿Cómo estás?-A ver si nos vemos pronto»; y para variar, intente con saludos extranjeros: «*Hello*», «*Bonjour*», «*Ciao*».

13. J. Gottman, J. Gonso y B. Brasmussen, «Social Interaction, Social Competence and Friendship in Children», en *Child Development*, n° 46, 1975, págs. 709-718.

14. A. Garner, *Conversationally Speaking: Tested New Ways to Increase Your Personal and Social Effectiveness*, Los Ángeles, Psychology Research Associates, 1980.

• Plantee el siguiente problema a su hijo, cambiando el sexo y la edad del protagonista por las de su hijo. Comente las formas de saludo y cómo continuar:

> Un chico agradable, de mi edad, catorce años, se acaba de mudar a la casa de al lado. Es tímido como yo y creo que, como yo, no ha salido con ninguna chica. Cada vez que lo veo, espero que él diga algo y probablemente él está esperando a que yo haga lo mismo. Sonríe y aparta la mirada. Podríamos seguir eternamente sin decirnos nada.[15]

• Practique respuestas rápidas mediante juegos de rimar, alternando el que pregunta y el que responde lo más rápidamente posible.

Usted:	¿Qué rima con tul?
Niño:	Un canal, ¿y tú?
Usted:	Yo soy azul.
Niño:	¿Qué rima con máquina?
Etc.	

También puede hacerlo invitando al niño a que haga una lista de las características que distinguen a cada una de las diez personas que usted mencione, lo más rápidamente posible.

• Practique contando chistes y comprendiendo qué tiene un chiste de gracioso.

• Estimule al niño para que tenga sentido del humor respecto a sí mismo y que en ocasiones ejercite el *tacto*, reconociendo un problema o un déficit al que se está enfrentando un amigo del niño y que sea similar a alguno de su hijo.

• Las interrupciones a otra persona que está hablando deberían ir precedidas por el reconocimiento de este quebrantamiento del derecho del que habla al uso de la palabra: «Perdóname, pero...», «Perdón, pero dices que...», «Me gustaría poder decir lo que pienso sobre...».

• Las habilidades para la amistad también implican ser un *amigo que hace a otros sentirse bien consigo mismos*. El niño transmite este sentimiento de varias formas:

15. *San Francisco Chronicle*, 20 de septiembre de 1980.

—Siendo un oyente atento, que a veces aprueba, aunque también hace críticas juiciosas («Me gusta cómo lo has hecho, pero yo tal vez habría hecho esa parte última de forma un poco diferente...»).

—Compartiendo recursos.

—Revelaciones sobre uno mismo; secretos que se confían a la otra persona (pequeños al principio, más «privados» a medida que la confianza se hace recíproca).

—Haciendo elogios y felicitando por hechos concretos igual que por la conducta en general: «Ese estilo de peinado te sienta estupendamente», «Me lo paso francamente bien contigo».

—Arreglando los desacuerdos por medio de la negociación y el compromiso, más que por un ultimátum o una rabia silenciosa.

—Teniendo algún área de habilidad o destreza con la que contribuir a la relación.

• Ayude a su hijo a ser una persona más interesante. Estimule sus áreas de habilidad por medio de entretenimientos, lecturas, conversaciones, viajes. Inscríbale en una clase que fomente el aprecio y la coordinación del cuerpo, como danza, gimnasia, teatro o artes marciales. Los niños pueden aprender a hacer trucos si les regalan un juego de magia y les proporcionan alguna orientación. Tocar un instrumento musical por entretenimiento personal y social es un bien inapreciable para establecer contacto con otros.

• Enseñe al niño a ponerse en la perspectiva de los demás en esa situación, para ver los acontecimientos desde su punto de vista. Este entrenamiento fomenta la empatía y la tolerancia. Además, también permite al niño proponer explicaciones alternativas de por qué alguien fue malo o rechazable. El niño flexible no se culpa a sí mismo de tales reacciones adversas de los demás, sino que puede comprender que los otros tienen estados de ánimo negativos o entender conceptos como: «Puede haberse enfadado conmigo porque el profesor lo ha castigado».

• Proporciónele en casa oportunidades de jugar con un niño más pequeño para conseguir su amistad.

• Organice juegos de «rompecabezas» en los que cada niño del grupo tiene parte de la información que todo el grupo necesita para completar un proyecto. La investigación de Elliot Aronson[16] utilizando esta técnica con niños en edad escolar ha demostrado que se vuelven más cooperativos, amistosos y tolerantes que en las organizaciones competitivas tradicionales, en las que los que tienen más ganan a los que tienen menos.

• Los niños tímidos son lentos en responder, deles tiempo suficiente para hacerlo. Esto significa aprender a esperar, ser paciente, aceptar el silencio y no controlar en exceso.

• Ser el centro de atención provoca la timidez, así pues, dele a su hijo la oportunidad de ser el centro de atención en un entorno seguro, que le apoye: todo el mundo se queda quieto y atiende a la representación. «¡Bravo!» y después debe seguir el aplauso por el esfuerzo y por la buena voluntad al salir a escena. Observe cómo los bebés de dieciocho meses aprenden con agrado con ese enfoque.

• Enseñe al niño la difícil habilidad de alternar entre estar absorto en el juego, conversar, atender a la tarea que tiene entre manos y momentáneamente separarse lo suficiente para controlar los aspectos globales del proceso (tales como: ¿está todo el mundo participando, necesita alguien alguna ayuda especial para entrar en el juego, estoy siendo demasiado dominante?).

DOS JUEGOS PARA ENSEÑAR VERDADES SOCIALES

El juego de las etiquetas

Demuestre a los niños mayores cómo nuestra conducta está controlada por la forma en que los demás reaccionan hacia nosotros. Practique el juego de las etiquetas con un pequeño grupo, de unos cinco niños. Tienen que conversar sobre un tema «candente» sobre el que hay opiniones diversas («¿Se debería reclutar a mujeres para el ejército?», «¿Cómo se tendría que tratar a los delincuentes después de declarados culpables?»). Antes de comenzar, se pega una etiqueta en la frente de cada niño, que él no puede ver, pero que lleva una consigna a la que los

16. E. Aronson, *The Jigsaw Classroom*, Beverly Hills, Sage Publications, 1978.

otros tienen que hacer caso, sin revelarla. El niño más parlanchín, más abierto, lleva una etiqueta que dice: «No me hagas caso a mí ni a lo que digo». Los otros llevan etiquetas con las consignas: «No estés de acuerdo conmigo», «Está de acuerdo conmigo» y «Duda de mi postura». Deje que se desarrolle la discusión durante veinte o treinta minutos, observando cómo reaccionan los participantes. Luego pregunte a cada uno cómo se sintió durante el juego y que explique por qué. Desvele las etiquetas e inicie una discusión sobre el tema «somos lo que los demás hacen de nosotros» (un tema explorado de forma muy interesante en la novela *Cards of Identity*, de Nigel Dennis).[17]

El juego del asiento caliente

Este juego da a los más jóvenes una apreciación del impacto del rechazo, así como de la facultad que tienen de ayudar a aquellos que no son aceptados socialmente. Se puede utilizar con niños a partir de los doce años hasta universitarios. Aquí también, en un grupo de cinco a doce miembros, habrá una interesante discusión (en la que puede participar uno de los padres o el profesor). Se elige arbitrariamente a uno de los chicos para que se siente en el «asiento caliente», un asiento apartado unos tres metros del círculo de amigos. Un muro invisible alrededor del asiento caliente impide la comunicación desde y al asiento. La persona desplazada oye parcialmente lo que se dice, pero no puede participar. Después de dos minutos, cualquier niño puede cambiar de lugar pidiendo permiso para dejar el círculo de amigos, camina hacia el asiento caliente, diciendo: «Ahora yo ocuparé tu lugar», y estará dispuesto a permanecer allí, en aislamiento, hasta que algún otro decida hacer un sacrificio similar.

Se juega durante unos veinte minutos, después de los cuales cada persona describe cómo se sentía estando en el asiento caliente, no estando en el asiento caliente, estando en conflicto sobre si cambiar o no el puesto, cómo se sentía cuando alguien venía en su rescate. En un sentido muy real, el juego del asiento caliente sensibiliza a los chicos tímidos y no tímidos a la experiencia emocionalmente agotadora de sentir-

17. N. Dennis, *Cards of Identity*, Nueva York, Signet, 1955.

se rechazado y a la responsabilidad social que todos tenemos de hacer que los otros se sientan aceptados.

El lenguaje corporal de la amistad. Con frecuencia, los niños tímidos no son conscientes de lo mucho que hablan con su cuerpo, aunque su boca esté en silencio. «No estoy accesible», dice a los demás el propio cuerpo, cuando los brazos están doblados sobre el pecho; la cabeza, hacia abajo, la mirada, desviada; el entrecejo está fruncido; las piernas están cruzadas; la risa, si la hay, es nerviosa o forzada.

El niño tímido que quiere hacer amigos necesita que le enseñen la manera de producir una impresión completamente diferente por medio de la semántica corporal. Para comenzar a sustituir el estilo de autopresentación protectora por otro abierto, audaz, el niño tiene que practicar la sonrisa, mirar a los ojos, colocarse o sentarse en una postura cómoda (no inquieta) con las piernas relajadas y las manos gesticulando adecuadamente para acompañar visualmente el mensaje verbal. El niño accesible se sienta o está de pie razonablemente cerca del otro niño y responde, cuando procede, estableciendo contacto físico con él o aceptando amistosamente el contacto físico, como la palmada en la espalda, el apretón de manos, retener la mano o dar golpes amistosos en el brazo o en el hombro.

Además, se debería instruir a la persona tímida sobre las formas en las que el entorno físico puede interferir en la naturaleza del contacto social, y luego estimularle a que reestructure ese entorno para hacer que sirva a las necesidades sociales, en vez de permitir pasivamente que la conducta social se estructure en función del entorno físico. Por ejemplo, en el programa de televisión de «Phil Donahue», Phil dispuso que dos tímidos que no se conocían establecieran un primer encuentro. Se sentaron en sillas, una al lado de la otra, mirando a los espectadores. Hablaron con torpeza durante varios minutos, intercambiando miradas de soslayo, al tiempo que tanteaban en busca de cosas que decir, mirando a lo lejos, a los rostros de los espectadores. Todo lo que tenían que hacer para cambiar la situación de manera espectacular era girar ligeramente ambas sillas, de modo que pudieran mirarse uno a otro. En un entorno así, era más probable que establecieran contacto ocular entre ellos y no con la anónima audiencia. Hubiera ayudado a convertir una situación estresante en otra más cómoda. Pero, como regla general, es fácil que las personas tímidas acepten el *statu quo*, lo que se les da, sin cuestionarlo, discutirlo ni tratar de cambiarlo para que se ajuste mejor a sus necesidades o a la finalidad que el entorno debería facilitar.

Amistades y citas. Gran parte de la educación de los roles sexuales en nuestra sociedad y en otras está diseñada para erigir barreras de «diferencias» entre las personas vestidas de rosa y las vestidas de azul, desde sus faldones de bebé hasta el forro del ataúd. Sin ahondar en las razones de tales prácticas, las consecuencias son totalmente evidentes. La segregación de las personas por sexo ha sido —y aún lo es— una de las más fuertes prohibiciones de llegar a conocer, sentirse cómodos con «esa otra clase de personas» y tenerlas como amigas.[18]

La ansiedad acompaña con frecuencia la incertidumbre de tener que enfrentarse a situaciones no conocidas en las que las reacciones de los demás no se ven como predecibles o controlables en la forma que uno desearía. No es muy sorprendente que las encuestas de la gente joven revelen una alta frecuencia de preocupación por sus relaciones con el otro sexo. Según un estudio reciente, alrededor de un tercio de una amplia muestra de 3.800 alumnos universitarios americanos se valoraban a sí mismos como «algo» o «muy» ansiosos ante el hecho de salir con personas del sexo opuesto.[19] Otra investigación americana informaba de que más de la mitad de todas las situaciones sociales en las que los varones universitarios tenían dificultades eran las relacionadas con salir con chicas. Algunas investigaciones australianas informan igualmente de un alto nivel de preocupación entre sus jóvenes por «llevarse bien» con los miembros del sexo opuesto. Nuestras encuestas con jóvenes de ocho culturas diferentes revelan las interacciones con el otro sexo, uno a uno, como un desencadenante muy importante de la timidez. También hay pruebas de la importancia de unas relaciones interpersonales satisfactorias con el sexo opuesto para el matrimonio y el bienestar emocional posterior. Hay tres puntos que es importante que los padres trabajen con sus hijos, tanto tímidos como no tímidos, y son:

18. H. Arkowitz y otros, «Treatment Strategies for Dating Anxiety in College Men Based on Real Life Practice», en *The Counseling Psychologist*, en prensa.

19. M. Fischetti, J. P. Curran y H. W. Wessberg, «Sense of Timing: A Skill Deficit in Heterosexually Anxious Males», en *Behavior Modification*, n° 1, 1977, págs. 179-194.

- Los niños necesitan, en todos los niveles de edad, que los estimulen a tener amigos de ambos sexos y a aprender las reglas que gobiernan la conducta apropiada con todos.

- Los niños necesitan aprender por observación y práctica cómo acercarse y cuándo apoyar a alguien del sexo opuesto. Las investigaciones demuestran que los individuos socialmente competentes desarrollan un buen sentido de la oportunidad a la hora de dar respuestas de apoyo a otra persona durante una conversación. En contraste, aquellos que generalmente son socialmente incompetentes dan igual número de respuestas, pero con frecuencia «se pierden» porque llegan demasiado pronto o demasiado tarde respecto al momento en que serían más apreciadas por las otras personas.

- Tener una cita implica el coraje de iniciar una secuencia de acciones, conocer las reglas de conducta adecuadas (la etiqueta en las citas), ejercer algunas habilidades sociales básicas y planificación. El adolescente tímido necesita que le enseñen a hacerlo. En el capítulo 9, «El manual de la timidez para el alumno», damos instrucciones concretas, directamente a los chicos y chicas. Los padres pueden transmitir a sus hijos este material o revisarlo de manera que puedan instruirlos en el arte de salir con alguien del sexo opuesto. Para los jóvenes tímidos interesados en un material más extenso sobre la timidez, recomendamos nuestros libros anteriores: *Shyness: What It Is, What to Do About It* (Addison-Wesley, Jove Books) y *The Shyness Workbook* (A&W Publishers).

Neutralizar las diferencias

No hay nada que los padres puedan hacer sobre aquellas cualidades, como el aspecto físico que tiene un niño, que están fijadas y pueden ser la base de prejuicios o de no aceptación. Pero sí *pueden* cuidarse de no empeorar las cosas. Mientras que por una parte queremos enseñar a nuestros hijos a valorar el hecho de ser únicos —ellos mismos y los demás—, el caso es que una vez que forman parte de un grupo se convierten en los mayores conformistas del mundo. Usted le puede decir a su hijo: «Sé original» o «Sé tú mismo» o «La belleza no es más que algo superficial» hasta el agotamiento, pero no significará nada si se ve a sí mismo muy diferente de los otros niños de su edad y si esos otros niños le ven también de esa forma y le tratan de acuerdo con ello.

Así pues, tanto si su hijo tiene una belleza arrolladora como si tiene una cara que sólo puede gustar a su madre, querrá evitar hacer o forzarlo a hacer cosas que lo separen de los demás. He aquí unas cuantas sugerencias para conseguirlo:

• No obligue a su hijo a vestirse de forma radicalmente diferente de los otros niños. Si todas las niñas de preescolar o del grupo de juegos llevan, por ejemplo, monos de pana y zapatillas deportivas, no se empeñe en que su hija vaya con vestidos vaporosos y zapatitos de charol. O, si los niños llevan vaqueros, no haga que su hijo vaya con traje y corbata. Y esta tolerancia y cooperación debería continuar a medida que crece su hijo.

• Si ahora están de moda las mochilas, no obligue a su hijo a llevar el tipo de cartera que usted llevaba hace unos treinta años.

• Si su hijo tiene una costumbre que es motivo de burlas o de rechazo, como chuparse el pulgar, morder su cabello o, Dios nos libre, hurgarse las narices, haga todo lo que pueda por acabar con el hábito (sin acabar con el niño). Consulte con el pediatra para que le oriente, establezca un sistema de recompensas o, en el caso de chuparse el pulgar, consulte con un terapeuta del lenguaje, puesto que hay una nueva técnica para terminar con esta costumbre.

Proporcionar oportunidades sociales

No resulta sorprendente que algunos de los padres de niños preescolares que hemos estudiado indicaran que creían que sus hijos eran tímidos porque habían tenido poco contacto con personas aparte de sus padres o de los miembros cercanos de la familia. Las madres de niños tímidos, por ejemplo, decían que a sus hijos rara vez los dejaban con canguros y pasaban prácticamente todo su tiempo en casa, antes de comenzar la educación preescolar.

Muchos padres bien intencionados cometen el error de actuar en la creencia de que los «buenos» padres nunca (o rara vez) dejan a sus hijos al cuidado de otros. Algunas madres de preescolares de nuestra encuesta reflejaban este punto de vista y luego se quejaban porque creían que la falta de contacto de sus hijos con otras personas contribuía a su timidez.

Creemos que es mejor que los niños tengan tanto contacto como sea posible con muchas personas diferentes y, cuanto más pequeños sean cuando lo tienen, mejor. Y eso incluye dejarlos al cuidado de otros (es mucho menos traumático dejarlos cuando no hay más remedio si están acostumbrados a ello y se sienten cómodos con esta costumbre). En cualquier caso, recomendamos que se reciban muchas visitas en casa y que se lleve a los niños a visitar a otras personas siempre que sea posible. Usted puede preparar a un niño pequeño para recibir una visita, comunicándole previamente qué aspecto tiene la persona y algo sobre ella. Cuando hace que sus hijos sientan que forman parte de un acontecimiento social determinado, lo más probable es que estén deseando que se produzca.

Pero lo más importante es que los padres deberían proporcionar a un niño que crece oportunidades de relacionarse con otros niños de su edad.

Si usted tiene niños pequeños y vive en una vecindad donde hay muchas familias jóvenes, eso es ya una gran ventaja. Los niños tienen una forma de encontrarse unos a otros, pero no hace daño que los padres se acerquen a conocer a los vecinos y que todos los padres proporcionen oportunidades de que los niños jueguen juntos.

Si no hay niños pequeños en su vecindad, puede llevar a sus hijos al parque y dejarlos jugar allí con otros niños. Una regla que seguir es permitirles que respondan a los otros niños o se acerquen a ellos a su propio ritmo, en vez de empujarles a jugar con otros. Si el parque no es una solución para usted, busque entre los grupos de juego que puedan establecer algunas comunidades y organizaciones de padres.

Si su hijo ya es tan tímido que le aterra la idea de jugar con niños o de introducirse en un grupo de juego, podría considerar organizar un grupo de juego en su casa. Todo el mundo, y por supuesto los niños no son una excepción, se siente más cómodo en su propia casa. Puede tranquilizar a su hijo en una situación de dos, consiguiendo que unos amigos lleven a su casa de visita a su hijo. Poco a poco puede aumentar el número del grupo, incluyendo a los hijos de amigos y familiares. (Por cierto, no es sensato formar un grupo de tres porque, cuando se reúnen niños pequeños, con frecuencia dos de ellos se unen y dejan fuera al tercero. Eso no contribuye mucho a la autoestima del niño o al deseo de ser sociable.)

He aquí algunos puntos que recordar cuando se hace algo para entretener a los niños en casa:

• Si su casa es un lugar confortable y acogedor para los niños, es más probable que su hijo lleve ventaja socialmente en el juego.

• Acostúmbrese a estar preparado para visitas de niños. Disponga de una habitación o un rincón de una habitación donde puedan jugar sin estar bajo constante vigilancia (que sea seguro y no esté lleno de sus tesoros).

• Tenga a mano juegos, rompecabezas y juguetes no competitivos, galletas, pastas, zumos.

• Si tiene un área exterior en la que se puedan acomodar, un compartimento de arena, un columpio u otros equipos de juego adecuados a sus edades, ayudan a hacer de su hogar un lugar donde a los niños les gusta estar.

Cuando ambos padres trabajan fuera de casa, evidentemente no es posible llevar con frecuencia a sus hijos al parque, a un grupo de juego o hacer que otros niños vengan a casa a jugar. En ese caso, su vida social dependerá mucho de la forma de organizar la atención al niño. Lo ideal para los niños pequeños que no están en una guardería más que unas pocas horas cada semana es tener a alguien que le cuide y que cuide de varios niños al mismo tiempo. Así, los padres que trabajan no tienen que buscar solamente la calidad en la atención al niño, sino también un cuidado que proporcione a sus hijos las oportunidades de encontrarse con otros niños y entablar amistades, especialmente cuando se trata de un niño tímido.

Algunos padres de niños mayores no quieren que vayan a casa los amigos y compañeros de sus hijos porque dicen que se comen todo lo que hay en la nevera y son incluso más ruidosos que los más pequeños, difíciles de controlar y organizan un tremendo batiburrillo. Esto es comprensible, pero, cuando se sopesa con la importancia de las amistades del niño en crecimiento, nos parece un pequeño precio que pagar y, después de todo, no va a durar el resto de su vida. Y un beneficio adicional de que su casa sea el sitio donde los niños quieren estar es que usted sabe dónde están sus hijos y lo que están haciendo, algo que será especialmente importante para usted cuando lleguen a los años de la adolescencia.

Así pues, recomendamos que, aparte de adoptar una actitud de tolerancia y buena cara, los padres den un paso adelante y dispongan en la casa, si es posible, de unas cuantas atracciones, como un equipo estéreo, una mesa de pimpón y otras cosas que interesan a los niños mayores.

Y para reducir el número de cosas que a usted le irritan, establezca algunas normas de conducta respecto a la comida, los ruidos y organizar alborotos.

Dar tiempo al niño para la vida social

Aunque es importante proporcionar a un niño oportunidades y herramientas para neutralizar las diferencias y fortalecer la autoestima, demasiadas actividades que están diseñadas para hacer eso se pueden convertir en barreras para el desarrollo de las amistades y las habilidades sociales. Por ejemplo, una madre que no dijo que su hijo era tímido, describió también el horario del muchacho. Era suficiente para agotar a un adulto lleno de energías. Durante el curso escolar, las horas después del colegio las consumían los deberes para casa, clases de música, clases particulares de natación y clases particulares de matemáticas. Los fines de semana eran momentos para la familia: camping, esquí, visitas a museos, ferias, conciertos y todo tipo de experiencias enriquecedoras, y todo ello por su bien; excepto que dejaban al niño poco tiempo para estar con sus amigos. Los veranos no eran muy diferentes, puesto que el chico iba a la escuela de verano y luego a un campamento, con todas las otras actividades intercaladas en cuanto hubiera una pequeña porción de tiempo libre.

En el momento en que este muchacho era lo suficientemente mayor para actividades de grupo, como los boy scouts o el fútbol, ya era tímido. Así pues, es vital para su bienestar incluir un tiempo para los amigos en su plan de actividades de juego, para desarrollar el cuerpo, la mente y la sensibilidad social de su hijo.

5
Los años preescolares (de 2 a 6)

«Cuando mi mujer decidió volver a su trabajo en la enseñanza —escribe el padre de la pequeña María— y nuestra niñera nos dejó, desesperado, visité varios programas preescolares esperando poder inscribir a nuestra hija de dos años a tiempo parcial. Por fortuna, había adquirido ya el control de esfínteres (siguiendo el práctico programa presentado en el libro *Toilet Training in Less than a Day*), puesto que es la condición mínima en prácticamente todos los centros de educación preescolar. Un colegio Montessori era el único que aceptaba a niños de menos de tres años y allá fuimos para "nuestra entrevista". La directora nos dijo que la aceptaría a prueba, pero sólo en un programa de 9 a 3, todos los días. ¡Mi bebé yendo al colegio todo el día! ¡Impensable! Por supuesto que había períodos de descanso y siesta y a ella le prestarían una atención especial al ser la más pequeña en una clase de diversas edades, la mayoría con tres y cuatro años y unos cuantos niños mayores, nada menos que con cinco años de edad.

Para facilitarle su nueva situación, después de que la clase hubo terminado, la profesora la invitó a explorar las atractivas aulas con sus muchos tesoros y actividades que le aguardaban. El día siguiente fuimos para observar a los niños durante un período de juego y una de las niñas mayores (ante la sutil sugerencia de la profesora) invitó a nuestra hija a jugar. Luego llegó el gran día. A pesar de nuestra insistencia en las alegrías de este nuevo colegio, lo aparentemente bien que se lo estaban pasando sus futuros compañeros de clase y el apoyo sensible de la profesora (y también de la profesora auxiliar), nuestra hijita se aferró con fuerza a las faldas de mamá, con esos ojos azules de bebé manando lágrimas, al tiempo que imploraba: "Por favor, no me dejéis".

Justo cuando estábamos a punto de ceder y abandonar nuestras esperanzas de esta prometedora solución a nuestro dilema de matrimonio con dos profesiones, la profesora acudió en nuestro auxilio. "Ahora es el momento de que los padres vayan a trabajar y los niños vayan al colegio —continuó en un tono bondadoso aunque firme—. Yo te cuidaré y tú tendrás un montón de cosas divertidas que contar a mamá y a papá, que hiciste hoy en la clase, cuando te recojan después de terminar el colegio".

Nuestro sentimiento de culpa duró unos días a medida que se volvía a repetir la escena, aunque cada mañana con menos intensidad. Al final de la semana, nuestro bebé cogió la mano de la profesora cuando sonó el timbre, nos dijo adiós con la mano y nos dirigió una mirada tranquilizadora destinada a decirnos que no habíamos traicionado su confianza ni la habíamos abandonado a "extraños".

La pequeña María había entrado en las filas de la generación preescolar. Resultó ser el mejor regalo que le podíamos hacer; no sólo estimuló su curiosidad intelectual en estos momentos de una apertura óptima hacia nuevas experiencias de aprendizaje, sino, lo que es más, le dio la oportunidad de una rica vida social con otros niños, que no podíamos proporcionarle en un hogar donde era hija única y en una vecindad con pocos niños de su edad.»

Los informes escolares de la pequeña María revelan lo satisfactoria que ha sido su experiencia preescolar para acrecentar su confianza en sí misma y para su desarrollo social. Los comentarios de la profesora de María reflejaban el cambio:

Dos meses después del comienzo: «Parece una niña muy feliz y cae bien en la clase. Es capaz de ser muy enérgica con los otros niños».

Un año más tarde: «Parece estar muy cómoda en su entorno y participa en grupos grandes y pequeños. A la hora del almuerzo está cansada y es fácil que se sienta algo nerviosa, pero no hasta el punto de no poderse controlar. Es muy buena y se presenta a sus amigos como una persona cálida, no amenazante e imaginativa».

Un año y medio más tarde: «Es atenta y buena con los demás niños. Inicia nuevos juegos, ayuda a los más pequeños y muchos lo solicitan porque es una persona con la que se encuentran a gusto».

Dos años más tarde: «Es una persona a la que todos los otros niños buscan, es amable y buena. Ahora casi nunca se queda dormida; como siempre, María ha contribuido a que sea un placer trabajar con la clase».

Y más recientemente, después de *dos años y medio*, su profesora escribe: «María tiene una rara cualidad que hace que todos los niños busquen su amistad y compañía con respeto y entusiasmo. Es capaz de expresar lo que le gusta y lo que no a todos, de una manera que no resulta amenazante, que es clara e imaginativa. Resulta un ejemplo para todos y es un placer conocerla».

En este capítulo alentaremos a los padres a aprovechar las oportunidades preescolares para sus hijos de dos a cinco años. Además de sugerir qué buscar a la hora de seleccionar el colegio adecuado para su hijo, ofrecemos ideas para estimular la sociabilidad durante estos años sensibles del desarrollo precoz. Suponemos que a la mayoría de los padres les gustaría tener un informe escolar de la vida social de su hijo o su hija similar al que María recibió de su profesora. Algunas de las estrategias que sugerimos se dirigen a evitar que la timidez se convierta en una plaza fuerte; otras veces, a contrarrestarla antes de que comience a ser «un rasgo problemático de personalidad».

Examinaremos el tipo de cosas que los padres de María hicieron para colocar unos cimientos tan sólidos, sobre los que ella fue capaz de convertirse en una compañera de juegos deseable, buscada. Además, nos apoyaremos en nuestras observaciones personales de las aulas preescolares, así como en informes de padres y profesores sobre la timidez de sus niños. Y escucharemos también a los de cuatro años, algunos de los cuales tienen unas ideas muy definidas sobre lo que es la timidez y cómo se debería tratar cuando se manifiesta en otro alumno de su clase.

Vacunas contra la timidez

Los niños pueden apreciar fácilmente la moraleja del cuento de *Los tres cerditos* de que tomarse el tiempo necesario y dedicar esfuerzos a construir una estructura sólida es lo más seguro cuando el Lobo Feroz comienza a inflarse y soplar. Pero esas precauciones tienen que comenzar mucho antes de que llegue a nuestra puerta cualquier amenaza potencial.

Para los padres, esto significa una conciencia precoz de los peligros que la timidez supone para sus hijos. La timidez funciona como una en-

123

fermedad contagiosa: es un estado debilitador que se expande, afectando a más del 30 % de los niños (según nuestra encuesta con padres y profesores de preescolar). A medida que estos niños se hacen mayores y se dirigen al mundo más allá del hogar, el problema empeora, especialmente durante los años de la adolescencia.

CUIDAR, COMPARTIR, ATREVERSE Y MALDECIR

Examinemos algunas de las formas en las que los padres de María pusieron en práctica su programa para evitar que se convirtiera en tímida. Tras haber visto las consecuencias, con frecuencia dañinas, de la timidez en su sobrino, estaban decididos a hacer todo lo que pudieran para evitar que esto se produjera en María.

Las cuatro áreas principales en torno a las cuales desarrollaron ejercicios y juegos concretos se pueden denominar: cuidar, compartir, atreverse y maldecir. *Cuidar* es el término general para el despliegue abierto del amor y el afecto. Bajo *compartir* entra toda conducta que implique dar cosas de uno y posesiones a los demás y, de la misma forma, estar abiertos a aceptar lo que otros ofrecen. *Atreverse* representa asumir riesgos, estimular actividades que tienen metas deseables que sólo se pueden conseguir corriendo algunos riesgos. Finalmente, *maldecir* significa proporcionar oportunidades al niño para expresar abiertamente emociones que siente como muy negativas, como la ira por las frustraciones y la injusticia.

Conscientes del tremendo potencial de aprendizaje de María, sus padres comenzaron su programa de timidez durante los primeros meses de su vida. Según el doctor Burton White, director del Proyecto Preescolar de la Harvard's Graduate School of Education, es importante ayudar a los niños a desarrollar unos patrones eficaces de respuesta a los demás durante los primeros dos años porque a los dos años de edad:

> Están cristalizados en sus patrones sociales básicos y vemos que aplican aquellos patrones sociales a todos los encuentros sociales en el próximo año o los dos próximos años a otros niños que vengan a casa, a hermanos mayores y a otros adultos. Durante estos dos primeros años se

está formando una personalidad humana y no hay tarea más importante que hacer esto bien.

Cuidar. «Te quiero» se decía y se expresaba físicamente con abrazos y besos todos los días desde el nacimiento, de manera que se convirtió en una parte natural del saludo entre padres e hija. A María se le enseñó a dar besos sonoros más o menos en el tiempo en que la enseñaron a señalar su propia nariz, ojos y boca. Antes de los dos años había aprendido un juego de comunicación secreta que se practicaba en lugares públicos con gestos simbólicos. Cuando su padre se tocaba el pecho, hacía un doble círculo alrededor de su corazón y la señalaba a ella, eso significaba «Te quiero» o «Papá quiere a María». Pronto ella correspondía y extendía el círculo de amor a mamá y a veces a su vestido o al postre.

Los «besos sándwich» eran unos placeres deliciosos, con la niña en medio y ambos padres besando simultáneamente sus mejillas. Más adelante, cada uno tenía su turno de estar «dentro» del sándwich.

> —Antes de que tú nacieras, yo estaba muchas veces triste porque echaba de menos en mi vida algo importante —le decía su madre—, luego llegaste tú y mi corazón bailaba de alegría, fui del todo feliz y ¿qué me viene a la cara siempre que pienso en la suerte que tengo de tener una hija tan maravillosa?
> —¡Una sonrisa grande, mamá!
> —Bien y, cuando otras personas saben la encantadora niña que eres, ellos también están contentos y ¿qué habrá en sus caras?
> —Otra sonrisa.

Actos tan sencillos de cariño comunican de una forma muy directa que la niña es querida. Se respaldan con preguntas sobre las actividades diarias de la niña, especialmente cuando el padre o la madre llegan a casa. Los niños viven en una zona temporal de «presente expandido», en la que *ahora* es la única realidad. Tienen que aprender a añadir los marcos temporales pasado y futuro para formar una perspectiva temporal, uno de los logros más importantes de nuestro sistema de educación. Hasta que un niño aprende sobre estos marcos temporales, hemos de tratar con ellos en el presente. Así, cuando uno de los padres, cansado de una dura jornada de trabajo, dice esencialmente «Más tarde estaré contigo» a un niño que ha esperado durante siglos la vuelta a casa del rey o la reina, eso equivale a decir *no*.

Los padres de María, que trabajaban como profesores, se dieron cuenta de que un poco de atención inmediata a las necesidades de la niña de «enseñar y decir» la satisfacía lo suficiente para que pudiera después aceptar que le dijeran: «Estoy demasiado cansado ahora para leer otro cuento o para jugar a "caerse"».

Estaban especialmente dispuestos a expresar el cariño siempre que sucedía algún desastre —cuando el inevitable vaso de leche se derramaba o el juguete más querido «se rompía» misteriosamente—, momento perfecto para transmitir el amor incondicional que sentían por su hija. Además, la «carga de la trastada» se atenuaba recitando quién había sido el que había golpeado la botella de vino en el restaurante:

—¡Ha sido papá!
—¿Y quién perdió las llaves del coche?
—¡Fue mamá!

Nadie es perfecto y, sin embargo, nos quieren a todos.

Compartir. Compartir con otros es un antídoto para el centramiento en uno mismo de la timidez. La capacidad de imaginar cómo es el mundo desde una posición distinta de la de uno, representar el papel de la postura de cualquier otro, empatizar con la situación de otra persona es una habilidad cognitiva compleja que se desarrolla lentamente durante los años preescolares.

Al convertir en una virtud el hecho de compartir y permitir a la niña ser testigo de la alegría que los otros recibían por una ofrenda compartida, los padres de María la ayudaron a salvar el terrible abismo «nosotros-ellos». Primero se compartían cosas: galletas de chocolate, patatas fritas, juguetes, y así sucesivamente. Luego se compartían artículos menos tangibles, comenzando con programas de televisión (aun cuando la familia disponía de dos televisores): «Ahora le toca a María ver un programa infantil, luego es el turno de que papá vea su partido de fútbol del lunes por la tarde». Compartir también se extiende a conversaciones en las que hablar por turnos es esencial para mantener conversaciones fluidas en las que se implica a todos los participantes. Los niños tienen que aprender una variedad de reglas sutiles que gobiernan quién habla, cuándo y durante cuánto tiempo en una conversación. Muchas veces es penoso para un niño, que está a punto de reventar con algo que decir y que no puede esperar a decirlo, aguardar pacientemente mientras que otro termina lo que tiene que decir. Hasta que aprenden a conversar, los preescolares son como pequeños conferenciantes públicos, se lanzan a su tema del momento con un gusto que les deja sordos a lo que cualquier otro esté diciendo.

La tarea de María era conseguir que un compañero, que se estaba también manifestando ruidosamente sobre algún tema, se detuviera y escuchara atentamente lo que ella tenía que decir.

«¡Cállate y escúchame!» es lo que a ella le hubiera gustado proclamar. Pero en vez de eso, aprendió a decir: «Eso está bien, ¿sabes lo que me pasó a mí?», «Perdona», «Tengo una idea»; o, de su propia invención: «¿Sabes una cosa?». También la alentaban para que dijera frases como: «¿Qué piensas tú de eso?» para darles a sus compañeros una oportunidad más de hacer comentarios. No resulta sorprendente, por lo tanto, que sus compañeros juzgaran a María buena, considerada e interesante.

Los elogios y la cortesía son igualmente artículos valiosos para intercambiar con liberalidad. Compartir los elogios que hemos recibido con otros que nos han ayudado incrementa el número de los que se sienten bien por el éxito. De forma similar, compartir con otros la opinión positiva que tenemos de su aspecto o de sus logros es muy gratificante. Los padres de María llamaban la atención de la niña hacia las cualidades positivas de otros y a cómo compartir con ellos los sentimientos positivos que despiertan en nosotros.

—¡Cómo nos hace reír a todos tío Charlie con sus chistes! Tenemos que decirle que es muy divertido.

—Fíjate cómo la abuela hace sentirse bien a papá cuando prepara su comida favorita y mira lo contenta que se pone cuando él le dice cómo le encanta su forma de cocinar.

—¡Qué bien bailas, María! Cuando eras pequeña no sabías bailar en absoluto, ahora eres una bailarina. Estoy orgulloso de ti.

Los padres de María también compartían sonrisas, miradas y esas palabras mágicas de «ábrete sésamo», como «gracias», «por favor», «hola» y «hasta luego».

Ser capaz de completar con éxito tareas de una cierta dificultad hace que se desarrolle una sensación de eficacia. Los padres de María intentaron con todas sus fuerzas refrenar su impulso a controlar, a hacerlo ellos más rápidamente y mejor que su hija; sólo lo hacían cuando se lo pedía, pero no hasta que la niña intentaba llevar a cabo la tarea por sí sola. Cuando María decía «No sé hacerlo, hazlo tú», sus padres contestaban:

> Yo creo que sí que sabes, si lo intentas. Hace falta un poco de práctica hasta que lo hagas bien, déjame que te enseñe cómo empezar. Cuando yo tenía tu edad no sabía hacer lo que tú haces ahora. Así es como creces, siendo capaz de hacer muchas cosas tú sola, sin estar siempre pidiendo a mamá y a papá que lo hagan. Pero, siempre que necesites ayuda para comenzar algo que no sabes cómo se hace, puedes pedirla.

Atreverse. La timidez es un estado psicológico que se presenta en compañía de un encogimiento físico y de miedo a asumir riesgos. «Tener miedo de una persona nueva», una definición de la timidez típica de un preescolar, se llega a relacionar con la condición más general de tener miedo a arriesgarse.

Los niños necesitan tener confianza en sus cuerpos, sentirse coordinados, fuertes y capaces de practicar juegos con exigencias físicas. En los lugares donde los niños pequeños ayudan en las tareas del campo o aprenden a cazar para comer o son responsables de tareas de la casa que requieren esfuerzos, su desarrollo físico precoz se ve estimulado por la práctica de los juegos y el ejercicio. Los niños urbanos, de clase media, son más sedentarios, se sientan y leen, los traen y los llevan en coche, se sientan para ver la televisión, se sientan en clase escuchando al profesor. Sus mentes se estimulan con frecuencia, mientras que se permite que sus cuerpos se emboten. Bonnie Pruden, experta en preparación física, ha informado de que la inmensa mayoría de los niños americanos no llegan a pasar las pruebas básicas de preparación física. Su tono muscular está poco desarrollado y sus movimientos no están bien coordinados. Ha descubierto que el niño que está en buena forma funciona mejor en la escuela, no es un niño enfermizo, tiene menos problemas emocionales y es capaz de disfrutar más y de ser más agradable.

Los padres de María la llevaron a un gimnasio infantil cuando tenía un año. Más adelante fue a una clase semanal de ballet y a clases de natación a los cuatro años. Entretanto, practicaban con ella juegos físicos; la llevaban a caminar distancias cada vez más largas; jugaban a agarrar, lanzar y golpear, primero con globos y luego con pelotas cada vez más pequeñas.

• Ayude a su hijo a desarrollar un sentido de capacidad física por medio de ejercicio regular, juegos físicos y deportes. A los preescolares les encanta la sensación de orgullo que se deriva de levantar pesos: intente con pesas de caucho de un kilo (las venden en tiendas de deportes para mujeres).

• Desde muy pequeño, practique con su hijo para que asuma riesgos físicos: déjele que salte desde una mesa hasta sus brazos extendidos, al principio sólo separado unos centímetros, luego cada vez más lejos.

• Cuelgue una escalera de cuerda en la habitación del niño (de las que se utilizan para las salidas de incendios). Se puede utilizar como un columpio, con el niño sentado en un peldaño mientras el padre o la madre empuja la parte del fondo doblada de la escalera, adelante y atrás. Pero lo mejor es que el niño aprenda a trepar, arriba y abajo, por esta escalera colgante y más adelante, colgarse cabeza abajo y hacer sobre ella sencillos juegos acrobáticos.

Atreverse no significa llevar a cabo actos impulsivos que podrían herir al niño. El niño que es consciente de su capacidad física es más capaz de juzgar lo que puede o no puede hacer y es menos probable que intente algo que no sea seguro. Creemos que un niño debería tener una actitud positiva respecto a asumir cierta cantidad de riesgos. El riesgo es el reto de la incertidumbre y la novedad. Un riesgo que se intenta con éxito no sólo es gratificante en sí mismo, sino que también estimula una predisposición general a tomar la iniciativa en situaciones en las que otros se echan atrás. Es la característica de los líderes y de las personas que tienen éxito en los negocios y en su profesión.

Un niño al que se estimula, en vez de asustarse por los riesgos, será menos tímido y, aún más importante, será capaz de enfrentarse a las complejidades de la vida moderna. Walter Lippman nos recuerda el difícil viaje al que se enfrenta un niño de estos tiempos: «Ningún marino ha entrado en un mar tan desconocido como el ser humano normal nacido en el siglo XX. Nuestros ancestros conocían su camino desde el nacimiento hasta la eternidad; nosotros tenemos poco claro lo que pasará pasado mañana».

Maldecir. Los niños necesitan expresar las emociones que sienten intensamente. Tienen que ser capaces de reconocer los sentimientos tiernos de cariño y de tristeza, así como los más fuertes, relacionados con la ira. Con frecuencia esa ira está asociada a experiencias completamente diferentes de las que provocan ese sentimiento en los adultos. Pueden responder con ira cuando en el adulto la reacción normal sería la tristeza. El fracaso, el rechazo y la frustración también pueden desencadenar estallidos de ira. A veces el niño puede no ser consciente de la verdadera causa de la ira, como cuando proviene de la ansiedad por la pérdida de control de una determinada situación o por sentimientos de dependencia. Pero, cuando un niño tiene buenas razones para sentir el estado emocional temporal de ira y se le hace sentirse culpable por expresarla, pueden comenzar los problemas.

Si un niño no es libre de expresar abiertamente la ira hacia su objetivo justo, la rabia se puede dirigir erróneamente y volverse contra el niño en forma de una disminución de la autoestima o incluso de conductas masoquistas. El niño no tiene que utilizar palabrotas, pero debería ser capaz de decir: «Eso me da rabia» o «Me enfado porque siempre dices que mi hermana tiene razón antes de que oigas mi versión de la historia». Y, cuando la causa no es evidente pero los sentimientos intensos están aún ahí, el niño puede necesitar la catarsis que proviene de gritar o llorar.

Los padres y los profesores pueden ayudar al niño a explorar las bases de la ira, dirigirla hacia canales no hostiles, intentando a la vez cambiar las condiciones que la provocaron. Pero harán bien en respetar lo legítimo de la emoción y fomentar su expresión abierta.

La conexión entre ira, su represión y la timidez se pueden ver en muchos de los clientes de la Stanford Shyness Clinic. Uno de ellos era una hermosa mujer con un sentido muy pobre de sus capacidades y atractivos. Era demasiado tímida para participar en las conversaciones de sobremesa con los colegas de su marido. Cuando profundizamos más allá de su fachada de autodesprecio, de «No tengo nada que ofrecer que valga la pena», saltó la ira: «Se creen que soy una rubia estúpida cuando, en realidad, yo he leído más que ellos sobre las situaciones políticas de las que hablan sin ninguna información sólida. Me enojo con ellos por humillarme y estoy enfadada con mi marido por imponerme estos numeritos, pero, más que nada, estoy enfadada conmigo misma por no ser capaz de decir lo que sé, ni de decirles cómo me siento».

A otra cliente, una mujer de mediana edad, criada en una familia china tradicional, nunca se le permitía expresar el más mínimo indicio de ira, ni siquiera por gestos faciales. Sacudía la bolsa de la basura como salida de su ira, pero incluso eso se lo prohibió su padre. Creció siendo una niñita buena y obediente, que temía y odiaba la autoridad, pero que no podía respetar el valor de sus propios sentimientos y opiniones.

Al sugerir que se les dé a los niños salidas para la ira, lo hacemos conscientes de las letales consecuencias que se pueden producir cuando el niño tímido, que nunca dice «no», crece para convertirse en un adulto tímido incapaz de expresar su rabia de formas aceptables.

Observando a una clase de segundo curso de primaria, notamos que dos niños estaban apoyados contra el pupitre de una niña muy tímida. Sin darse cuenta, estaban sentados sobre parte del dibujo que estaba haciendo y no podía sacarlo de debajo de ellos. Ella tiraba con fuerza y finalmente el dibujo se partió en dos. Las lágrimas rodaban por sus mejillas, los niños salieron, insensibles al conflicto que habían creado. La profesora, al ver el dibujo roto, le regañó por chapucera e irresponsable. Ella lloraba. «Tina es una llorona», murmuró el niño del asiento de al lado. Un día de colegio desastroso para Tina, que se repetirá con variaciones hasta que se haga mayor, incapaz de afirmar sus derechos, expresar sentimientos o enfadarse por las injusticias de la vida. Si pudiera «maldecir con palabras limpias» en el colegio y en casa, al menos no volvería la ira contra sí misma ni se sentiría culpable, inútil y confusa.

Para empeorar las cosas, los niños tímidos tienden a ser evaluados por sus profesores como que «se portan bien» con más frecuencia que los no tímidos, que «se portan mal» muchas veces. Así pues, es posible que los profesores refuercen la conducta pasiva, callada e insegura de los niños tímidos porque eso les convierte en «buenos alumnos» (es decir, más fáciles de manejar). Sólo cuando son «demasiado tímidos», este aspecto virtuoso de la timidez se convierte en un asunto de preocupación para el profesor, pero muchas veces es un poco demasiado tarde para cambiar al niño diciéndole sencillamente: «¡No seas tan tímido!»

Detectar la timidez

La mejor forma de descubrir si un adulto es tímido es plantearle la pregunta sencilla y directamente: «¿Se considera usted una persona tímida?». Muchos niños pequeños también son capaces de dar una respuesta válida a esa pregunta. Pero queremos utilizar la etiqueta de la timidez lo menos posible con los niños en edad preescolar. Así, en vez de eso, observe su conducta social, hable con sus profesores y escuche lo que dicen de su hijo los otros niños del colegio o de la vecindad. Frecuentemente los padres se sorprenden al descubrir que su hijo es tímido cuando está fuera de casa. Cuanto más pronto lo sepan los padres, más pronto se podrán poner en práctica los remedios.

Una niña de cinco años que observamos (junto con sus compañeros de clase) durante cuatro meses es una niña típica realmente tímida. No sonreía prácticamente nunca, no tenía una mirada vivaz ni feliz y parecía estar totalmente desinteresada por muchas de las actividades de la clase. Prefería vagar por ahí, tocar las repisas de las ventanas y los pomos de las puertas en los momentos en que los otros niños estaban cantando, oyendo un cuento o bailando. En una ocasión, haciendo trabajos manuales, necesitaba usar la grapadora para acabar el trabajo. El niño que estaba sentado a su lado la estaba utilizando y se quedaba con ella cada vez que terminaba. Esta niña no sólo no podía alcanzar la grapadora cuando no estaba en uso, sino que tampoco la pedía. Simplemente la miraba de hito en hito y esperaba en silencio hasta que el niño terminara su trabajo o hiciera cualquier otra cosa. En otra ocasión, cuando la clase estaba cantando y la profesora hacía que la canción tratara de cada uno de los niños, cuando comenzó a cantar sobre ella, le pidió que no lo hiciera.

En conjunto, nos quedó la impresión de una niña triste, solitaria, que no disfrutaba nada de aquellas cosas que son, para otros niños, maravillosas experiencias.

Las valoraciones por parte de los profesores de sus preescolares de tres, cuatro y cinco años indican que los niños tímidos se pueden identificar, en comparación con sus compañeros no tímidos, porque son menos amigables (tienen menos amigos), evitan activamente a los demás, son menos activos (se sientan y observan en vez de jugar y actuar vigorosamente), son menos seguros (dejan que las cosas sucedan, no manifiestan sus opiniones), son menos autodirigidos o independientes (no inician ni perseveran sin la ayuda del profesor), no son líderes (ni elegidos ni autodesignados), son más tristes (sonríen menos, no muestran entusiasmo) y se comportan mejor (siguen las órdenes para evitarse problemas).

Los profesores informaron con menos frecuencia de reacciones que también se dan sólo en una minoría de adultos tímidos: sonrojos, tartamudeo y chuparse el pulgar (cosa que los adultos tímidos han aprendido a no hacer en público).

Los niños tímidos que observamos presentaban todos esos signos de timidez y más. No establecían contacto ocular, se quedaban rezagados y raramente salían voluntarios. El niño tímido no pide ayuda (ni herramientas, ni materiales) cuando la necesita, especialmente no la pide a otros niños. Algunos vagaban sin rumbo, mientras que otros se quedaban cerca del escudo protector del benevolente profesor, que ayudaba a mantener lejos a los otros niños.

Cuando pedimos a los mismos niños que nos dijeran cómo podríamos saber si un niño era tímido, resultó notable la sabiduría psicológica de los de cuatro años.

—Tienen miedo cuando hay muchos niños. No juegan con nadie. Juegan solos.

—No quiere tener que hablar con otras personas.

—Va siempre al profesor.

—Helene es tímida conmigo porque cada vez que la miro hace un gesto —un gesto triste— y abraza a su muñeca.

Independientemente de si eran o no tímidos de acuerdo con las evaluaciones de los profesores, los treinta niños que jugaron a nuestro juego «¿Qué muñeco es tímido?» estaban de acuerdo en que el muñeco tímido es el que juega sólo la mayor parte del tiempo, tiene pocos amigos, se ríe menos, no levanta la mano para contestar a la pregunta del profesor, no participa en las representaciones escolares, no le gusta hablar con otras personas.

Cuando se les pregunta qué muñecos les gustan más, la mayoría de los niños tímidos y no tímidos señalaban al muñeco no tímido. Esto puede ser una realización de deseos para los tímidos (cuya salida verbal difería realmente de los no tímidos en dar significativamente menos razones al explicar cualquiera de sus respuestas).

SITUACIONES QUE DESENCADENAN LA TIMIDEZ

Los profesores y los padres evaluaron los tipos de situación que desencadenaban las reacciones de timidez en cada uno de los sesenta y ocho niños en edad preescolar que estudiamos intensivamente. En el cuadro siguiente se presentan sus evaluaciones, en una escala en la que 0 = nada tímido, 3 = moderadamente tímido y 6 = extremadamente tímido:

Desencadenantes de timidez en preescolares

EVALUACIONES DE LOS PROFESORES		EVALUACIONES DE LOS PADRES	
1. Extraños	4,2	1. Extraños	2,9
2. Centro de atención	3,8	2. Situaciones nuevas	2,7
3. Con iguales	3,4	3. Centro de atención	2,2
4. Con el sexo opuesto	3,1	4. Con adultos	2,2
5. Con profesores	2,7	5. En clase	1,8
6. En pequeños grupos	2,2	6. En tiendas	1,5
7. Jugando fuera	2,1	7. Con amigos de los padres	1,5
8. En grupos para cantar	2,0	8. Con iguales	1,4

Los padres valoran la timidez de sus hijos como menos extrema que los profesores. Esto puede reflejar que el niño muestra más timidez en el colegio debido a la mayor variedad de niños y de actividades nuevas. O bien los profesores pueden ser más sensibles que los padres a las diferencias relativas entre la timidez en los niños, puesto que ven cómo se comportan muchos en situaciones similares. Sin embargo, estos datos indican que los padres y profesores deben hablar entre ellos sobre el desarrollo socioemocional de los niños cuyo nivel de timidez en cualquier situación sea inhibidor. No siempre comparten el punto de vista que cada uno tiene del niño y deberían hacerlo.

Es muy importante recordar que un niño se puede comportar con timidez sólo en casa o sólo en el colegio, por lo que padres y profesores pueden asombrarse al saber que el niño es tímido en el otro entorno. Shirley, por ejemplo, no tenía ni idea de que su hija de seis años se sintiera tímida en el colegio porque en casa era gregaria y tenía un montón de amigos en la vecindad. Hasta que su hija le dijo que se sentía tímida en el colegio, ella no supo el alcance del problema. La comunicación profesor-padres es importante.

Recordemos que colocar la etiqueta de «tímido» en un niño puede convertir su manera normalmente callada, reservada, en un verdadero caso de timidez. A. Thomas y sus colaboradores del Centro Médico de la Universidad de Nueva York llevaron a cabo una investigación con 136 personas, desde el nacimiento hasta la edad adulta, y observaron que el niño de guardería que se queda en la periferia de un grupo en vez de participar activamente puede tener esa tendencia temperamental normal a animarse lentamente.

A los niños que tienden a quedarse atrás tranquilamente, se les debería dejar más tiempo para entrar en las actividades en marcha. Eso significa más paciencia por parte de los padres y profesores. También significa que se les debería estimular suavemente a que participen más. Con otros, más abiertos, se puede conseguir que hagan de «hermano o hermana mayor», de facilitadores sociales. Pero al niño pequeño nunca se le debería hacer sentir que la *timidez* es la *causa* de que no disfrute más con las situaciones sociales. Cuando eso sucede, como sucedió con uno de nuestros mejores alumnos de Stanford, el niño puede llegar a utilizar esa etiqueta como excusa o justificación para no participar: «No puedo hablar en clase *porque* soy tímido».

John recuerda haber sido callado toda su vida, disfrutando de la gente y de las actividades sin hablar mucho. Le gustaba observar, pensar y participar, pero no iniciar conversaciones. Además, era amigable y caía bien. John llegó a pensar en sí mismo como tímido ya en la etapa preescolar, cuando la primera de una larga sarta de informes escolares informó a sus padres de que algo funcionaba mal. Resulta instructivo observar algunos de los comentarios de los profesores en los informes escolares de John (todos los cuales conservó pero no saboreó).

Jardín de infancia: «John es un niño amigable que le gusta formar parte de un grupo de niños de cuatro años. Debido a sus maneras tranquilas y tímidas, prefiere sobre todo jugar en pequeños grupos; sin embargo, cada vez tiende más a participar en actividades más vigorosas, con grupos más grandes. Puede entrar fácilmente en un grupo cuando siente la necesidad, pero muchas veces su profesora tiene que sondear sus deseos reales. Aún no se siente libre de venir a nosotros, pero, cuando se acerca, es capaz de conversar fácilmente».

Primer curso: «Es aún muy dependiente de sus profesores».

Segundo curso: «Es tranquilo, pero cae muy bien a los demás».

Tercer curso: «La timidez de John ha impedido que participara tanto como debería».

Séptimo curso: «John ha estado en silencio, haciendo sus cosas. He oído poco de él y sospecho que sería bueno para él hacer más preguntas... Si John está confuso, le estimulo a que pregunte más cosas».

«Aunque está un poco en el lado reticente de las discusiones en clase, John presta bastante atención.»

«John es callado y capaz... Si lo está pasando bien en Lakeside, no lo muestra exteriormente en gran medida, pero sospecho que es así.»

«Me gustaría oírle un poco más a menudo, por propia voluntad, en las discusiones de clase.»

«John rara vez pide una ayuda extra, aunque tenga dificultades.»

«Es muy gratificante oír a John sin sentir que su respuesta está impulsada por algo que la "excedrina" aliviaría tan fácilmente como "hablar".»

Campamento de octavo curso: «John era uno de los miembros más callados de nuestro grupo, pero participaba en todas nuestras actividades tanto como los más ruidosos».

Noveno curso: «John continúa realizando un trabajo de alta calidad, aunque a veces creo que podría ser más agresivo a la hora de hacer saber sus preguntas y problemas.»

«John es uno de esos callados, que hace un trabajo eficiente, pero que se presenta pocas veces como voluntario en clase. Tanto él como la clase se beneficiarían si John fuera más agresivo al expresar sus opiniones.»

«El único defecto de John sería una falta de extravagancia, si es que se pudiera considerar esto como un atributo. Según su punto de vista es lo suficientemente verbal en clase, pero sé, por lo que lo conozco, que es discreto y con buenos modales y que casi nunca comunica sentimientos intensos... No hemos profundizado seriamente en debilidades académicas. He dejado que sus maneras tranquilas y contenidas adormecieran mi atención.»

Décimo curso: «John está callado en clase, pero generalmente es capaz de contribuir a las discusiones en clase si yo se lo digo... Es callado y concienzudo y parece progresar de manera continuada».

«John hace su trabajo tranquila pero eficazmente.»

«John está muy callado en clase, pero demuestra preocupación por la materia y una gran capacidad para escribir. Espero poder estimularlo para que proyecte más sus propias ideas en los papeles y en las discusiones de clase... John ha hecho más esfuerzos por hablar este trimestre... Con una nueva clase y un nuevo profesor, John se queda corto. Escribe bien, pero tiene muy poca respuesta a las ideas que surgen en clase... Es listo y culto. *¿Por qué* está tan callado en clase?»

Al revisar los informes escolares de John, su tutor de décimo curso le dio un consejo muy valioso que no necesita ningún comentario: «Le he dicho a John que sea tolerante con los profesores que siguen hablando de lo "callado" que es. Está muy bien ser callado, ¡el mundo está en exceso lleno de gente que habla demasiado! Valoramos sus comentarios cuando él tiene ganas de hablar porque sus comentarios son juiciosos».

Una niña de cuatro años nos dijo que su amiga Leah no era tímida (como decía la profesora): «¡Lo que pasa es que habla bajito!». A veces es más importante aceptar cómo es el niño y encontrar las formas de construir los puntos fuertes del niño en torno a su estilo de personalidad, en vez de intentar cambiarlo para que se ajuste a la imagen del extraordinario extravertido, el «preescolar típico americano».

Dos métodos para mejorar la sociabilidad

Si a su hijo le gustaría tener más amigos, ser capaz de jugar más espontáneamente con otros niños y no tener miedo de las «situaciones con gente», le recomendamos que pruebe con dos enfoques muy diferentes. Uno de ellos cambia la autoimagen del niño por medio del ensayo mental de escenas en las que él desempeña el papel principal. El otro cambia la conducta del niño en el juego emparejándolo con un niño más pequeño durante breves períodos de tiempo.

Desde muy pequeño, los cuentos a la hora de irse a dormir deberían incluir ocasionalmente historias que combinen la fantasía con elementos de la realidad en la que el niño es el héroe o la niña la heroína. La escena se puede situar en la tierra de origen de la familia: «Sobre las montañas, demasiado altas para que un águila vuele por encima, allende los mares llenos de enormes tiburones blancos que juegan amablemente con hermosas sirenas, está la isla de Sicilia». Los principales personajes son miembros de la familia, a veces con nombres ligeramente cambiados y a menudo de linaje real (el rey Felipe), siendo el niño el príncipe o la princesa. Puede haber un *alter ego*, hermano o hermana, como Brunilda o Clotilde, que tiene problemas o que hace algo mal, que el niño ha de remediar. Se describe al niño o la niña en términos muy extravagantes: «Ojos tan azules como el agua de la Gruta Azul en Capri», «la piel tan suave como las sedas más finas de la China», «músculos tan poderosos como los del Coloso de Rodas», «corre tan rápido como el más veloz de los animales, el guepardo», y así sucesivamente.

El núcleo de la historia es un problema que el niño tiene que resolver (con la ayuda imaginativa del narrador). A medida que se revela el problema, los adultos son incapaces de dar con una solución o no hay ningún voluntario para el plan de acción: «...Cuando desde el fondo del vestíbulo del gran castillo una pequeña mano se elevó y, en voz baja, dijo: "Papá, yo iré, yo sé qué hacer". Todos los ojos se volvieron para ver quién era tan valiente que se presentaba como voluntario en tan peligrosa misión. ¡Era la pequeña Zara! Eres demasiado pequeña, hijita, dijo el rey. "No, yo puedo hacerlo. Sí, yo lo haré", dijo la niña».

Se comentó el plan, se desarrolló una línea de acción y luego se llevó a cabo con éxito y se alabó. Con el tiempo, la niña —que al principio escucha pasivamente— habla y entra en diálogo con el narrador. Dice: «Yo lo haré, papá», o incluso cambia el plan del juego anteriormente formulado.

Algunas de las soluciones de los problemas requieren hazañas arriesgadas, como cuando las hermanas malas, Brunilda o Clotilde, cubren de lodo el *David* de Miguel Ángel. La princesa tiene que montar una grúa, trepar una verja y limpiar la estatua con un enorme cepillo de dientes. Surgen otros problemas cuando los regalos de cumpleaños de un hermano o hermana auténticos son robados y escondidos en el fondo del mar. La niña tiene que nadar hasta alta mar, llamar a su amiga la marsopa para rogarle a la brillante estrella de mar que le señale el lugar de los regalos perdidos. Una vez encontrados, puede continuar la fiesta de cumpleaños y el niño triste se pone contento por la hazaña de su hermana.

Otros cuentos tienen una evidente moral de responsabilidad social. Está el niño nuevo en clase que llora todas las noches porque no tiene amigos, hasta que un día aparece un amigo maravilloso que le dice: «Hola, me gustaría que jugaras conmigo. ¿Cómo te llamas?». Y ¿cómo se llama el niño que hizo feliz a este otro niñito?: «Soy yo, ____ (su hijo)».

Por medio de esos cuentos, alentamos a los niños a desarrollar planes orientados a la acción, a tomar la iniciativa, a ser el centro de atención, a mostrarse seguros e independientes, aunque siempre responsables. Su implicación imaginativa en estas escenas que refuerzan la confianza está recompensada por los otros personajes de la fantasía y también por el narrador. Puede formar parte de su programa de prevención de la timidez o puede ser una forma eficaz de enseñar a su hijo ya tímido habilidades sociales, así como dar algún empuje a la autoestima de ese niño.

Mencionamos anteriormente el valor de la socialización entre edades diversas, en las que los niños tímidos mayores juegan con los más pequeños. Revisemos brevemente las investigaciones recientes que apoyan la conclusión de que una forma sencilla para «rehabilitar a los niños socialmente retraídos» es crear grupos de edades mixtas.

Un equipo de psicólogos de la Universidad de Minnesota (Wyndol Furman y Donald Rahe, bajo la dirección de Willard Hartup) estudiaron a veinticuatro niños en edad preescolar en siete centros de cuidado de día.[1] De los más de doscientos niños que habían observado, veinticuatro fueron señalados como «socialmente aislados», aquellos que hablaban o jugaban con sus iguales menos de una tercera parte del tiempo. A estos aislados se les emparejó con otro niño de la misma edad o con uno más pequeño (de doce a veinte meses de diferencia). Los que se asignaron al grupo de control no tenían ningún compañero. Se reunió a las parejas en diez sesiones de juego, cada una de veinte minutos de duración, programadas durante un período de cuatro a seis semanas.

Se observó, durante un mes, la conducta en el aula de estos niños, así como de todos los otros de los siete centros. Ni los profesores ni los observadores sabían qué niños habían sido designados como socialmente aislados.

Jugar solo con un compañero de la misma edad incrementó la interacción posterior del aislado en la clase. Sin embargo, el mayor efecto se derivó de darle al niño tímido la oportunidad de jugar solo con compa-

1. W. Furman, D. Rahe y W. W. Hartup, «Rehabilitation of Socially Withdrawn Preschool Children Through Mixed-Aged and Same-Sex Socialization», en *Child Development*, nº 50, 1979, págs. 915-922.

ñeros de juego más pequeños. Esto dobló su frecuencia de interacciones, que alcanzó el mismo nivel de interacción social que los niños no aislados.

Los investigadores concluyen que el ingrediente especial fue la naturaleza uno a uno de las situaciones de juego con compañeros más pequeños, que ofrecía la oportunidad de ser socialmente seguro. Se les permitió practicar las habilidades de liderazgo que se consiguieron con éxito por sus jóvenes admiradores, no amenazantes y con frecuencia abiertamente aprobatorios.

Los padres pueden ayudar a sus hijos tímidos invitando a jugar a un niño más pequeño del mismo sexo y, luego, poco a poco, incluir niños mayores y del sexo opuesto. No es aconsejable invitar a un montón de niños, dejarlos juntos en una habitación o patio y esperar a que su hijo tímido juegue con ellos. La competitividad social es demasiado grande y la situación requiere unas habilidades sociales más complejas que las que es probable que tenga el niño tímido. Vaya despacio y el niño tímido llegará más lejos.

El centro de enseñanza preescolar para su hijo

Sin duda ninguna, recomendamos una experiencia preescolar para ayudar a los niños a desarrollar las habilidades sociales al principio de su vida. He aquí algunas guías que usted podría encontrar útiles a la hora de seleccionar el centro adecuado, con la vista puesta en minimizar el potencial provocador de timidez para su hijo.

Observe a los niños antes de comenzar el colegio, en los recreos y cuando salen al final del día. ¿Se saludan entre sí, sonríen, ríen, parecen relajados y que están pasándolo bien? ¿Hay niños en la periferia de la acción, no en el círculo de las amistades y el juego? ¿Parece que los niños se ayudan unos a otros, jugando en grupos, o están inmersos en actividades solitarias?

Demasiada estructura sofoca la independencia, demasiado poca es caótica y asusta al niño tímido. Una cantidad moderada de estructura da al niño un entorno predecible en el que tiene un papel estable y donde, si sigue las normas, tendrá las recompensas deseadas.

- ¿Hay un plan de lecciones programado para cada día?
- ¿Hay actividades de grupos pequeños y emparejamientos uno a uno como parte del juego y proyectos estructurados en grupo?
- ¿Existen normas de clase y qué sucede si se incumplen?
- ¿Está el entorno del aula bien preparado para estimular la curiosidad del niño?
- ¿Controla el profesor la clase?
- ¿Tienen los niños una actividad para comenzar tan pronto como entran en la clase, en vez de sentarse y esperar a que pase algo?
- ¿Se les da a los niños posibilidad de elección de entre una serie razonable de actividades?

LA PROFESORA

Si su hijo es tímido, usted deseará que tenga una profesora que sea sensible a la timidez y cuyos modales puedan ayudar a su hijo. He aquí las guías de los aspectos que una profesora así de sensible tendría que poseer:

- Debería saludar a cada niño *individualmente*, utilizando sus nombres, a medida que entran en el aula. Debería preguntarles cómo están y comentar cualquier cosa nueva sobre su aspecto. Esto le da al niño algo de atención positiva y le hace sentirse importante. También da a la profesora la oportunidad de descubrir con qué pie se ha levantado en ese día concreto.
- La profesora debería establecer contacto ocular con cada niño al saludarlos y al dirigirse a ellos en clase. No sólo es una forma de prestarles una atención positiva, sino que enseña al niño con el ejemplo a establecer contacto ocular con los demás.

• Se debería inclinar hasta el nivel del niño cuando le saluda y cuando habla a uno de ellos en la clase. Debería agacharse o sentarse en una silla baja para ajustarse más a su tamaño.

• Debería estar relajada y sonreír con frecuencia.

• La profesora sensible invita a los niños a participar, en vez de ordenarles que lo hagan.

• Debería permitir a los niños observar antes de entrar de lleno en una nueva situación.

• La profesora debería generar una sensación de calidez y respeto y tener el control de la clase.

• La profesora que es sensible a los sentimientos de los niños, especialmente de los tímidos, no señalará a un niño para criticarlo; también sabrá cuándo es adecuado o no señalar a un niño que está consciente de sí mismo por cualquier razón —ni siquiera con una atención positiva— delante de sus compañeros.

• Por otro lado, el tiempo de compartir es una ocasión en la que a la mayoría de los niños les gusta la atención y no les importa que los señalen, puesto que, primero, participan todos los niños y, después, normalmente el hecho de estar consciente de sí mismo se diluye cuando un niño tiene algo que realmente quiere compartir.

• La profesora no reforzará la conducta tímida prestándole a un niño demasiada atención cuando está solo; el niño puede entonces comportarse tímidamente como una herramienta para conseguir la atención.

• La profesora debería ser sensible a la necesidad del niño de una atención especial y tirar de él lentamente, facilitándole poco a poco la entrada en el grupo y luego dándole refuerzos por participar o responder a los otros niños.

Facilitar el camino hacia el colegio

Una vez que ha decidido qué escuela infantil es adecuada para su hijo, descríbale a él cómo es el colegio y prepárele al menos una visita antes de comenzar. Dele al niño la oportunidad de vagar por ahí e inspeccionar el colegio, los juguetes y el material de juegos y ver a otros niños jugando. Una madre que lo hizo nos dijo que su hijo protestó con bastante energía cuando le preguntó si le gustaría ir al colegio, pero, cuando le llevó a visitarlo, no podía esperar a que comenzara, pidiéndole todos los días que lo volviera a llevar.

Dele al niño tanta información como sea posible sobre las reglas básicas y los rituales necesarios para comenzar con buen pie. Por ejemplo, ¿hay una campana que señale la hora de comienzo y hay que formar en fila con los compañeros? La profesora podría asignar un niño mayor para que sirva de «compañero guía» durante el primer día. Establezca también con la profesora el mejor plan de acción si su hijo llora, se aferra a usted y suplica que no le abandone. ¿Debería usted quedarse cada día menos tiempo o irse «sin inmutarse», dejando a la profesora o a su ayudante que se hagan cargo?

Planifique algo especial para cada tarde de la primera semana de colegio. Cuelgue cualquier trabajo escolar que el niño traiga a casa en un lugar destacado, por ejemplo, con imanes en la puerta del frigorífico. Refuerce el proceso de intentar hacer cosas nuevas, no productos simplemente aceptables.

Las siguientes cuestiones le pueden dar alguna idea sobre las situaciones que pueden contribuir a los sentimientos de timidez de su hijo:

- ¿Hace usted todo lo que puede por conseguir que su hijo se sienta seguro, sea independiente y asuma responsabilidades?
- ¿Son realistas sus expectativas?
- ¿Envía al colegio al niño cada día vestido de forma diferente a sus compañeros?
- ¿Premia la conducta tímida equiparando estar callado con ser bueno?
- ¿Premia la *profesora* la conducta tímida por la misma razón?
- ¿Hay algún otro niño que moleste a su hijo? Pregunte a la profesora.
- ¿Hay alguna actividad que pudiera hacer que su hijo se sienta inepto, algo que no cree que pueda hacer bien?
- ¿Estimula la profesora a su hijo a intentar nuevas cosas? ¿Y refuerza al niño por hacerlo?
- ¿Es la profesora sensible a la timidez? ¿Hace intentos por llevar a su hijo a abrirse lentamente?

• ¿Lleva usted al niño al colegio a su hora? A veces los niños se sienten muy mal cuando llegan normalmente tarde a clase.

• ¿Hay algo de lo que su hijo sienta vergüenza?

Si puede determinar que hay una situación en el aula que mantiene vigente el esquema de timidez de su hijo, coméntelo con la profesora. Si alguien está incomodando a su hijo, por ejemplo, la profesora puede no ser consciente de ello, por lo que usted debe decírselo para que ponga freno a la situación.

Debería hablar con la profesora en cualquier caso. Si su hijo es tímido, ella necesita saberlo y usted tiene que contar con su cooperación para sacar a su hijo de la situación y ayudarle a fortalecer su confianza.

6

Aquellos añorados días de las reglas de oro (de 6 a 12)

No importa lo que usted haya hecho hasta ahora para darle a su hijo sentimientos de seguridad y una alta autoestima; el hecho de la vida de un niño que puede ser determinante en la confianza en sí mismo que vaya a tener es la *escuela*. Así pues, lo que hace falta realmente para vencer la timidez es la cooperación del colegio y de las personas a las que cada día confiamos el cuidado de nuestros hijos e hijas.

Sabemos que hay algunos profesores maravillosamente sensibles, que hacen lo imposible para que los niños se sientan bien consigo mismos y minimizar esa barrera para el aprendizaje —la *timidez*— en cada momento.

Una profesora que tuvo la amabilidad de escribirnos y describir cómo intenta ayudar a sus alumnos tímidos nos dijo: «Hago lo imposible para asegurarme de que estos niños se sienten importantes y que caen bien a la gente como individuos por derecho propio». Lo hace calladamente, sin hacerles sentir diferentes y sin crear en los otros niños la sensación de que los tímidos son los preferidos.

Todos los días, nos comentó, tiene la costumbre de hablar individualmente a sus alumnos más reticentes, haciéndoles preguntas ocasionales sobre lo que han hecho el fin de semana o felicitándoles por unos zapatos nuevos, un vestido o una camisa. Y tiene cuidado de evitar temas que pudieran ser amenazantes, de asegurarse de que esas pequeñas conversaciones son positivas.

Esta profesora sabe cómo sonsacar a los tímidos, haciendo que participen en las lecciones o actividades con compañeros que son comprensivos y aceptadores y estimula a los otros niños a incluirlos en sus juegos.

Trata a los tímidos con elogios y refuerzos siempre que procede hacerlo así.

Otra profesora, sensible a la timidez, nos dijo: «Si un niño va mal en sus lecciones porque es demasiado tímido para preguntar o tiene muy poca confianza en sí mismo para aventurarse a responder —ni siquiera sobre el papel—, le ofrezco ayuda en privado. También digo a los alumnos tímidos que vengan a verme después de clase, bajo el pretexto de que se han dejado un jersey o una mochila. En su momento, el alumno pedirá ayuda durante la clase».

En una clase de tercer curso que observamos, había veinticinco alumnos y sólo uno era evidentemente tímido; era un chico japonés que hablaba muy poco inglés. Cuando comentamos sobre la ausencia de timidez en el aula, la profesora nos dijo que no había problemas importantes y que los que había al comienzo del curso habían desaparecido todos.

No resulta sorprendente saber que en esta clase se desalentaba la competición, mientas que se fomentaba la ayuda mutua y la consideración por los demás.

La clase estaba organizada a la antigua usanza, con la profesora dirigiendo las discusiones desde su mesa, al frente de la clase. Todos los niños participaban ávidamente y la profesora alababa incluso a aquellos que salían voluntarios con respuestas erróneas, lo cual alentaba a los alumnos a tomar parte con poco riesgo de sentirse abochornados. La profesora también intentaba hacer que el alumno tímido se sintiera más cómodo participando en clase, facilitándole una ayuda extra para preparar una charla o presentar un proyecto ante la clase.

Con una profesora de primera categoría, como ésta, no es sorprendente que el único alumno evidentemente tímido fuera el niño japonés, nuevo en el país y luchando con los problemas del idioma. Y nosotros suponemos que esta profesora conseguiría también que antes de fin de curso este alumno saliera de sí mismo.

«Si algo hace a un niño sentirse consciente de sí mismo, no lo hago, ésa es mi norma», nos dijo un profesor, hombre, de segundo curso. «Si es humillante, degradante o coloca al niño tímido en el candelero cuando no lo puede soportar, retrocedo. No obligo al niño tímido a levantarse y dar una charla a menos que haya preparado a ese niño y esté seguro de que se siente relativamente cómodo, experimentando sólo una cantidad normal de miedo escénico, cosa que yo le explico que siente *todo el mundo*.»

Sin embargo, a pesar de todas las cosas positivas que hemos observado en las aulas, es indiscutible que el colegio puede ser un campo abonado para una baja autoestima y, por tanto, para la timidez. En su magnífico libro, *A Child's Journey*,[1] el psicólogo Julius Segal y el escritor Herbert Yahraes señalan que el curso del desarrollo de un niño se ve espectacularmente afectado por su autoimagen que emerge y que el niño que se siente confiado y experto madurará de forma diferente del que se siente inseguro e inepto. Dicen que, aunque es verdad que muchas de las dudas del niño sobre sí mismo surgen de dentro, «pueden ser reforzadas o reducidas por el mundo externo y otras ansiedades infantiles podrían no haber enraizado nunca si no fuera por los mensajes destructores del yo que figuras adultas clave envían al niño tan caballerosamente». Y es en el *colegio*, dicen los autores, donde «tienen lugar las percepciones de los niños sobre sus capacidades y su competencia».

«El poder de un profesor para influir en esa imagen —escriben— es tremendo.» Muchas fuerzas psicológicas están en marcha: el deseo ardiente de complacer a una figura de autoridad, la necesidad de recibir atención y refuerzo, el hecho de que el niño está en un papel subordinado, el sistema de recompensas y castigos que es perpetuamente evidente. Es esta combinación de factores que existe en el aula, explican los autores, lo que puede moldear el concepto de un niño sobre sí mismo.

El poder del profesor es tremendo. Es tremendo, en parte, porque durante la mayor parte del tiempo de los días laborables el profesor es un padre sustituto y, como tal, el niño acude a él en busca de seguridad y apoyo.

¿Cómo puede entonces soportar un niño cuando lo que anticipa como una fuente de apoyo se convierte justamente en lo opuesto? Hemos visto que hay buenos profesores, pero hay también algunos en cualquier sistema escolar que simplemente no están bien sintonizados con las necesidades de los niños pequeños.

Y, tanto si un profesor es bueno como si es malo, la experiencia de la escuela primaria es de una evaluación y comparación constante y una época en la que, en nombre del orden y de la conformidad, la espontaneidad escapa por la ventana y la conducta infantil se puede traducir en

1. J. Segal y H. Yahraes, *A Child's Journey*, Nueva York, McGraw-Hill, 1979.

«mala» conducta. En *The Myth of the Happy Child*, la psicóloga Carole Klein dice que a los niños se les ataca continuamente en el colegio por comportarse como un «bebé». El desprecio unido al término, dice, alimenta el propio desprecio del niño por ser lo que es.

Además, pedir a un niño que haga más de lo que es capaz de hacer y luego criticarlo por su desamparo no sólo enseña a ese niño a estar avergonzado de lo que es, sino que también socava lo que el niño cree capaz de llegar a ser. Klein escribe: «No es sólo en sus demandas opresivas, sino también a través de las críticas constantes, por lo que con tanta frecuencia una función del papel de profesor hace que el colegio se convierta en un campo particular para experimentar vergüenza».

Y lo más importante de todo, en el colegio es donde un niño tiene que aprender a tratar con el grupo de iguales. El niño que ha ido al jardín de infancia tiene una ventaja en cuanto que ha tenido la oportunidad de desarrollar algunas habilidades sociales y aprender a llevarse bien con los demás. Sin embargo, muchos comienzan la escuela primaria sin conocer a nadie en la clase, cosa que puede asustarles bastante. Y, si un niño tiene dificultades para establecer amistades, está sujeto a estar solo y, con bastante probabilidad, si lo ven como diferente de los otros niños, será objeto no sólo de rechazo sino también de ridículo.

El de Suzy es un caso que ilustra cómo se pueden combinar las fuerzas negativamente. Cuando estaba en primer curso, nos dijo su madre, esta niña que antes era comunicativa se convirtió en muy tímida. Mientras que antes Suzy traía a una amiga a casa para jugar o jugaba con niños de la vecindad después del colegio, ahora cayó en la costumbre de llegar a casa e irse directamente a su habitación, cerrando la puerta tras ella. Con frecuencia, su madre la encontraba tumbada en la cama llorando. Cuando le preguntaba qué pasaba, Suzy decía simplemente: «No les caigo bien a los otros niños».

Poco después de caer en este esquema, su profesora llamó a la madre de Suzy y le dijo que estaba fracasando en la escuela, sugiriéndole que se reunieran para hablar. Fue en esta charla, después de que la profesora le mostrara el mal trabajo que había estado haciendo, cuando le dijo a la madre: «Y usted tiene que hacer algo sobre el hecho de que se chupe el pulgar. Yo hago todo lo que puedo en el colegio». Luego le explicó que varias semanas antes, cuando la descubrió chupándose el pulgar, comenzó a colocar a Suzy todos los días en una silla mirando al resto de los niños, a los que les dio instrucciones de que recordaran a Suzy su defecto si se olvidaba y se chupaba el pulgar. La madre de Suzy se enteró de que el recordatorio venía en la forma de «Suzy es un bebé» y «Suzy (que llevaba gruesas gafas) es una chupadedos cuatro ojos».

La madre se quedó aterrorizada. Pero el enigma de la conducta de Suzy se había resuelto. Sacó a Suzy de la clase, después de quejarse al director, y se comenzó a invertir el proceso de robo de autoestima que se había puesto en marcha al poner a Suzy en ridículo, despreciada y rechazada por sus compañeros.

Nos gustaría contarle que la historia de Suzy tuvo un final feliz a partir de ahí. Pero en la nueva clase la timidez de Suzy continuó interfiriendo en su capacidad de concentración y ella tenía poca confianza en poder hacer cualquier trabajo. A veces ni siquiera intentaba contestar a las preguntas, mientras que en otras ocasiones, tan insegura de las respuestas que escribía, las borraba hasta que el papel quedaba completamente roto. Y nunca pedía ayuda. Después de mucho hablar sobre repetir curso, la pasaron a segundo.

Poco después de entrar en segundo curso, se convocó otra reunión madre-profesora y la madre de Suzy fue informada de que para que Suzy pudiera salir adelante tendría que recibir una educación especial. Y, en el estado de California, para colocar a un niño en una clase de educación especial, la ley exige que se clasifique como «educativamente deficiente».

Cuando estaba en tercer curso, era ya desesperadamente tímida. Llevaba la etiqueta de «educativamente deficiente», demostrando a la perfección cada día que, por supuesto, lo era. Suzy era una niña diferente. Llevaba gafas; todo el mundo recordaba que se chupaba el pulgar y, aunque ya no lo hacía, aún se burlaban de ella por esta cuestión. Y Suzy era «una tonta».

Para nosotros, éste es un caso trágico de la erosión de la autoestima de una niña que se podría haber evitado con facilidad. Suzy era, y es, uno de esos niños afortunados que viven en un hogar estable y cariñoso y cuyo único «defecto físico» había sido que era corta de vista. Era una niña bonita, incluso aunque llevara gafas. Y, de hecho, los mismos niños que, a instancias de la profesora de primer curso, la llamaron «cuatro ojos» al principio le habían dicho que le quedaban bien cuando se las puso por primera vez. Es espeluznante el poder de una profesora para erosionar la autoconfianza de un niño. Y es aterrador el poder de una profesora para convertir a unos niños, buenos por lo demás, en torturadores.

Sin embargo, el poder de los padres para reparar el daño en último extremo puede ser esperanzador. Suzy está ahora en la enseñanza secundaria y no tiene nada de tímida. Y ya no es «educativamente deficiente».

La regla de oro

A todas las formas potenciales de dañar la autoestima de un niño, lo cual puede conducir a la timidez, se le añade el hecho muy real de que la timidez la pueden alentar algunos profesores (y padres) que valoran al niño pasivo, no agresivo, callado. Pensemos en esta nota de un profesor: «La nota del primer examen de Adam fue un 8, pero, debido a que estuvo hablando durante el segundo examen, se le ha puesto un 5. Agradecería su ayuda para que esté callado (*sic*)».

El silencio puede ser tan precioso para algunos profesores que verdaderamente lo valoren más que el rendimiento académico. Adam había ido atrasado en matemáticas y había estudiado mucho para ese examen. Después de la experiencia, perdió interés por las matemáticas.

Naturalmente, los profesores tienen que mantener el orden en el aula para poder dar sus clases, pero *enseñar* y *aprender* deberían ser metas con una prioridad superior al silencio absoluto y nos cuestionamos la justicia de poner unas notas bajas por conducta más que por el rendimiento en una materia.

Con frecuencia la necesidad del silencio (o la reverencia por el mismo) en un aula es tal, que transmite los viejos mensajes, que a todos nosotros nos resultan familiares: «A los niños se les debería ver, pero no oír» y «Habla sólo cuando te pregunten». Y en la mayoría de los casos, no está equilibrado con períodos en los que los niños puedan hablar libremente, en tono conversacional. Hablan cuando les habla *el profesor* y generalmente sólo cuando levantan la mano y da la casualidad de que les invitan a hacerlo.

Recordando su experiencia cuando comenzó el primer curso en la escuela primaria, una alumna de los últimos cursos de secundaria nos dijo: «Recuerdo con exactitud lo que puso en marcha mi timidez. Se me había caído el lápiz y estaba pidiéndole a mi compañera si me lo podía alcanzar cuando esa arpía vestida con traje rosa se abalanzó sobre mí, me sacó del asiento de un tirón y me sacudió "por hablar". Me sentí absolutamente humillada. Desde ese momento supe que no tener problemas significaba estarse callada. Y eso es lo que hice».

Para el niño ya tímido al que durante toda su corta vida se le ha dicho «Siéntate, estate quieto», «Silencio», el ingreso en la escuela primaria, en el mejor de los casos, continúa el programa original; en el peor de los casos, dependiendo de si un niño tiene o no otros atributos que le aparten de sus iguales, se intensifica.

El silencio en la escuela primaria es una regla de oro que se combina con otras reglas de oro para formular o para definir cómo es el escolar ideal: callado y con buen comportamiento; que responda, pero no enérgicamente; brillante, pero no precoz; y físicamente agradable. Muchas veces, la escuela primaria es como un confinamiento solitario: hay largos períodos de silencio forzado, de «cabezas sobre el pupitre» para cabezadas no deseadas (e imposibles de conseguir). La energía casi ilimitada de los niños queda gravemente restringida en interés del orden. Escuchan al profesor que da órdenes o instrucciones, pero se les proporciona poco entrenamiento para escuchar a sus compañeros y llevar a cabo conversaciones inteligentes e interesantes. Este patrón, cortado en la escuela primaria, forma una camisa de fuerza social que se hace más apretada cada año, desde el comienzo de la escuela hasta la universidad.

El futuro del presente de un niño

Tal vez sin proponérselo, la escuela tradicional prepara a la mayoría de los niños para convertirse en adeptos (seguidores), para obedecer a la autoridad sin cuestionarla y para convertirse en eslabones de la maquinaria política y económica de la nación. El objetivo de convertirse en «alumnos manejables» se facilita adicionalmente por una forma sutil de condicionamiento. Uno de los logros más importantes, aunque no pregonados, de la educación es la transformación del sentido del tiempo de un niño. La mayoría de los niños pequeños están orientados al presente. Sienten y actúan en respuesta a experiencias del aquí y ahora. Viven en el momento presente, con toda su espontaneidad, impulsividad e impredecibilidad. La mayor parte del encanto de los pocos años reside en esa orientación temporal de «presente expandido». La escolarización suprime el presente en favor del futuro y con el debido respeto al pasado. Los niños de la escuela primaria tienen que aprender a aplazar la gratificación, a hacer tareas aburridas, debido a las consecuencias deseadas del trabajo acabado con éxito.

La motivación intrínseca —la alegría de hacer algo por el placer de hacerlo— se destruye imponiendo un sistema de recompensas extrínsecas por hacer lo que algún otro quiere que se haga, cuando y donde lo quiere.[2] Trabajar para conseguir premios por aprenderse de memoria la tabla de multiplicar es una preparación para trabajar más adelante en la vida para ganar un salario por hacer un trabajo repetitivo, poco estimulante, en una fábrica o en una oficina.

Este sentido del tiempo orientado al futuro supone un problema especial para la gente tímida. Incluso de niños, viven demasiado en un mundo de «¿Qué pasaría si yo hiciera X?». La ansiedad, social o de otro tipo, se caracteriza por un terror ante las consecuencias anticipadas —futuras— de los propios actos. Las personas tímidas son incapaces de disfrutar de los placeres del momento porque creen que alguien tendrá que pagar los platos rotos y ¿adivina quién será? Su excesiva preocupación por la aprobación social centra su atención en qué medios se deben utilizar para conseguir los objetivos deseados.

Enseñar a un niño una orientación hacia el futuro es evidentemente una parte necesaria del desarrollo maduro. Sin embargo, nos oponemos a su esfera de influencia todopoderosa que priva a los niños (y también a nosotros, los mayores) de la capacidad de reír por nada, de ver belleza en el caminar de la mariquita o el exquisito deleite de estar cerca del mejor amigo. Los niños tímidos necesitan disponer de su sentido del presente expandido y no estar sojuzgados por la anticipación

2. M. R. Lepper y D. Greene (comps.), *The Hidden Costs of Reward*, Morristown, N. J., Lawrence Erlbaum Association, 1978.

del futuro. Piensan demasiado y actúan demasiado poco. Los padres y los profesores deberían reconocer las muchas formas en las que, por su lenguaje («¿Qué vas a ser cuando seas mayor?»), sus acciones y su ejemplo, rinden homenaje al futuro y desdeñan el presente. Y deberían reconocer el coste que los niños tímidos pagan por este condicionamiento.

Las medidas del valor de un niño

Desde luego, equiparar el atractivo físico a la virtud no es nada nuevo. La mayoría de nosotros nos familiarizamos con este prejuicio ya en las rodillas de nuestra madre, oyendo los cuentos de las preciosas Blanca Nieves y Cenicienta y las horrendas brujas y madrastras. Los descubrimientos de Ellen Berscheid y Elaine Walster[3] ilustran cómo ésta no es simplemente la materia de la que están hechos los cuentos de hadas, sino una respuesta humana de los adultos en el mundo moderno. Escribiendo en *Psychology Today*, por ejemplo, dicen que, cuando a un grupo de adultos se les enseñó una colección de fotografías de niños y se les pidió que señalaran cuál de ellos había causado un alboroto en la clase, era más probable que señalaran al niño menos agraciado. Además creían que este niño en concreto era menos de fiar. En el hecho de que los niños guapos era probable que fueran tratados con menos severidad que los que se consideraban feos se comprueba cómo los adultos pueden *actuar* con un prejuicio de ese tipo.

Finalmente, había indicios de que las notas académicas dadas a los niños pueden estar influidas por su atractivo. «Por todo lo que se dice sobre el carácter y los valores interiores —dicen Berscheid y Walster— suponemos lo mejor de la gente guapa. Y, desde la escuela primaria en adelante, apenas hay discusión sobre quién es guapo.»

Después de desacreditar un sistema para probar la popularidad de los niños en el aula, el psicólogo James Dobson, autor de *Hide or*

3. E. Berscheid y E. Walster, «Beauty and the Best», en *Psychology Today*, marzo de 1972, págs. 127-128.

Seek,[4] explica que es más probable que los niños que sean populares con sus iguales resulten ser los que son más atractivos físicamente. Pero aún más significativo que eso, escribe, es el hecho de que, por desgracia, los *profesores* son producto de la misma sociedad que moldea los valores y actitudes de todos los demás: «Con frecuencia les repele el niño físicamente desagradable y les atrae el guapo...». Luego es triste que no se pueda suponer que todos los profesores den su apoyo y refuerzos a los niños que más lo necesitan.

Sin embargo, a los ojos de algunos profesores y adultos, la belleza es sólo una medida del valor y la integridad de un niño. Cuando fuimos a observar clases de tercer, cuarto y quinto curso, quedó en evidencia de inmediato que incluso profesores sensibles se comportaban de manera diferente hacia aquellos alumnos que parecían mostrar una inteligencia superior a la media.

En una clase, por ejemplo, cuando la profesora trabajaba con el «grupo bueno», insistía en la creatividad, recordando continuamente a los alumnos: «No tengáis miedo de responder de una manera diferente de lo normal. Permitíos romper las barreras». Un lápiz volador se desechó entre risas con un: «Vosotros, chicos, os la vais a cargar». A las respuestas que eran obviamente incorrectas se les concedía el beneficio de la duda, diciendo la profesora: «Nunca lo consideré de esa forma».

En contraste, cuando la misma profesora trataba con el grupo de los «lentos», decía continuamente a los niños: «Hay una sola y única respuesta correcta a esta pregunta». La atmósfera era generalmente restrictiva y cuando los alumnos hablaban sin que fuera su turno, les advertía: «Deja eso ahora y empieza a trabajar». No se toleraba ni se reía en absoluto ninguna payasada que terminara con un lápiz volando por el aula.

En todas las clases que observamos, excepto en una, vimos también que a aquellos niños que los profesores percibían como más brillantes se les asignaban las tareas de más prestigio en el aula, como controlar la clase o llevar mensajes, mientras que a los que mostraban una conducta menos inteligente o más tímida raramente se les asignaba alguna de estas tareas.

4. J. Dobson, *Hide or Seek*, Old Tappan, Nueva Jersey, Fleming R. Revell Co., 1974.

Para demostrar que no hay nada absoluto en cuanto al modo de ver la timidez en el aula está el simple hecho de que hay algunos profesores que parecen estimularla como un medio de controlar a los niños y mantenerlos callados y otros que valoran las muestras firmes de inteligencia. En cualquier caso, todos los profesores observados durante esta investigación concreta tildaban a los miembros *menos* inteligentes de su clase de *más* tímidos.

Para poner las cosas peor a los tímidos está el hecho de que casi nunca los profesores les dan palmadas en la espalda o algún tipo de retroalimentación por los esfuerzos que *de hecho* realizan e, incluso en aquellas ocasiones en que consiguen romper su timidez e intentar participar, aún se les puede tratar de forma diferente a los no tímidos o pasar desapercibidos para el profesor. Observamos, por ejemplo, que en todas las clases menos una aquellos niños que no eran muy seguros —y que se consideraba que eran muy tímidos— eran prácticamente ignorados cuando al fin eran capaces de armarse de valor para levantar la mano y hacer una pregunta o un comentario. También observamos que, cuando los niños se agrupaban junto a la mesa del profesor para pedir ayuda, todos excepto los más seguros volvían a sus asientos —después de haberlos empujado al final de la fila— con sus preguntas sin responder.

Así pues, observamos no sólo cómo la timidez interfiere con el proceso de aprendizaje individual, sino también de cómo puede encubrir la inteligencia y mantener en marcha un ciclo de no refuerzo por parte del profesor.

Creemos que a niños que por lo demás son inteligentes, los profesores pueden haberlos considerado no muy brillantes, idea que no pasó desapercibida para los niños, sino subrayada por la aparente indiferencia de los profesores. Tal indiferencia es muy posible que se traduzca en que los niños no pidan ayuda en el futuro y, al no conseguirla, se quedan lo suficientemente atrasados como para que se convierta en realidad la evaluación de los profesores sobre ellos.

Robert Rosenthal y Lenore Jacobson[5] llevaron a cabo un interesan-

5. R. Rosenthal y L. Jacobson, *Pygmalion in the Classroom*, Nueva York, Holt, Rinehart & Winston, 1968 (trad. cast.: *Pygmalión en la escuela*, Madrid, Marova, 1980); «Teacher's Expectancies: Determinants of Pupils' IQ Gains», en *Psychological Reports*, n° 19, 1966, págs. 115-118.

te experimento que demostró cómo los profesores pueden influir en la autoestima de un niño por sus percepciones de la inteligencia de cada uno de ellos. Rosenthal y Jacobson pasaron una batería de test de inteligencia a un grupo de niños de enseñanza primaria, diciéndoles a los profesores que se introducirían en un ordenador y se les comunicarían los resultados.

Cuando se les dijo qué alumnos de la clase eran los más brillantes, se quedaron muy sorprendidos porque la mayoría de los identificados como tales eran alumnos muy corrientes. Sin embargo, aceptaron el resultado de la prueba.

Esta nueva información creó un cambio espectacular en la actitud de los profesores, que ahora mostraban respeto por los alumnos «más brillantes» y tenían más confianza en que obtendrían buenos resultados. Los resultados del respeto y la confianza que mostraron los profesores fue notable. En un estudio de seguimiento se reveló que el CI de esos alumnos anteriormente corrientes era sustancialmente superior al de los otros alumnos.

Los investigadores dijeron luego a los profesores que no se había utilizado ningún ordenador, que nunca se había valorado el test y que el 20 % «más brillante» se había *elegido al azar*. Por lo tanto, el asombroso cambio en el rendimiento de los alumnos debió de ser el resultado de la forma en que los profesores los consideraban y les transmitían lo que se esperaba porque eran brillantes.

Éste es, a ciencia cierta, un ejemplo fascinante de la fuerza del prejuicio. Es también un ejemplo fascinante de las formas en las que un profesor puede *suscitar* demostraciones de inteligencia y cómo este hecho puede alimentar sentimientos de confianza en sí mismo que en último extremo afectan positivamente al rendimiento del niño, lo que a su vez se convierte en más sentimientos de confianza en sí mismo. Todo esto hace surgir la interesante pregunta: si la evaluación positiva de un niño por parte del profesor puede producir resultados positivos, ¿qué clase de resultados producen las evaluaciones negativas del profesor?, ¿un mal rendimiento?, ¿el bajo concepto sobre sí mismo que lleva a la timidez?

La peor forma de evaluación negativa es el maltrato físico. Castigar en público a un niño puede detener su «al parecer indeseable conducta», pero tiene también algunas consecuencias a largo plazo, aún más indeseables. Los efectos secundarios de este control aversivo incluyen el desarrollo de una actitud negativa hacia el colegio, el profesor o el aprendizaje en general, falta de asistencia a clase, vandalismo, humillación ante los propios compañeros y timidez.[6]

Normalmente se supone que el castigo físico raramente se aplica en nuestras escuelas y, de manera muy suave, a alumnos mayores cuya conducta desorganizada es una amenaza para el orden del aula y el profesor. Investigaciones recientes prueban que éstas son suposiciones falsas. Los objetivos primordiales del maltrato físico por parte de los profesores son chicos pequeños de los cursos primero al cuarto. El castigo a veces es grave, incluyendo palizas e incluso patadas.

ALGUNAS TÁCTICAS RECOMENDADAS

Según estas investigaciones y nuestras observaciones, recomendamos las siguientes tácticas:

• No presente a su hijo como «tímido» ante el profesor (ni ante otros), sino como «discreto», «muy reflexivo», «respetuoso con las opiniones de los demás». Un niño callado puede ser enormemente valorado como *buen oyente*: un premio para todo actor. Consiga que el niño vea que usted escucha su opinión o descripción. Escuche críticamente, luego haga explícito que usted asumió una «postura de escucha atenta» inclinándose un poco hacia adelante. Usted estableció contacto ocular la mayor parte del tiempo, apartaba la vista en ocasiones para

---

6. L. A. Hyman, E. McDowell y B. Raines, «Corporal Punishment and Alternatives in the Schools: An Overview of Theoretical and Practical Issues», en J. H. Wise (comp.), *Proceedings: Conference on Corporal Punishment in the Schools*, Washington, D. C., National Institute of Education, 1977, págs. 1-18.

pensar en lo que escuchaba. Se mostró la aprobación sin interrumpir, asintiendo con la cabeza, con gestos sencillos, «¡Hum!», «¿De veras?», «¡Qué interesante!» (o, más de moda), «¡Alucinante!». Los buenos oyentes avanzados parafrasean lo que han oído, para estar seguros de que han comprendido bien, resumen, hacen una pregunta que demuestra que han prestado atención y también estimulan al que habla a que lo siga haciendo. Finalmente, un buen oyente acaba con un cumplido que hará que el hablante esté ávido de volver a por más. «De veras que disfruté oyendo lo que piensas sobre eso.» Incluso a un niño de enseñanza primaria se le puede enseñar a escuchar bien y a hacerlo con más discriminación a medida que madura.

• Enseñe a su hijo a hacer cumplidos al profesor, un toque cada semana hará que se gane el corazón de la mayor parte de los profesores. «El tiempo pasa tan rápido cuando lo pasamos tan bien en su clase» dijo un niño no tímido de segundo curso a su radiante profesor. «Usted lee los cuentos de una manera tan interesante», dijo una niña a su encantada profesora. Pregúntele a su hijo qué hizo o dijo el profesor, o algo de su aspecto, que el niño creyera que estaba bien. Luego conviértalo en un cumplido que el niño practica con usted y que transmite cuando proceda al profesor, en privado.

• A todo el mundo le encanta un cumplido sincero y pocos de nosotros tenemos los suficientes. Haga cumplidos a su hijo tímido siempre que pueda hacerlo, pídale que él lo haga con usted y refuerce cualquier intento del niño por hacer cumplidos a otros: «Jenny, qué bien pintas», «Me gusta tu corbata, Brian», «Tina es la mejor en la clase de ballet». Y, por supuesto, cuando llega un cumplido del niño, «gracias» es siempre el reconocimiento más simple y apropiado de su existencia. (En capítulos posteriores daremos sugerencias para dar y recibir cumplidos a nivel avanzado.)

• Decida si quiere o no permitir a un profesor que pegue a su hijo en la escuela. Si no, deje clara su decisión al profesor y al director y comuníquelo por escrito. O, cuanto menos, debería establecer las condiciones necesarias, tales como: nunca en público, sólo cuando se le hubiera advertido adecuadamente con anterioridad y que se expliquen las razones del castigo. Hay muchas alternativas al castigo físico, entre ellas, pérdida de privilegios, reuniones privadas, discusión en clase sobre las normas de conducta aceptable y la responsabilidad que todos comparten por la disciplina. Por supuesto, la mayoría de los «problemas de disciplina» se desvanecen bajo la cálida mirada vigilante del profesor o de los padres. También disminuyen con la intensidad del currículo, de actividades que suponen un desafío y de normas razonables impuestas con justicia. El castigo refleja el fracaso del adulto en crear las condiciones adecuadas para que un niño determinado actúe de formas deseables, efectivas.

• Y lo que convierte el castigo en la escuela en algo totalmente desaconsejable, en lo que a nosotros respecta, es igualmente aplicable al hogar, por las mismas razones. Cuando usted pega a su hijo, está admitiendo que ha perdido su capacidad de controlar su conducta utilizando recompensas e incentivos positivos. Un niño que aprende a tener miedo a ser maltratado físicamente por uno de los padres puede desconfiar de toda autoridad, una característica de la persona tímida.

A veces la solución puede ser parte del problema

Hay, sin duda, muchas razones para las «dificultades de aprendizaje» y sabemos que la timidez es una de ellas. De manera típica, como hemos visto, los niños tímidos no piden ayuda cuando la necesitan, no salen voluntarios, no asumen riesgos y con frecuencia su timidez les produce dificultades para concentrarse en lo que está pasando en el aula.

Cualquiera que sea la causa de la discapacidad para el aprendizaje, muchos de los pasos que se dan para ayudar a un niño que se está quedando atrasado no dejan de tener un impacto negativo en su autoimagen, convirtiendo a un niño ya tímido en más tímido todavía o posiblemente poniendo en marcha la timidez en un niño no tímido.

Por ejemplo, las investigaciones sobre la repetición de curso han demostrado que impedir que los niños pasen al curso siguiente es generalmente poco eficaz como medio de ayudarles a «ponerse al día». Numerosos observadores han visto que repetir curso no sólo no ayuda, sino que hace incluso más difícil a los niños el paso al siguiente curso. G. G. Malinson y J. Weston[7] observaron que los niños que no pasan al curso

7. G. G. Malinson y J. Weston, «To Promote or Not to Promote», en *Journal of Education*, n° 136, 1954, págs. 155-158.

siguiente tienden a conseguir menos de lo que conseguirían si hubieran avanzado. Están menos motivados y tienden a estar más inadaptados. Investigaciones llevadas a cabo por Philip E. Kraus[8] parecen indicar que los niños que hoy se quedan atrás es posible que mañana abandonen la escuela. Evidentemente, hacer que un niño repita curso puede dañar su autoestima y poner en marcha un programa de fracasos continuados que hace que la autoestima descienda sin cesar. Como nos decía una madre de cuatro niñas: «Nunca dejaré que ninguna de mis hijas repita. A mí me hicieron repetir, nunca me puse al día y nunca lo superé. Me he sentido inepta y tímida durante la mayor parte de mi vida debido a eso». La madre de un niño, que ahora es adulto, nos dijo que dejó que su hijo repitiera en el séptimo curso de primaria: «Es tímido y no estoy segura de si es porque repitió. Pero él *es* tímido y dejó el instituto en los primeros años».

Un enfoque alternativo es que un niño de «aprendizaje lento» pase de curso pero con clases o ayudas especiales. Como hemos visto en el ejemplo de Suzy, en algunos sistemas escolares, para que esto se facilite, hace falta seleccionar una etiqueta adecuada —«educativamente deficiente», «hiperquinético», «hiperactivo», «trastornos emocionales», «disléxico», «dificultades de aprendizaje», «retrasado», por mencionar sólo unas cuantas—, términos, dice la psicóloga doctora Louise Bates Ames del Gessell Institute of Human Development, «de los que se abusa ampliamente» y que, de acuerdo con Julius Segal y Herbert Yahraes, se usan incorrectamente.

Además, dicen Segal y Yahraes, puede haber efectos secundarios negativos. Los niños, comentan, son los miembros de la sociedad que más fácilmente pueden victimizarse por las etiquetas. «En las escuelas especialmente, nuestros jóvenes son tildados de "retrasados", "alterados", "delincuentes" o peor, con excesiva facilidad.» Tales etiquetas, continúan, estigmatizan con frecuencia y comienza un proceso por el cual el niño puede ser apartado injustamente de los contactos sociales normales con otros niños. «Y lo que es peor, los niños con etiquetas pueden en último extremo incorporar en su concepto sobre sí mismos la marca que se les ha fijado y pueden llegar así a creer en su validez que la vida se convierte en una profecía que se cumple a sí misma.»

8. P. E. Kraus, *Yesterday's Children*, Nueva York, John Wiley & Sons, 1973.

La timidez y los defectos sensoriales

Recientes investigaciones en los colegios públicos de la ciudad de Nueva York han revelado que un considerable número de niños colocados en clases especiales para los retrasados resulta que no tienen dificultades para el aprendizaje, sino más bien un defecto de la vista o del oído que ha pasado desapercibido. Es fácil comprender que un niño puede parecer poco inteligente si no puede seguir las instrucciones o decodificar los problemas que resolver porque no los había visto u oído adecuadamente.

Nos ha llamado la atención que una distorsión similar se produce entre la timidez y déficit sensoriales. Los niños o incluso los adultos que tienen dificultades auditivas en uno o ambos oídos pueden perderse los nombres en las presentaciones o comentarios clave en una conversación. Aunque sean conscientes de ello, puede, sin embargo, avergonzarles admitir este «defecto». Pero las consecuencias son peores cuando otros juzgan erróneamente a la persona deficiente auditiva como lenta o desinteresada y la persona encuentra difícil pedir que le repitan algo. En algunos casos, un proceso así ha contribuido al desarrollo de la timidez y a la evitación de las situaciones sociales.

Recordando su timidez infantil, un brillante ingeniero con el que hablamos nos dijo que se volvió tímido porque su vista era tan mala que nunca estaba seguro de que su percepción del material escrito o de la pizarra fuera correcta, por lo que no participaba mucho en clase. Explicó que no quería mostrar su «estupidez» con comentarios o preguntas aclaratorias. Imaginamos que un niño con una audición deficiente puede reaccionar de manera similar y hacerse no sólo consciente de sí mismo sobre el problema auditivo, sino también sobre un «problema de aprendizaje».

La timidez en sí misma supone un obstáculo similar a aquellas minusvalías físicas que interfieren con el aprendizaje. Conocemos a niños tímidos de inteligencia media que se consideran «lentos», «no motivados» o «distraídos». Dan esa impresión a los profesores porque muchas veces están preocupados con pensamientos negativos, basados en la ansiedad, miedo a quedar en evidencia, y así sucesivamente. Hasta el punto en que se estén centrando en tales mensajes internos, no pueden atender de forma tan completa a las fuentes de información que les llegan. De esta manera, la timidez limita la capacidad del niño para procesar información. Luego, al darse cuenta de que deberían saber la respuesta a un problema de matemáticas o debían *repetez s'il vous plaît* —pero no pueden—, su miedo a la comunicación aumenta aún más. Así pues, es importante que los profesores y los padres se den cuenta de las formas en las que la timidez puede dar un punto de vista falso de la capacidad o motivación de un niño.

Una perspectiva diferente sobre las etiquetas proviene de la República Popular China. Los psicólogos y educadores que visitan las escuelas chinas y preguntan por clases para los «niños retrasados» reciben la respuesta de que *no hay* niños retrasados. En China, les dicen, hay por supuesto niños que necesitan más atención del profesor o que requieren planes de lecciones especiales mejor sincronizados con su ritmo óptimo de aprendizaje. Pero los *niños* no son retrasados, es el sistema educativo que no reconoce esta verdad el que está retrasado.

Para nosotros, el mensaje está claro. No esté tan ávido de poner etiquetas negativas al niño. Eso no sólo le aparta como «diferente», también culpa al niño de la conducta problemática, mientras deja el sistema escolar, la familia o la sociedad sin responsabilidad por su contribución a la conducta indeseable. Dicho de otro modo, pregunte no en qué ha fallado su hijo al sistema, sino cómo el sistema le ha fallado a su hijo.

Otra forma en que los niños son etiquetados por los profesores es por medio de sus expedientes permanentes, que les siguen durante toda la escuela. Por ejemplo, un niño de preescolar puede ser difícil para una determinada profesora, así la profesora escribe en el expediente del niño que era «difícil de manejar», «poco atento», «hiperactivo», «tímido» o alguna otra descripción negativa de su conducta en clase. Esto sigue al niño y en realidad nunca tiene la oportunidad de partir de cero con una nueva profesora porque, antes de que ponga un pie en la clase de la nueva profesora, es muy probable que ella haya formado ya una opinión de ese niño concreto. Y sencillamente podría ser que el niño en realidad no sea todo lo que la profesora anterior le ha atribuido, sino que entre esta profesora y este niño no había una buena química. Y, aun cuando la valoración de la profesora sea correcta, no tiene en cuenta qué otras cosas podrían estar pasando en la vida de un niño que suscitaran esta conducta y la situación podría ser, el año siguiente, totalmente diferente.

Los padres podrían exigir el derecho a revisar periódicamente los expedientes de sus hijos y a borrar de ellos comentarios injuriosos sobre su progreso en la escuela.

Debido a los daños que las etiquetas negativas pueden producir, siempre que sea posible impida que se etiquete a sus hijos. Si esto es necesario para que a un niño se le ponga en una clase especial, busque otra opinión. Una madre de un niño de sexto curso de primaria nos dijo que el que se etiquetara a su hijo como con «educacionalmente deficiente» fue el peor error que había cometido. «Creo definitivamente que ello contribuyó a su timidez», nos dijo. «Y, mucho después de que la etiqueta ya no era aplicable, él aún pensaba en esos términos, refiriéndose a sí mismo con frecuencia como "un tonto" o "un perdedor".» Una alternativa que sugería su madre y que le hubiera gustado seguir es una tutoría privada. Pero con excesiva frecuencia, padres bien intencionados se convierten en los peores enemigos de sus hijos, aplicándole una pequeña etiqueta que se adhiere al niño. Pensemos en el siguiente ejemplo:

Tengo un problema con mi hijo adolescente, doctor Zimbardo —dijo un ejecutivo de la NBC-TV—. Es terriblemente tímido con las chicas, aunque es un muchacho bastante bien parecido. No tiene muchos amigos íntimos y pasa un montón de tiempo solo, aunque es un tipo estupendo una vez lo conoces. Me pregunto si yo tuve algo que ver con la causa del problema. ¿Sabe? cuando él tenía unos nueve o diez años, por alguna razón que ahora no puedo recordar, yo tenía para él este apodo: «Dummy» (tonto). No es tan malo como suena porque yo no quería decir eso. Era simplemente una expresión de cariño. Pero luego sus hermanos comenzaron a utilizarla y de alguna manera quedó fijada.

¿Puede usted creer que un padre cariñoso, supuestamente inteligente, sea capaz de hacer una cosa así, permitir que continuara y luego asombrarse de que ser llamado «Dummy» por un querido papaíto y por los hermanos mayores pudiera dañar a su yo? Por desgracia, sucede con más frecuencia de lo debido.

Los programas de televisión para niños validan adicionalmente el uso de etiquetas para designar a alguien como inferior o diferente. Incluso los guionistas, normalmente sensatos, de *Barrio Sésamo* ocasionalmente tienen un desliz y llaman a alguien «estúpido». Debería hacer que su hijo estuviera alerta para informarle a usted del uso de «palabras feas», quién las dijo, sobre quién y en qué circunstancias. Un subproducto de esta vigilancia de las etiquetas negativas es que será menos probable que su hijo las utilice con otros o cuando piense en sí mismo.

Estamos en el proceso de recopilar pruebas para demostrar que es probable que los niños que se describieron a sí mismos como tímidos, más que los no tímidos, vean las causas de una variedad de problemas como culpa de las personas más que como resultado de factores situacionales. De esta forma se vuelven más intolerantes hacia los demás (y hacia sí mismos). Por ejemplo, ¿su hijo elegiría la opción *a* situacional o la *b* intolerante?

1. Mary ha perdido su abrigo. ¿Por qué?

   a. Alguien lo cogió por error.
   b. Mary se olvida de todo.

2. A Jimmy se le cayeron los platos. ¿Por qué?

   a. El gato se le cruzó corriendo por delante de él.
   b. Jimmy está tonto.

3. Sally resbaló y se cayó. ¿Por qué?

   a. Había agua en el suelo, que le hizo resbalar.
   b. Sally es torpe.

Cuando las etiquetas provienen de otros niños, en realidad usted *puede* hacer algo. A los padres se nos dice tantas veces que no nos impliquemos en las batallas de nuestros hijos, que olvidamos lo que realmente significa y cómo aplicar esa regla. Una cosa es proteger continuamente a un niño en una contienda entre contrincantes iguales y otra muy diferente es saltar cuando varios niños están tratando a otro como un chivo expiatorio. Lo primero que los padres deberían preguntar cuando esto sucede en la escuela es: «¿Por qué se permite?». Se debería preguntar al profesor e incluso al director. Y luego decirles que eso no se va a consentir.

Por ejemplo, si varios niños llaman con un mote a su hijo, como «cuatro ojos», «gordo» o «feo», a esos niños les debe reconvenir el profesor o el director si es necesario. Y, si hace falta, el asunto debería comunicarse a los padres por parte del profesor o del director.

Que sea manejado por el colegio lo saca de la categoría de sobreprotección de los padres e interferencia. Y que los profesores y directores digan que no se va a permitir que se alíen en contra de un niño supone un tremendo impacto.

Tiene beneficios para todos los implicados. El niño del que se están burlando no sólo se ve liberado de la tortura, sino también reforzado al saber que está protegido de un ataque injusto (lo que puede tener el beneficio añadido de enseñar a un niño el respeto y la confianza en las autoridades, en vez del miedo) y los niños que están haciendo la burla reciben una lección sobre los valores.

Pero el principal punto que queremos destacar es éste: no permita a nadie que etiquete negativamente a su hijo y no lo haga usted mismo y, por supuesto, no permita que nadie etiquete a su hijo de «tímido».

Paradójicamente, en un libro sobre la timidez, nos gustaría que nuestros lectores no etiquetaran a otros como «tímidos». Es demasiado global, demasiado vago y demasiado negativo. No es nada que sea observable, sino deducido de lo que usted ve. Es mejor describir adecuadamente cómo el niño responde a determinadas situaciones que utilizar la timidez como un paraguas que cubre todo lo que sucede. Por ejemplo: «No miras a la gente a los ojos cuando le hablas y eso hace que se sientan incómodos». «Cuando estás en una situación nueva, no dices "hola" ni preguntas si puedes jugar con los otros niños. Estaría bien que lo hicieras.» De esta forma, ayudamos a prescribir el remedio al tiempo que hacemos el diagnóstico.

La silenciosa cárcel de la timidez

> ¡El cielo está con nosotros en nuestra infancia!
> Las sombras de la casa-prisión comienzan a cerrarse
> sobre el niño que crece (y sobre la niña).
>
> WILLIAM WORDSWORTH

Con demasiada frecuencia parece que ese bebé gracioso, lindo, cariñoso, que no podía hacer nada malo, se transforma en un niño en edad escolar que no es capaz de hacer nada a derechas. ¿Es el niño el que cambia o cambian nuestras demandas y medidas? Está claro que ambas cosas, pero a la mayoría de los adultos les parece que el niño ha cambiado a peor, a pesar de nuestros esfuerzos en sentido contrario.

Observaciones de contactos padres-hijo y profesor-hijo durante estos años de rápidos cambios nos hacen consciente de la importante responsabilidad que los mayores deben asumir por aquello en lo que sus hijos se convierten, aparte de los cambios evolutivos que gobiernan la transición desde la situación de bebés a la de niños y niñas. Somos menos cariñosos o al menos abiertamente menos expresivos de nuestros sentimientos positivos hacia el niño de lo que éramos hacia el bebé. Nos convertimos en más punitivos y amenazantes, gritones, burlones, quejosos y pegones, a medida que el niño se vuelve más independiente y menos desvalido.

Si los «dos años» parecen «terribles» a los padres, imagínese lo «triste» que se presenta la vida desde los «seis y más» años para los niños. Los padres se convierten en carceleros que constantemente están inventando e imponiendo reglas para limitar la libertad del niño. «No hagas eso», «No puedes hacer lo otro», «¡Cuántas veces tengo que decirte que te castigaré si...!», «Una semana sin ver la televisión» y la letanía sigue. Los padres hablan a sus propios hijos en términos y en tonos que no se les ocurriría utilizar con ningún otro ser humano. Además, no es excesivo utilizar la metáfora del carcelero para representar la relación padres-hijo (y después profesor-alumno). Las normas sustituyen al razonamiento y a la conversación, los papeles sustituyen a las personalidades, las órdenes reemplazan a la negociación democrática y el castigo por la violación de las normas sustituye al incentivo del amor.

Consideremos la analogía del «buen prisionero» con el niño tímido que crece en una cárcel psicológicamente coercitiva. Los prisioneros no dan información voluntariamente, no inician contactos con las autoridades, desconfían de otros que son diferentes en cualquier forma, cuentan con un entorno altamente estructurado y se sienten incómodos en entornos permisivos y normalmente obedecen las órdenes.

La lista de lo que los profesores nos han dicho que miremos cuando observemos a un niño en clase o en otros entornos sociales incluye un número de puntos que describe al niño tímido como comparable al prisionero.

- ¿Es su hijo reacio a iniciar conversaciones o actividades, añadir nuevas ideas, presentarse como voluntario o plantear preguntas?
- ¿Es su hijo reacio a imponer estructura en situaciones que son ambiguas, por medio de preguntas, normas o reordenación física de los elementos?
- ¿Es su hijo reacio a hablar tanto como los niños no tímidos con los compañeros de clase, permitiendo que se desarrollen más períodos de silencio e interrumpiendo menos que los otros niños?
- ¿Es su hijo incapaz de manejar situaciones permisivas, como bailar?
- ¿Es más probable que su hijo tenga problemas especiales cuando no se han expresado las guías de acción?
- ¿Es menos probable que su hijo gesticule con las manos menos que otros?
- ¿Es más probable que su hijo pase tiempo en su asiento y menos probable que vague por ahí y hable con otros niños?
- ¿Es más probable que su hijo obedezca órdenes sin cuestionar y que raramente sea problemático?

Imagine que usted dirige una comisión de reforma de las cárceles y tiene que observar cuán humanamente se trata a su hijo en su hogar y en el colegio. Trate de distanciarse para ser lo más objetivo posible. ¿Con qué frecuencia se le hace sentir al niño incapaz e inferior en vez de competente y deseable? ¿Cuánta coacción se utiliza para conseguir respuestas concretas del niño, en vez de hacer las peticiones con explicaciones del porqué? ¿Con qué frecuencia se ignora al niño y no se le habla directamente, en vez de darle una porción justa de la conversación?

Desde esta perspectiva de «preocupación despegada», nos gustaría que usted evaluara en qué medida y en qué formas la escuela está contribuyendo a la timidez de su hijo, en comparación con otras fuerzas del hogar y la vecindad.

De pie, cara al muro del colegio

En primer lugar, pregúntele a su hijo lo que piensa del profesor: ¿se siente cómodo con él? ¿Es amable? ¿Es amable con su hijo? ¿Cree su hijo que el profesor ayuda?

Y luego, partiendo de sus observaciones en clase, contestar las siguientes preguntas le ayudará a evaluar en qué grado el profesor actual de su hijo es sensible a las necesidades de los niños y en qué grado sería sensible a los niños tímidos en particular.

1. ¿Señala el profesor a algún niño de manera que le haga sentirse consciente de sí mismo o avergonzado? ¿Por críticas o por alabanzas?

Hemos sabido, por conversaciones con alumnos, que los niños pueden experimentar sentimientos de timidez cuando se les señala por *cualquier* razón, aunque sea para felicitarlos. Una alumna universitaria, por ejemplo, nos dijo que su profesora de segundo curso de primaria la ensalzaba de forma continua ante la clase, como un modelo de lo que tiene que ser un buen alumno. Decía que esto no sólo le hacía sentirse tímida, sino que: «Era una doble maldición porque los otros niños se enfadaban conmigo porque yo era "la niña mimada de la profesora"».

Perciba cuándo un profesor señala a un niño para castigarlo o hace de él un espectáculo, como hacía la profesora de Suzy. Si un profesor hace esto con un niño cuando usted está en el aula, es posible que pudiera hacerlo con su hijo cuando usted no esté presente.

2. ¿Hace el profesor comparaciones entre un alumno y sus hermanos «más brillantes» a los que el mismo profesor podría haber dado clase en los años anteriores?

Ya es malo hacer comparaciones entre alumnos en un aula, pero aún es peor el tipo de comparaciones que a veces hace el profesor que ha dado clase a más de un niño de la misma familia. Una mujer nos habló de los problemas que esto creó para su hermana pequeña: «Mi hermana Mary no era la niña "brillante y genial" que yo era... y la pobre no sólo tenía que seguir mis pasos, sino que también tuvo los mismos profesores durante toda la escuela primaria y secundaria. Le decían: "Y tu hermana Joan iba tan bien, ¿qué pasa contigo?". Y *eso* hace que una persona se meta cada vez más en su concha. No es sorprendente que Mary sea muy tímida».

Cuando un profesor hace esto, es obvio que no es en absoluto sensible a la autoestima de un niño o a su problema de timidez.

3. ¿Hace el profesor esfuerzos por disminuir el número de actividades no esenciales y potencialmente penosas, como la distribución de tarjetas de San Valentín o invitaciones a fiestas cuando no están incluidos todos los niños?

A menos que los padres y profesores sean especialmente sensibles a esto, los niños más atractivos y populares de la clase recibirán más tarjetas de San Valentín, mientras que otros recibirán unas pocas o ninguna. Sin duda, mucho después de que los niños más populares han olvidado la diversión de la fiesta, los menos populares llevarán consigo la pena de la desdichada demostración de que ellos no son valiosos. Lo mismo se puede decir de la distribución de invitaciones a fiestas en la clase cuando sólo se invita a unos pocos niños.

4. ¿Es el profesor capaz de controlar la clase?

Creemos que es importante para los sentimientos de seguridad de los niños que el adulto responsable de ellos —sean padres o profesores— tenga el control. Cuando no es así, los niños, que al fin y al cabo son niños, se aprovechan de la situación, lo cual no es en realidad bueno para ellos, por no decir nada del hecho de que interfiere en el proceso de aprendizaje. Resumiendo, el profesor que es capaz de controlar su clase es el que inspira confianza en sus alumnos.

5. ¿Es dado el profesor a tener arranques de mal humor?

Es posible que usted nunca sea testigo de primera mano de una pérdida de la calma pero, bien mirado, es posible que lo sea. Nos han hablado de una profesora que dispone la clase en un círculo y, cuando un niño habla sin que sea su turno, le envía a una silla en el centro y es sometido a las iras de la profesora. En otras ocasiones, la misma profesora arroja las sillas por el aula cuando un alumno alborota. No hace falta decir que esta práctica pone a los niños muy nerviosos. Como nos decía uno de once años: «Nunca sabes cuándo te va a tocar a ti. Y a veces crees que puede romperte el brazo o algo».

6. *¿Tiene el profesor unas expectativas realistas sobre cada niño?*
En el *Myth of the Happy Child*,[9] la psicóloga Carole Klein cuenta la historia de Robert, un niño de seis años. Parece que Robert no podía atarse los cordones de los zapatos sin ayuda de la profesora. Pero a los seis años, sostenía la profesora, «se supone» que un niño ha de ser capaz de atarse los zapatos. Si el número suficiente de alumnos de la clase de Robert podía demostrar que dominaba esta habilidad, y era importante para la profesora, Robert no podía dejar de verlo también de esta forma, y su incapacidad para llevar a cabo esta tarea como una prueba de incompetencia. En el caso de Robert, su profesora respondía a la situación con suspiros profundos y exagerados y, en un tono de lasitud y desprecio, destinado a denotar un total desdén, llamaba a otro niño para que ayudara a atar los cordones de los zapatos de Robert. Robert se sentaba entonces y sufría las risas y las burlas de sus compañeros. Como señala Klein, «La escuela puede ser una fuerza tan poderosa en la respuesta de un niño a su propio desarrollo, que puede tener prioridad sobre la atmósfera más amable de la familia». Aunque la madre de Robert se ríe y le besa cuando confiesa su fallo, diciendo: «¿Y a quién le importa esa tontería?» y «Te prometo que, cuando vayas a la universidad, sabrás atarte los zapatos», Robert no encuentra consuelo porque «tan seguro como que Robert sabe su nombre, sabe que el niño llamado Robert nunca será lo suficientemente listo para ir a la universidad».

Tales humillaciones permanecen en los niños mucho después de que han conseguido superar el «fracaso» que las inspiró y no hay recompensas en los logros cuando la motivación ha sido evitar la desgracia, que en el caso de Robert no se evitó. Al señalar a este niño, la profeso-

9. C. Klein, *The Myth of the Happy Child*, Nueva York, Harper & Row, 1975.

ra puede haber puesto en marcha el patrón de timidez que seguiría a Robert durante todo el tiempo de la escuela primaria.

7. ¿Permite el profesor a los niños denigrar o burlarse de otros niños de formas hirientes, como riéndose por diferencias físicas? ¿Permite que varios niños se unan contra otro?

Cuando un profesor permite que esto suceda, como con certeza hizo la profesora de Robert, no sólo es insensible a la *timidez*, sino que es insensible, y punto. Además, el aula debería ser un lugar donde nuestros hijos aprenden algo sobre los valores y habilidades sociales. Claramente ésta no es la forma en que aprenden nada de eso.

8. ¿Estimula el profesor la libre expresión y alienta a todos los niños a participar, respondiendo democráticamente cuando levantan la mano para hacer una pregunta o dar su opinión? ¿O parece que se dirige a los mismos alumnos una y otra vez?

Es lógico que, si a un niño le hace caso frecuentemente su profesor y lo refuerza, el que infrecuentemente o nunca recibe la misma atención no es reforzado. Ese niño puede, con bastante facilidad, internalizar un sentido de que lo que tiene que decir no vale la pena que sea escuchado.

Por otro lado, cuando un profesor estimula la participación de todos los alumnos, crea un entorno en el que los niños se sienten cómodos y creen que lo que tienen que ofrecer es importante.

Y ciertamente, cuando un profesor no responde a las necesidades de los niños que necesitan ayuda con las lecciones, no está enseñando, dejando aparte hacer algo para ayudar a los tímidos a salir adelante.

9. Una pregunta difícil de contestar es: ¿hay un chivo expiatorio en la clase?

Si, después de observar varias veces en clase, usted nota que un niño es criticado o regañado y siente que al profesor no le cae bien, hay posibilidades de que este niño sea el chivo expiatorio del profesor. Un *buen* profesor que tiene una mala química con un niño determinado se dará cuenta de ello y puede moderar la tentación de ensañarse con él; sin embargo, una profesora nos dijo que la respuesta sana a un problema así es solucionarlo con el director y colocar al niño en otra clase.

«No podía arriesgarme —nos dijo— a ensañarme con un niño en mi clase simplemente porque nuestras personalidades chocaban. Así nos hice un favor a los dos. Su nueva profesora dice que cree que es un gran tipo.»

Nos inclinamos a creer que, cuando un profesor, dada la posibilidad de elegir, decide permitir que un niño que a él no le cae bien permanezca en la clase, puede ser porque ese profesor *necesita* un chivo expiatorio. Investigaciones sobre la dinámica del maltrato infantil revelan que una cosa peligrosa en las personas que necesitan chivos expiatorios es que, si pierden los que tienen, encuentran otro. Sepa que en el aula, *su* hijo puede ser un blanco potencial, especialmente si la timidez le hace vulnerable.

Sus respuestas a estas preguntas, esperamos, le han dado una comprensión sobre si el entorno escolar actual de su hijo inspira confianza o alimenta la timidez. Si usted cree que es esto último, le aconsejamos que consiga que coloquen a su hijo en otra aula, si es posible. También aconsejamos que observe la nueva clase *antes* del traslado de su hijo.

Consideramos que el tamaño de la clase determina en buena medida cuánto puede un profesor ayudar a aquellos niños que ha identificado como tímidos. En una clase de cincuenta o sesenta alumnos, los niños se pueden perder fácilmente en el tumulto, los tímidos pueden retirarse aún más en el fondo y hay pocas oportunidades de que los niños practiquen las habilidades verbales por medio de la participación. Y hay más personas para reírse cuando se comete un error que en una clase más pequeña, digamos de veinte. El aula grande, cada vez más habitual en nuestros colegios públicos, puede no sólo hacer más difícil a nuestros hijos funcionar bien en la escuela, sino que también puede alimentar la timidez que, completando el ciclo, inhibe el proceso de aprendizaje, alimentando más sentimientos de baja autoestima.

Tal vez cuando todo se ha dicho y hecho, lo mejor que los padres podemos esperar es que los profesores presten mucha atención al sabio consejo que nos ofreció un muchacho de sexto curso de primaria. Cuando Philip Kraus pidió a los niños que contestaran por escrito la pregunta «Si yo fuera profesor...», este niño escribió:

Las normas de mi clase serían:

1. Dejarles que tuvieran un período de hablar dos veces al día.
2. No ser cruel con ellos, que sólo son niños.
3. No sólo enseñarles, sino también divertirme con ellos.
4. Que todos sean una gran familia feliz. No dejar a nadie fuera. Recordar que todo el mundo es una vida en sí mismo y todos quieren ser queridos en el colegio y en casa. Gracias.

El trato con los profesores

Después de hablar con cierto número de padres, se evidenció que muchos ven a los profesores y a otros funcionarios escolares como autoridades absolutas, que saben sobre los niños en general, y sobre *sus propios* hijos en particular, posiblemente más que los padres. Así, independientemente de lo que los padres puedan creer, hay una tendencia a ceder ante los «expertos» y dejar que las declaraciones de un profesor se impongan a la mejor intuición y juicio de los padres.

Para complicar aún más las cosas, algunos padres, especialmente con su primer hijo, se sienten intimidados por el personal del colegio. Como una madre observaba: «Cuando empecé a ir a las reuniones de padres y profesores, me sentía como si tuviera seis años. La profesora de mi hija era *mi* profesora, la directora del colegio era *mi* directora y más me valía portarme bien. No era ninguna ayuda que yo me sentara en una silla diminuta, mientras que la profesora se sentaba a su mesa, mirándome desde arriba». Y ella, como muchos padres, dijo que se preocupaba por ser evaluada como madre, lo cual creía que la colocaba en una clara desventaja.

Cuando usted trata con los profesores y otras personas de la escuela, ayuda ser consciente del hecho de que ellos pueden invocar tales sentimientos de ansiedad y luego recordarse a usted mismo que no es posible que un profesor sepa más sobre un niño que es uno entre treinta o más y que ha estado en su clase sólo unas semanas o meses que los padres que han vivido con el niño desde el momento del nacimiento. Usted conoce a su hijo mejor que nadie. Y, si usted ha estado educando niños durante unos años, su experiencia le califica como experto en ese área.

Lo que el profesor *puede* hacer es darle información sobre el rendimiento y conducta de su hijo en el aula y decirle cómo se lleva con sus iguales.

Mantenga la mente abierta cuando hable con los profesores, pero no deje que la preocupación por la evaluación sobre usted interfiera en conseguir información o confiar en su superior instinto. La primera regla al tratar de los problemas que surgen con los escolares es: *no acepte como absolutas las aseveraciones de los profesores y, si usted tiene preguntas, hágalas.*

• Facilita las cosas escribir sus preguntas y comentarios por adelantado en una tarjeta y luego asegurarse de que las plantea todas a su debido tiempo. Esta táctica es útil cuando se trata con médicos, abogados u otros expertos que están muy ocupados. Demuestra que usted está preparado y su ansiedad no interferirá en el logro de aclarar todos sus puntos. Es muy posible que el profesor o la persona de autoridad diga: «¿Hay algún tema de su lista que no hayamos tocado?»; así pues no piense que su «lista de la compra» le va a hacer parecer tonto: todo lo contrario, le dará mejores resultados. Nuestra experiencia es que a los padres que vienen así preparados se les respeta por el esfuerzo realizado.

• No caiga en la trampa de: «¿Cuál le parece que es el problema *de su hijo*?». Hay un problema al que su hijo está enfrentándose, pero puede ser «el problema del colegio» o «el problema del profesor». Usted no quiere comenzar con el obstáculo de disculparse por el problema de timidez de su hijo. En vez de decir: «¿Por qué tiene mi hijo un problema para hacer amigos?», pregunte: «¿Por qué los otros niños de la clase no son más amables con mi hijo?».

• Separe las conclusiones y la evaluación global de un profesor de una afirmación descriptiva de la conducta en cuestión y del contexto en el que se produce. Usted necesita saber lo más concretamente posible lo que su hijo dice o hace (o no logra hacer o decir) que no es deseable y bajo qué circunstancias sucede. «Problemático», «bajo rendimiento», «ansiedad social», «hiperquinético», «tímido» son conceptos amplios que pueden significar cosas completamente diferentes para personas diferentes. Usted quiere conocer cuál fue la evidencia conductual que generó esos atributos abstractos.

Otras fuerzas aparte de la escuela

Si usted, después de observar en el aula, está convencido de que su hijo es tímido y no encuentra nada que en el entorno escolar esté alimentando su timidez, puede obtener algunas pistas contestando a las siguientes preguntas:

1. ¿Hay otros miembros de la familia que señalen a este niño en concreto por críticas o burlas, dando lugar a que esté tan consciente de sí mismo?

Muchas veces, como todos los padres saben, los hermanos son los más culpables de todos. Aunque no es sensato tomar partido en las batallas entre hermanos, cualquier padre o madre tiene el derecho de poner fin a una lucha desigual o que pueda estar dañando evidentemente a un niño. Además, los padres tienen obligación de enseñar a sus hijos a no despreciar a los otros ni ponerles motes: aun cuando esos «otros» resulten ser sus hermanos y hermanas.

Y, si uno de los padres tiene por costumbre despreciar a un niño, el otro tiene la obligación de indicárselo e incluso de intervenir. Aunque es importante presentar un frente unido, sólo lo es cuando es en beneficio, no en detrimento, del niño. Como un alumno nos dijo: «Mi padre me decía continuamente que era un desastre y que no llegaría a nada y mi madre nunca dijo una palabra. Por lo que a mí respecta, su silencio significaba o bien que a ella no le importaban mis sentimientos o que estaba de acuerdo con él».

Oímos a una madre llamar a su hija tímida de diez años «gorda perezosa» en respuesta a que la niña tiró un vaso de leche al pasar un plato en la cena. El padre consoló su llanto diciendo: «No te preocupes, cariño. Papá te quiere». Pero el mensaje que llegó es: «Papá te quiere aunque seas una gorda perezosa». El padre estaba haciendo el papel de bueno, no enfrentándose a la madre para evitar futuros malos tratos, mientras que era amable con la hija. Tal violación pública de la dignidad de un niño no se debería tolerar jamás en una familia.

2. ¿Tiene el niño algo por lo que sienta vergüenza, como mojar la cama?

No añada castigo ni reconvenciones a la sensación de vergüenza de un niño. *Consulte* a un pediatra y pida ayuda para el niño.

A menudo el problema se desvanecerá cuando el niño madure, cuando usted tenga paciencia y comprensión. Pero una vez más, piense que la «conducta problemática» puede ser un efecto secundario de algo más grave que haya que tratar, como que el niño no se sienta querido o aceptado por los miembros de la familia o por sus iguales. O bien podría haber algún problema físico que requiera atención médica.

3. ¿Utilizan otros miembros de la familia esta «vergüenza secreta» como arma?

Un niño tímido con el que hablamos nos dijo que su hermana siempre le amenazaba con decir a todos sus amigos que mojaba la cama si no hacía lo que ella le decía. Los padres han de ser sensibles a este tipo de chantaje emocional y detenerlo de la misma forma que detendrían cualquier conducta inaceptable. Así, no sólo acude en rescate de la víctima, sino que al mismo tiempo puede enseñar unos cuantos valores al chantajista.

4. ¿Etiqueta usted u otros miembros de la familia al niño como tímido? ¿O lo etiqueta de alguna otra manera negativa que pueda dañar la autoestima de un niño o crear sentimientos de timidez?

Con toda certeza, hasta ahora, hemos insistido en que etiquetar a un niño de manera negativa puede tener unas consecuencias de largo alcance, así pues, no lo haga y no permita hacerlo a nadie más.

5. ¿Hay algún familiar adulto, amigo de la familia o vecino que el niño vea con frecuencia que pueda estar haciendo algo que contribuya a su timidez?

La mejor manera de descubrirlo podría ser preguntar a su hijo. Una madre que suponía que la timidez de su hijo era culpa de ella lo hizo al final.

A la señora B la llamó al colegio la profesora de Paul, de siete años, que le dijo que Paul se estaba volviendo más tímido por minutos. La profesora le explicó que se ponía muy nervioso cuando le pedía que leyera en voz alta, algo que no le había preocupado en absoluto en el pasado. Pero últimamente, dijo la profesora, Paul enrojecía, tartamudeaba, bajaba la cabeza y, en silencio, se negaba incluso a intentarlo. Después de meditarlo mucho, midiendo todas su palabras, finalmente la señora B le preguntó a Paul qué estaba haciendo ella para hacerle sentir tan tímido. Cuando le dijo que ella no estaba haciendo nada, le preguntó por qué ya no le gustaba leer y él dijo que porque no sabía leer tan bien como otros. Luego ella le preguntó de dónde había sacado tal idea.

Resultó que todos los días, después del colegio, Paul iba a la casa de un niño vecino a jugar. La madre del amigo sentaba a los dos muchachos y hacía que leyeran un libro en voz alta, por turnos. Después de la lectura, esta madre ensalzaba a su hijo y le decía a Paul que él no leía, ni de lejos, tan bien como su hijo y que leía fatal y además no demasiado brillante. Aparentemente esto duraba desde hacía muchas semanas, sin ningún conocimiento de la señora B.

Al contarle todo esto, la profesora de Paul reunió las piezas del rompecabezas, añadiendo una nueva dimensión. El niño vecino estaba también en su clase y había tenido mucho trato con la madre. Le dijo a la madre de Paul que esta mujer era tremendamente ambiciosa para su hijo y que le había enseñado a leer muy pronto, instruyéndolo constantemente. Los libros que daba para leer a los niños eran de varios cursos por delante de la capacidad típica de un niño de segundo curso de primaria y, como ella había enseñado a su hijo, él era capaz de leer las palabras. Paul, por otro lado, no sabía y ese hecho, unido a la áspera evaluación negativa que de él hacía la ambiciosa madre, le hacía sentirse inepto hasta el punto de que creía que no era capaz de leer los libros que se utilizaban en su clase. Lo que la supermadre estaba haciendo era apuntalar la autoestima de su hijo y la suya propia a expensas de un pequeño.

La madre de Paul nos dijo que llevó casi dos años deshacer el daño que le habían hecho a su hijo.

Cosas que hacer con y para su hijo tímido

Algunas de las sugerencias que se ofrecen a continuación tendrán una resonancia familiar, pero en *este* capítulo están diseñadas específicamente a medida del niño en edad escolar. Algunas de las que son aplicables a niños de todas las edades se repiten aquí para dar una idea completa *y* como recordatorio.

• Intente ver las situaciones sociales del niño desde su punto de vista. En ocasiones, «póngase a su altura» físicamente, para mirar al niño a los ojos, en vez de hablarle desde arriba.

• Hable de lo que usted siente, piensa, valora y de lo que usted ha hecho de niño en el colegio y estimule el intercambio de información de este tipo con su hijo. Es sorprendente lo poco que los niños (de cualquier edad) saben de sus padres.

• Cuando plantee una pregunta, espere una respuesta, no la conteste usted mismo. Los padres que tienen poca paciencia y quieren una respuesta rápida no suelen animar a los niños tímidos a intentar formular respuestas a lo que llegan a ver como preguntas retóricas. En nuestra clínica de la timidez, los terapeutas han tenido que soportar la penosa experiencia de aprendizaje de esperar varios minutos hasta que alguno de los ocho adultos tímidos se aventurara a contestar una sencilla pregunta. Los tímidos parecen tener una tolerancia infinita hacia el silencio que hace a los otros «subirse por las paredes». Si espera con atención, llegará la respuesta y las siguientes llegarán con más frecuencia.

• Recuerde que la primera respuesta, el primer paso, la primera acción es muy difícil para el niño tímido. Sin embargo, las barreras que hacen difícil iniciar la respuesta se pueden debilitar por medio de la práctica y el ensayo.

• Inscriba al niño en clases de danza o de teatro, si cree que le pueden agradar.

• Estimule el desarrollo de habilidades físicas que se puedan utilizar en deportes de equipos.

• Ayude al niño tímido a apearse de su papel de tímido para ser una persona diferente. Represente obras sencillas con marionetas, utilice máscaras, intercambie papeles (haga usted el papel del niño), haga batallas de gritos, compórtese de forma totalmente ridícula durante media hora, pónganse vestidos totalmente inusuales. Juegue a «¿Qué muñeco es tímido?» para descubrir las ideas de su hijo sobre la timidez.

• Comparta con su hijo algunas de sus propias flaquezas infantiles: lo que usted no sabía hacer o tenía miedo y cómo lo superó.

• Si usted es aún tímido, consiga el consejo del niño de cómo usted podría reaccionar de forma diferente en situaciones provocadoras de timidez.

• Finja que usted es el abuelo o abuela del niño durante un fin de semana y perciba las formas en las que cambia la relación.

• Ayude al niño a practicar establecer contacto ocular cuando habla y escucha.

• Observe con qué frecuencia sonríe su hijo y haga *todo* lo que pueda para conseguir que enseñe los dientes. Es importante que comience a sonreír pronto, antes de que le coloquen los aparatos de ortodoncia que le dificulten el habla y ya no muestre ningún diente.

• Estimule a su hijo para que se ría de las cosas divertidas, tenga sentido del humor y una perspectiva sobre sus propios defectos o frustraciones.

• Las personas que sonríen, ríen, muestran sentido del humor y establecen contacto ocular, agradan más a los demás y rara vez se consideran tímidas. Sea usted modelo de estas conductas y señale los aspectos positivos de otros.

• Enseñe y muestre habilidades para escuchar: adopte una postura abierta, atenta, hacia adelante. Utilice el contacto ocular, asienta con la cabeza, haga gestos de refuerzo, use palabras como «Sí», «Hum», «Qué interesante». Pregunte para aclarar o para saber las implicaciones de lo que se ha dicho. Repita los principales puntos para estar seguro de que comprende lo que se le ha comunicado. Indique que la conversación (o la lectura) fue valiosa y la disfrutó.

• Estimule a los niños a hablar en voz alta y de manera lo suficientemente clara para ser oído y captar todo su mensaje. Déjeles que practiquen utilizando el teléfono para obtener información y haga que ellos pidan su propia comida en los restaurantes, hablen con los vendedores en las tiendas, y así sucesivamente.

• Enséñeles a tomar recados telefónicos correctamente. «Diga, soy Billy Williams... (*espera respuesta*). No, mi madre no se puede poner ahora al teléfono. ¿Quiere que le dé algún recado?... Gracias...»

• Enseñe a sus amigos y familiares a hablar a su hijo y a no tratarlo como si no existiera más que como mensajero. Los niños tímidos reaccionan de forma favorable a los adultos que muestran un interés genuino por ellos: de una manera no agresiva. Pero la mayoría de los adultos no se toman lo suficientemente en serio la integridad de los niños para otorgarles el respeto que merecen.

• Enseñe al niño a interrumpir eficaz y educadamente con «Perdón», «Quería hacer una pregunta», «Me gustaría decir algo sobre eso». Refuércelo deteniéndose para permitir la interrupción cuando se hace correctamente y no en caso contrario.

• Felicite al niño y a otros miembros de la familia siempre que sea posible; deje claro que a *usted* le gusta que le hagan cumplidos a su vez. «Ha sido una cena deliciosa» hace que valga la pena todo el tiempo de preparación; pero la gente necesita permiso para hacer cumplidos. Phil tiene que decir a sus alumnos, por ejemplo, que está bien decir si les gustó una clase y no sólo quejarse si no les gustó. Parta de la base de que todo el mundo necesita más halagos.

• No haga al niño sentirse diferente o separado de sus iguales por el vestido o haciéndole llegar tarde al colegio.

• Si lleva al niño en coche al colegio, proponga llevar a algún otro niño, aunque ello signifique salirse un poco de la ruta. Lo mismo sobre llevar a otro niño a su casa de vez en cuando o llevarlos al cine o al circo.

• Un compañero de juegos más pequeño ayudará a un niño tímido algo mayor a practicar las habilidades sociales y a mostrarse más seguro.

• Vigile cómo juega su hijo con otros niños para detectar conductas inadecuadas, como ser demasiado mandón o posesivo o tomar demasiadas iniciativas o no ser transigente ni cortés.

• Siempre que otros niños rechacen claramente a su hijo, vaya a la fuente y pregúnteles por qué. Hágalo utilizando la expresión que hemos visto que funciona con los adultos tímidos de nuestra clínica: «¿Qué podría hacer (*mi hijo*) *para que* quisierais jugar más con él la próxima vez?». Así, está buscando una respuesta constructiva sobre los cambios de conducta necesarios para que surja una consecuencia deseada. Usted no quiere que los otros niños le identifiquen, ni siquiera que continúen pensando en términos de los defectos de su hijo o de algún paso en falso pasado.

En general, su plan de acción consiste en mejorar las habilidades sociales básicas de su hijo y reducir la ansiedad por ser evaluado (y rechazado) por los demás. Usted lo hace modelando usted mismo su comportamiento, por medio de las instrucciones verbales y creando oportunidades para practicar ser una persona social. Al mismo tiempo, debe continuar fortaleciendo la autoestima del niño y la base de seguridad de «ser amado pase lo que pase».

Quiero a mi hijo, pero no tengo tiempo para ayudarle

Prevenir o superar la timidez supone una dedicación importante de tiempo, energía y atención a los aspectos más básicos del desarrollo de la personalidad y la socialización. Todos los padres han de decir cuánto son capaces de hacer y de «dar en el hogar», sin sentirse culpables sobre lo que aún deberían hacer.

Las familias monoparentales presentan un problema peculiar para que ese padre o madre que trabaja fuera de casa encuentre tiempo para hacer algo más que atender a las necesidades de supervivencia de su familia. Pero los doce millones de niños americanos que actualmente viven con sólo uno de los padres son los que es más probable que necesiten y les sean útiles nuestras recomendaciones para combatir la timidez.

Casi una quinta parte de todos los niños de edades por debajo de los dieciocho años están viviendo hoy con sólo uno de los padres. Entre las familias negras, la mitad de los niños viven en familias monoparentales. Desde 1967, el número de familias monoparentales se ha incrementado en un millón cada año. El 90 % de estas familias las llevan mujeres, que supone diez veces el incremento de las familias con ambos padres durante la década desde 1967 hasta 1977. El Census Bureau estima que el 45 % de todos los niños nacidos hoy en este país pasarán al menos un año viviendo sólo con uno de los padres. La mayoría de las familias monoparentales se han producido por la separación o el divorcio, pero recientemente mujeres solteras han comenzado a tener sus hijos y educarlos por sí mismas.

Hace poco tiempo, la National Association of Elementary School Principals[10] llevó a cabo una investigación de 18.000 alumnos de enseñanza primaria y secundaria de familias monoparentales. La conclusión es que los niños necesitan mucha más atención y ayuda del colegio de la que actualmente reciben. Como grupo, muestran un rendimiento menor y más problemas de disciplina que sus compañeros que conviven con ambos padres. Tienen más faltas de asistencia, llegan tarde más veces y presentan más problemas de salud.

Aunque la investigación no informa de ello, sospechamos que estos niños tendrán también más problemas de adaptación social, soledad y timidez.

Los cabezas de familias monoparentales necesitan hacer todo lo que pueden para fomentar el sentido de valía personal y sociabilidad en sus niños. Dar a los niños responsabilidades por las que se les elogia (en vez de tareas que se dan por supuestas) alivia la carga sobre el padre o la madre y crea una sensación de confianza en sí mismo y de compartir. Consiga todo el tiempo posible para el contacto social, «tiempo de calidad»: hablar, reír e intercambiar ideas, sentimientos, temores, no simplemente quejarse y mandar.

Es importante aumentar las oportunidades para socializar teniendo cenas improvisadas en grupos que incluyan niños y salidas de fin de semana con otras familias monoparentales (o de ambos padres). El niño necesita sentir que forma parte de un sistema comunitario. En nuestra sociedad cada vez más alienante, esto es a veces difícil de conseguir, aun cuando estén el padre y la madre. Para los padres solos se hace imperativo crear una familia extensa de amigos, vecinos y familiares. Para estos padres o madres, seguir el espíritu de las recomendaciones que proponemos puede ser suficiente para combatir la timidez cuando no hay tiempo de seguir las recomendaciones al pie de la letra.

10. «The Most Significant Minority: One-Parent Children in the Schools», National Association of Elementary School Principals, Arlington, Virginia, 28 de julio de 1980.

7
Los mejores años de su vida (de 12 a 17)

Creemos que el sufrimiento y las presiones de los años de la adolescencia son considerablemente mayores para los jóvenes de nuestro tiempo de lo que lo han sido para la mayoría de las generaciones anteriores. En primer lugar, la sociedad está en un estado de grandes cambios, hay muchas libertades sin sus correspondientes responsabilidades.

Luego está la estructura del sistema educativo. Cuando nosotros estábamos creciendo, íbamos a la escuela primaria hasta el octavo curso y la graduación señalaba un importante rito de paso, después del cual ansiábamos el instituto como un hito. El ajuste pudo ser difícil, pero sólo lo tuvimos que hacer *una vez*. La mayoría de los adolescentes de hoy lo tienen que hacer *dos veces*.

Dejan el entorno relativamente seguro de la escuela primaria *dos años* antes de lo que lo hacíamos nosotros, justo cuando están pasando de ser niños a ser adolescentes. «Es un *gran* paso —nos dijo uno de séptimo curso—. Vas a siete aulas diferentes, tienes siete profesores diferentes y te da miedo, es un lío. Hay algunos chicos diferentes y los otros han cambiado un montón. Es suficiente para que *cualquiera* se vuelva tímido.»

Un antiguo profesor de enseñanza secundaria de primer grado, Roy Nehrt, describe ésta como «la peor época de la vida de un niño». Nehrt, ahora funcionario del National Center for Education Statistics, dice que estos estudiantes (más o menos entre los doce y los quince años) «están bajo todo tipo de presiones por todos los lados y no pueden con ellas». Si es una época mala en general para todos los adolescentes, se puede suponer con certeza que es bastante peor para los tímidos.

Luego, tan pronto como han hecho sus ajustes y presumiblemente han superado este primer grado de la enseñanza secundaria (la *junior high school*), se gradúan otra vez y se tienen que ajustar a un nuevo centro de enseñanza secundaria de segundo grado. Aquí, según varios asesores que hemos entrevistado: «Pueden perderse fácilmente en el atolladero, sólo por el hecho de que sus cuerpos son ahora muy grandes».

Y por debajo de todos los factores ambientales, la tendencia a ser tímido es probablemente mayor durante los años del principio de la adolescencia, según David Elkind, psicólogo del desarrollo, puesto que el tumulto de esta etapa se debe a las capacidades de pensar recientemente adquiridas, así como a cambios emocionales. En su estudio «Understanding the Young Adolescent»,[1] Elkind propone que el grado tan alto de conciencia de sí mismo que observamos al principio de la adolescencia es el resultado de haber desarrollado una capacidad de pensar acerca de lo que *otras* personas pueden estar pensando.

Idealmente, esta capacidad tiene la virtud de permitir al adolescente adoptar el papel de otra persona, siendo así capaz de simpatizar con los demás y encontrar un campo común para las relaciones. Sin embargo, sigue diciendo Elkind, este nuevo logro se echa a perder por la «incapacidad de distinguir entre lo que es de interés para los demás y lo que es de interés para uno mismo». Esta preocupación por sí mismos lleva a los adolescentes a creer que a todos los demás les preocupa su conducta y su aspecto (de los adolescentes) tanto como a ellos mismos. Su audiencia imaginaria se concibe como algo que pone a la vista todos sus pensamientos y actos, para juzgarlos y someterlos a un severo escrutinio.

«Cuando crees que todo el mundo te está observando y evaluando, estás muy pendiente de ti mismo», explica Elkind. Con el tiempo, se consigue un equilibrio más realista con la conciencia de los adolescentes de que, con frecuencia, otros no se dan cuenta de lo que ellos piensan, sienten o hacen y que ni siquiera les importa. Ese conocimiento hace que disminuya ese estar pendientes de sí mismos, aunque ofende al deseo narcisista de ser percibido como una persona especial. Este punto de vista dual de la realidad social se observa una y otra vez en los adolescentes y adultos tímidos: «Quiero estar en medio del escenario, ser al que más ve la gente, pero no quiero arriesgarme a ser evaluado, por miedo al rechazo».

1. D. Elkind, «Understanding the Young Adolescent», en *Adolescence*, n° 13, primavera de 1978, págs. 127-134.

La importancia de ser popular

Ser popular lo es todo; más importante incluso, según una encuesta entre alumnos de secundaria de Colorado, que obtener buenas notas o «salir en el periódico o en la televisión». En efecto, de acuerdo con un informe, funcionarios escolares decían que obtener buenas calificaciones ocupaba sólo el noveno lugar —ligeramente por delante de «que me sonrían»— en una lista de quince tipos de reconocimiento que les gustaría recibir a los estudiantes de enseñanza secundaria. Ser popular era la primera entre las quince alternativas que se presentaban.

Y la clave de la popularidad es simplemente ser como todos los demás, sólo tal vez con un cierto toque de especial. Para el niño ya tímido que no cree que es como todos los demás y sólo se siente especial en que es *inferior*, éstos son momentos en los que las cosas pueden fácilmente ir de mal en peor. Y nuestra investigación ha mostrado que, durante estos primeros años, eso es más verdad para las niñas que para los niños.

Hace falta muy poco para que las chicas adolescentes sufran de verdad. Un profesor de la escuela de secundaria Jordan en Palo Alto[2] nos dijo que un comentario trivial o alguien que les dirija una mirada torcida es con frecuencia suficiente para que una chica se aparte durante todo el día. Las chicas, más que los chicos, dijo, se resistían a pedir una aclaración al profesor durante la clase o incluso a acercarse a él después, por miedo de que los otros compañeros las vean y piensen que son estúpidas. Y, siendo tan sensibles como son, comentó, las chicas son mucho más crueles que los chicos en sus comentarios punzantes a los otros alumnos. De hecho, resaltaba, ellas son las que crean las experiencias más dolorosas a los compañeros, chicos incluidos. Así pues, aunque pueden sentirse heridas por insultos imaginados, en lo cotidiano normalmente acaban devastándose mutuamente.

¿Por qué serán las chicas mucho más maliciosas que los chicos a esta edad? Es verdad que con frecuencia están chifladas porque están pasando por el trauma de que sus cuerpos se están transformando por la maduración. Es verdad que las presiones —como también les sucede a los chicos— son mayores de lo que han sido nunca. Pero, por encima de

2. «Seventh Grade Can Be Harmful», en *Palo Alto Times*, 10 de enero de 1978.

cualquier otra cosa, puede ser que la necesidad de ser popular en el colegio y resultar atractivas para el sexo opuesto esté programada con más fuerza en nuestras adolescentes que en los chicos. Al mismo tiempo, los sentimientos sexuales generalizados se han hecho más concretos.

Sin embargo, independientemente de sus temores, el deseo de las chicas de ser atractivas suele tener como resultado una gran preocupación por su aspecto físico. Y, por desgracia, las adolescentes, como todo el mundo, tienden a atenerse a ideales culturales, comparándose a sí mismas de manera desfavorable cuando están lejos de tener un aspecto parecido al de Olivia Newton-John y en unos momentos en los que las erupciones cutáneas y los problemas de sobrepeso no son muy raros. Una tímida de trece años explicaba sus infortunios de séptimo curso de esta forma:

> ¿Por qué tiene que pasarte todo al mismo tiempo? Comienzas la enseñanza secundaria y estás tan asustada que no puedes dormir la noche antes. Luego te viene la regla, la ropa no te vale, la piel se te llena de granos, te ponen un aparato de ortodoncia. Tengo que llevar un casco ortopédico catorce horas al día y me duele, además de parecer tonta. Tengo que ir al logopeda porque mi lengua no funciona bien y, si no hago los ejercicios de habla tres veces al día, los dientes no se me pondrán derechos. Estoy a dieta y tengo una tonelada de deberes para casa en todo momento. Mamá me hace un tratamiento facial todos los días. Y nada de eso me ayuda porque aún me siento feísima y no sé cómo actuar. Yo sé que nunca seré popular ni tendré amigos —sobre todo chicos— porque soy un monstruo.

Y algunas de las cosas que le pueden convertir a uno en un «monstruo» serían cosas de risa de no ser por el hecho de que el dolor que se siente es muy genuino. Una madre nos dijo que, después de que su marido comprara a su hija un candado para la bicicleta, encontró a la niña en su habitación, llorando amargamente. Cuando le preguntó qué pasaba, su hija le dijo: «Mamá, es el candado de la bicicleta. No es como el que todos tienen. No puedo usarlo y por eso no puedo sacar la bicicleta, y ahora tengo que ir andando al colegio y tengo que pensar qué voy a decir cuando alguien me pregunte por qué voy andando. Y no se lo digas a papá, por favor, porque se pondrá furioso». Un candado para la bicicleta. Eso es lo que ha creado un problema complejo y con múltiples facetas, simplemente porque es diferente y tiene el potencial, por lo tanto, para apartar a la niña de sus compañeros de una forma que ella considera importante.

La longitud de los pantalones puede tener la misma importancia. Si, por ejemplo, un chico lleva constantemente pantalones que son un poquito cortos, se burlan de él por ir vestido como para «ir de pesca» y, dependiendo de cualquier otra cosa que pueda parecer «rara» en él, tal vez escuche sobre sí mismo las etiquetas «esclavo», «cerdo», «pato» o «guarro» e, incluso cuando ha terminado de crecer y, por lo tanto, tiene un guardarropa a su medida, aún se le conoce por las etiquetas que sus pantalones demasiado cortos le proporcionaron. En algunos casos, incluso niños a los que realmente les cae bien lo rechazan simplemente porque ser amigo de un esclavo o de un guarro y andar por ahí con él no es algo que sea sensato hacer socialmente; sólo los muy seguros pueden permitirse el lujo de esa clase de lealtad. Así pues, se puede considerar afortunado si consigue tener uno o dos amigos en el colegio y, con toda seguridad, no puede esperar ser popular.

Casi parece que, como si no fuera castigo suficiente para un adolescente el saber en el fondo de su corazón que no es popular, se tiene que insistir en este hecho potente y públicamente, midiendo la popularidad de cada alumno de una manera institucionalizada, tal como se hace en uno de nuestros centros locales de secundaria. El método de medida es un acontecimiento que se denomina «El día de la flor». La forma en que funciona es que cada alumno puede tomar un número de «pedidos» en blanco y poner los nombres de las personas a las que le gustaría enviarle un clavel durante el día.

Como media, cada alumno recibe cinco o seis flores, pero están siempre aquellos que reciben más o menos. Un año una chica recibió cincuenta y cinco; otra, cuarenta y dos; un chico, treinta y cinco; y unos cuantos recibieron una flor o ninguna en absoluto (a propósito, nos dicen que es peor recibir una flor, si es de un profesor o de un consejero, que no recibir ninguna). No es un acontecimiento feliz para todo el mundo, obviamente. Los chicos que consiguen una flor o ninguna reciben una evidencia de que no sólo son impopulares, sino que tampoco caen bien a nadie.

Un muchacho que no recibió ninguna flor consiguió valientemente aguantar sus lágrimas hasta que llegó a la seguridad del hogar y de su dormitorio, donde permaneció todo el fin de semana. Otro que recibió sólo una estaba, hasta ese día, muy emocionado con una salida de fin de semana que sus padres habían planeado para la familia. Pero durante el viaje se enzarzó en una pelea tras otra con su hermana de catorce años, maltrató verbalmente a sus padres hasta el punto de que perdieron su paciencia con él, se negaba a sentarse con ellos para las comidas en los restaurantes, consiguió perderse en una ocasión y, en general, lo pasó fatal, al igual que sus exhaustos padres y hermana. No hace falta decir que, cuando acabó el viaje, fueran cuales fueran los bajos sentimientos de autoestima que este muchacho llevó con él al emprenderlo, éstos eran mucho más bajos debido a la forma en que se había comportado, reforzando su sensación de valer muy poco con prácticamente todas sus palabras o sus actos.

¿Y cómo se sintió la chica que recibió cincuenta y cinco flores? ¡Completamente desgraciada! Estaba tan avergonzada por todas las atenciones, que al final del día estalló en lágrimas. Lágrimas de vergüenza y lágrimas por un miedo muy realista de que muchos de los otros niños se enfadarían con ella. Y es bastante posible, sugería un miembro de nuestro equipo investigador, que unas cuantas de sus lágrimas fueran por los chicos a los que, de manera tan pública y dolorosa, les habían recordado que eran verdaderamente impopulares.

Un observador, Louis Fine,[3] resume de esta manera toda la tristeza del adolescente inquieto o solitario:

> Se producen ajustes anormales o patológicos cuando un adolescente no tiene amigos, tiene pocos lazos con niños de su edad o es promiscuo sexualmente. El uso frecuente o en solitario de drogas indica casi siempre problemas significativos de adaptación.
>
> El grupo de iguales es tan importante para su desarrollo psíquico, que cabe decir que un adolescente sin amigos es un adolescente con problemas y con necesidad de ayuda profesional.

3. L. Fine, como se reproduce en una entrevista en el *Palo Alto Times*, 1 de junio de 1978.

Algunos de los estudiantes de secundaria que hemos encuestado decían que creían que algunos chicos harían cualquier cosa para ser populares o tener amigos. Cuando preguntamos concretamente si creían que las adolescentes utilizarían el sexo, algunas dijeron que sí. Una estudiante dijo: «Para ser popular en este colegio, tienes que ser una guarra».

Sin embargo, no tenemos ningún dato firme que apoye este punto de vista. Puesto que está prohibido por las leyes del estado de California, no pudimos preguntar sobre las prácticas sexuales, por lo que no pudimos saber de los estudiantes individuales si eran activos sexualmente y, si lo eran, por qué. Sin embargo, suponemos, simplemente por vivir en el mundo real, que hay, como sugerían los alumnos, chicas que, al carecer de otros atributos, utilizan el sexo. Una mujer, rememorando sus diez años, nos dijo que lo que le afectaba más que cualquier otra cosa en su vida es que no era bonita: «Siempre me he preguntado —decía— cómo sería ser guapa: si realmente me hubiera hecho un ovillo en el asiento trasero de un coche con chicos que realmente no me gustaban y hubiera tenido unas relaciones que yo no quería».

En nuestra opinión, la promiscuidad sexual se considera todavía como una conducta desviada y con esta excepción generalmente no hay un conformista mayor que un adolescente, al menos con respecto a su grupo particular o al grupo del que quiere formar parte. Pregunte a cualquiera que haya crecido durante los años cincuenta y que comenzó a fumar en el instituto cómo comenzó. Si el grupo con el que andábamos fumaba y tomaba cerveza, sólo los miembros más fuertes y con más confianza en sí mismos resistían las presiones para que nos amoldáramos, no queríamos ser diferentes ni formales. Queríamos estar al día y pertenecer. Un tímido extravertido nos dijo: «*Los compañeros son tus peores enemigos*... a menos que sean alumnos modelo y no les guste fumar, beber ni andar siempre de juerga». Y Louis Fine señala:

> «A medida que se desarrollan las lealtades de grupo, los amigos se convierten en muy importantes, aparentemente más importantes que los padres...
>
> El grupo de iguales proporciona a los adolescentes conscientes de sí mismos, emocionalmente inseguros y ansiosos, el apoyo psicológico que necesitan en su intento de establecer una identidad «separada». La identidad lograda... está separada sólo en referencia a los padres y

a otros adultos; pero es muy conformista en lo que respecta a los iguales.[4]

Aunque es verdad que un adolescente no tiene por qué ser tímido para conformarse al grupo, tenemos razones para creer que aquellos que son tímidos son más vulnerables a la presión social. En nuestra encuesta en la enseñanza secundaria, por ejemplo, el doble de tímidos que de no tímidos creía que otras personas les presionaban para beber o para consumir drogas. Además, que las personas tímidas tengan una necesidad más profunda de ser aceptadas y tengan más dificultad para defender sus derechos o mantener sus opiniones les hace más aptos para ser seguidores que para ser líderes.

Pero hay una posible razón más para que los adolescentes utilicen drogas y alcohol. El doble de adolescentes tímidos que de no tímidos dijo que utilizaban las drogas o el alcohol en el baile o en otras situaciones sociales para conseguir sentirse más cómodos, con más confianza en sí mismos, menos tímidos y más formando parte del grupo. Algunos adultos tímidos también nos han dicho que utilizan el alcohol para combatir la timidez. Uno de ellos, ahora alcohólico rehabilitado, nos proporciona una buena ilustración de la relación entre timidez y bebida:

> Yo fui un alcohólico adolescente. Comencé a beber —sobre todo cerveza— cuando tenía unos quince años, simplemente porque todos a mi alrededor bebían. Pero la única cosa que yo percibí de inmediato era que después de tomar un par de cervezas se desvanecían mis sentimientos de estar consciente de mí mismo. A veces experimentaba incluso sentimientos genuinos de confianza en mí mismo, sentimientos que no recordaba haber tenido nunca. Así, cada vez que iba a entrar en una situación en la que sabía que me iba a sentir tímido, como ir a bailar, bebía algo antes.

Con el tiempo, aumentó su tolerancia al alcohol, por lo que una copa no era suficiente para ponerse en forma, para evitar que se sonrojara, temblara y se sintiera avergonzado por sus síntomas, fundiendo al mis-

4. *Ibid.*

mo tiempo sus inhibiciones. Pronto tomaba dos, luego tres, y así sucesivamente, hasta que el alivio y la borrachera llegaban juntos a la fiesta.

Un efecto secundario más insidioso que el uso del alcohol, las drogas o el sexo, bien para vencer sentimientos de timidez o bien para conseguir popularidad, es que estas conductas derivan en sentimientos de culpa y en un círculo vicioso de sentimientos de incapacidad y de poca valía personal, que pueden llevar a más de la misma conducta: y a más timidez.

Cuando se considera a la luz la necesidad de un adolescente de ser popular o de tener amigos, la promiscuidad sexual se entiende tal vez mejor. Y el uso de la bebida y las drogas, bien para conformarse o para superar sentimientos de timidez, se puede ver como algo diferente de la rebeldía contra los padres.

El miedo al sexo opuesto

Aunque estadísticamente hay más chicas tímidas durante los años de la adolescencia y parecen pasarlo peor por ello, los muchachos, especialmente los tímidos, también tienen sus problemas. En efecto, muchos hombres adultos tímidos que nos han escrito dicen que su timidez comenzó durante esos penosos años en los que algunos estaban conscientes de sí mismos por ser más bajos que las chicas, porque les estaba cambiando la voz, se veían a sí mismos diferentes y estaban descubriendo el sexo opuesto.

Prácticamente todos los adolescentes que hemos encuestado (incluyendo todos los estudiantes de secundaria), tanto si se tildaban a sí mismos de tímidos como de no tímidos, decían que se sentían tímidos en situaciones que implicaban el contacto con el sexo opuesto. Es interesante que nuestra encuesta revelara que, una vez que están en el instituto y presumiblemente han sobrevivido al primer curso, algunas chicas se desprenden de su timidez general. Sin embargo, y esto nos resultó muy sorprendente, observamos que entre los alumnos que decían que no eran tímidos, más mujeres que hombres admitían temer al sexo opuesto. Pero, cuando se trataba de aquellos alumnos que se tildaban a sí mismos de tímidos, más hombres que mujeres admitían este miedo.

Así pues, hemos de concluir que, con respecto a los chicos, las chicas se sienten más ansiosas a una edad más temprana —probablemente porque las chicas generalmente maduran sexualmente unos dos años antes que los chicos—, por lo que alguna timidez adolescente parece ser una fase por la que pasan algunas mujeres en los primeros años de enseñanza secundaria y que luego se supera. Y, puesto que cierta cantidad de no tímidos, hombres y mujeres, dicen que son tímidos con miembros del sexo opuesto, hemos de concluir que una cierta cantidad de timidez es normal y que no hay que preocuparse por ello. Sin embargo, sospechamos que la razón por la que más mujeres que hombres expresan miedo al sexo opuesto que a la inversa es debido a la programación tradicional y al hecho de que las chicas se han condicionado para que «no vayan demasiado lejos con los chicos».

En cualquier caso, la timidez es, obviamente, más intensa y más predominante al principio: en las primeras fiestas en el instituto, en las que los niños generalmente están solos y las chicas frecuentemente acaban bailando entre ellas. Las palabras de un consejero después del primer baile de la temporada describen muy bien el acontecimiento: «La sala estaba llena de sufrimiento».

La situación mejora con el tiempo, al menos para algunos. En su momento, algunos de los chicos sacan a bailar a las chicas. Pero incluso ellos, y las chicas con las que bailan, se sienten tímidos, mientras que aquellas a las que nadie ha invitado a bailar se sienten rechazadas y no queridas y, por supuesto, conscientes de sí mismas. Y, si se sienten así con la suficiente frecuencia y les da vergüenza estar sentadas en los extremos de la sala, expuestas públicamente como rechazadas, dejan por completo de asistir. Como nos dijo un chico adolescente:

> Cuando tenía doce años, fui a mi primer baile en el instituto. Me asustaba de verdad que ninguna de las chicas quisiera bailar conmigo. No saqué a ninguna por miedo a que me dijeran que no. Mirando atrás, me doy cuenta de que realmente no hubiera importado mucho si hubieran dicho que no, pero yo tenía tanto miedo que no les di la oportunidad de hacerlo. Me doy cuenta también de que muy pocas de ellas me hubieran rechazado realmente, de haberme arriesgado. Pero no me arriesgué y me pasé la noche sentado en un rincón con algunos amigos. Ninguno de nosotros bailaba, estábamos hablando sobre el baile, hablando mal

de las chicas y hablando mal de la discoteca, y aburridos en general. Todos nos sentíamos bastante mal porque toda esa gente bailaba y se divertía, mientras que nosotros estábamos sentados allí sin hacer nada. Al final, nos separamos y nos fuimos solos a casa. Estaba tan deprimido por ese baile que no fui a ningún otro durante dos años.

Y, una vez que los chicos y las chicas empiezan a quedar para salir, nunca puede ser fácil para nadie, excepto tal vez para los que tienen confianza en sí mismos y son muy populares. Igual que en el baile, los chicos piden a las chicas que salgan con ellos y temen el rechazo, mientras que las chicas se sientan y esperan, temerosas de que no las llamen. Y sí, a pesar de la liberación de la mujer, para la inmensa mayoría el ritual sigue sin cambios.

Incluso los encuentros casuales con el sexo opuesto pueden ser penosos para un adolescente tímido. Como nos dijo un muchacho de diecisiete años:

> El verano pasado, estaba en el centro de la ciudad y me encontré con esta chica del colegio. Allí éramos bastante amigos, pero nunca habíamos tenido ningún contacto fuera del colegio. Me llamó desde la otra esquina y corrió a saludarme. Cuando llegó a donde yo estaba, apenas podía hablar y musité algo estúpido sobre la prisa que tenía —aunque realmente no iba a ninguna parte— y dije que la llamaría más tarde. Mientras me alejaba, estuve pensando en todas las cosas que le debería haber dicho y me di cuenta de que había sido un perfecto estúpido. Nunca la llamé porque estaba muy avergonzado de la forma en que actué. Me imaginaba que nunca más querría hablarme.

Y, sin embargo, por mucho que supiera este chico, la chica de la que hablaba podría haberse sentido exactamente como la que describe un encuentro similar:

> Estaba en una tienda comprando papel de envolver cuando vi a Alan, que está en mi clase de historia. Es tremendamente atractivo y me gusta, y creía que yo le gustaba a él porque siempre estaba simpático. Me dirigí a él y empecé a hablar sobre el trabajo que teníamos que hacer de historia y sobre otras cosas, sólo por hablar. Él murmuró algo y dijo que te-

nía que ir a casa, pero que nos veríamos después. Me pregunto si estaba equivocada sobre eso de que yo le gustaba y ahora me da mucha vergüenza por ponerme en ridículo, imponiéndome a él.

Ayudar a su hijo adolescente

Si alguna vez ha intentado dar consejos a un adolescente, ya sabe lo bien que son recibidos. Incluso los padres que han mantenido abiertas las líneas de comunicación tienen dificultades, simplemente debido a que una etapa natural del desarrollo durante los años de la adolescencia es separarse de los padres. Hacer esto requiere que el adolescente considere a sus padres como una especie de estúpido retroceso a la Edad Media, que ni saben realmente lo que está pasando ni tienen nada que decir que valga la pena escuchar.

Y pueden pillar a los padres desprevenidos porque a veces traen a casa sus problemas, a veces quieren hablar, a veces preguntan qué deberían hacer y a veces le tratan incluso como si usted fuera inteligente. Y luego, al día siguiente, debido a una agitación hormonal, se encuentra con que le dejan atrás, poniéndole en su sitio con firmeza. Incluso los adolescentes tímidos, como la mayoría de padres saben, pueden ser tremendamente agresivos cuando sus padres «se pasan de la raya».

Una madre nos dijo que un día su hija de quince años llegó a casa y le dijo: «Mamá, eres tan comprensiva; realmente eres lista. Y siempre me dices la verdad, por eso nunca te mentiré». Al día siguiente, la madre llegó con su coche a la puerta de casa y vio a su hija de pie en la acera con sus amigas. Distinguió un cigarrillo saliéndose del bolsillo de los pantalones de su hija. Cuando le preguntó, la hija dijo: «Yo no tengo ningún cigarrillo». Cuando la madre se acercó y lo tocó, señalándoselo a la hija, ésta le dijo: «Yo no lo he puesto ahí. Alguien me lo habrá puesto». A usted le gustará saber que esta madre respondió castigando a su hija por «insultar a mi inteligencia».

Incluso personas que no son los padres de los niños que necesitan ayuda tienen dificultades para llegar a ellos. En una escuela de primera etapa de secundaria, en Palo Alto, por ejemplo, se abrió una clínica de la timidez y sólo se interesaron siete adolescentes. De los siete, todos excepto uno negaban ser tímidos. Al explicar por qué participaban, dijeron que estaban allí porque todos «tenían un amigo que era tímido y necesitaba ayuda». Evidentemente, estos jovencitos se sentían tímidos de ser tímidos.

Debido a las dificultades que los adultos tienen para llegar a la gente joven, el capítulo 9, «El manual de la timidez para el alumno», está diseñado para dar a todos los estudiantes de secundaria y universitarios herramientas para trabajar ellos solos con su timidez. Los padres pueden ayudar mejor pasándoles a sus hijos este material y luego, según las edades, trabajar indirectamente para que sus hijos se sientan seguros y tengan menos cosas por las que estar conscientes de sí mismos.

La primera regla que recordar cuando quiera ayudar a un adolescente tímido a superar este problema es *no* decir: «No seas tímido». Aparte de etiquetar al muchacho, usted tiene que recordar que nadie se liberó de una fobia porque le dijeran que lo hiciera. Pero sí se le puede animar a que *actúe como* si no fuera tímido.

Y ahora, puesto que el aspecto físico de uno desempeña un papel tan tremendo en si él o ella están conscientes de sí mismos y puesto que esto es algo en lo que los padres *pueden* ayudar a un hijo, comenzaremos por trabajar de fuera hacia dentro.

El aspecto personal

Si usted no nació siendo una belleza, podrá recordar cómo se sentía por tener rasgos por los que usted estaba consciente de sí mismo. ¿Puede recordar el dolor? ¿Se acuerda de querer esconderse en su habitación? Una mujer, ilustrando la dolorosa timidez que tenía por su fea piel, nos dijo: «Tenía que ir al colegio, pero, cuando tenía la oportunidad me quedaba en casa los fines de semana y al salir de clase. Recuerdo el verano después de mi graduación en el instituto: raramente dejé mi cuarto».

Cercano al mito de que todos los adolescentes saldrán de la timidez está el de que todos superarán el acné adolescente. Algunos lo superan. Algunas personas no lo consiguen *nunca* y siguen atormentadas toda su vida por problemas de la piel. Pero tanto si las virulentas erupciones desaparecen mágicamente como si no, de acuerdo con algún calendario, tiene poco que ver con el daño que pueden hacer a un adolescente sensible y consciente de sí mismo. Y no se puede quitar de la cabeza un problema de piel porque: a) el picor y la quemazón te recuerda constantemente que lo tienes, y b) la gente te sigue preguntando por ello o te habla de los remedios, inútiles en la práctica, que deberías probar.

La dermatología ha recorrido un largo camino y, en muchos casos, los problemas de acné que van de leves a graves se pueden aliviar en general con cremas, vitaminas o antibióticos; en algunos casos, simplemente se conseguirá corrigiendo un desequilibrio de la tiroides. Es un mito que la falta de limpieza sea la causa raíz del acné y los adultos y otros que insisten en que una cara limpia favorece una cara clara sólo añaden oprobio al dolor, mientras que el problema permanece. Los problemas de la piel de un niño los debería ver un especialista en piel al menor signo de molestia.

El peso

Tanto el sobrepeso como el poco peso pueden ser una fuente de conciencia de sí mismo. Hay una forma correcta y otra equivocada de tratar el sobrepeso en un adolescente. Esta carta ilustra la forma errónea:

> Tenía doce años y estaba en séptimo curso. Mamá, papá y yo estábamos sentados en el patio trasero de casa. Yo estaba pasando por los peliagudos meses de la primera regla: tratando de mantenerme como un «chicazo» aunque queriendo ser una «chica». Tenía un exceso de peso, hasta el punto de resultar fea. Las palabras que recuerdo se las dijo mi padre a mi madre: «Haz algo con ella, ¿vale? ¡Está gorda como una vaca!».
>
> Era todo lo que necesitaba. Corrí a mi habitación a esconderme y llorar.

La forma correcta es:

a) Lleve a su hijo o a su hija para que le hagan un examen físico y consiga que su médico de familia o pediatra hable con él o con ella y lo ponga a dieta.

b) Tenga a mano cosas de picar nutritivas y bajas en calorías.

c) No regañe porque ello refuerza el sentimiento de fealdad de una persona y es posible que produzca frustraciones que sólo se pueden aplacar con una orgía de golosinas.

d) Dé buen ejemplo.

LOS DIENTES

Lo bueno es que la mayoría de los chicos y chicas con el tiempo ven la tarea del ortodoncista como una luz positiva. El estaño es definitivo en estos días y la ortodoncia se ha convertido en una especie de símbolo de estatus. Llevar un aparato indica: «Tengo un problema, pero lo estoy resolviendo». No sólo está de moda llevar un aparato de ortodoncia, sino que normalmente pasa a ser una lección de responsabilidad. Y cuando estos aparatos se retiran, las personas se sienten muy bien consigo mismas. Nadie tendría que ir por la vida con dientes que parecen un abanico japonés o que el mismo Drácula envidiaría. Es caro, con certeza, pero la mayoría de los ortodoncistas tienen formas de pago aplazado sin intereses que no son tan penosas como comprar un coche y la inversión en la autoestima de su hijo no tiene precio.

LA LIMPIEZA

Si no regaña a sus hijos por la limpieza de su habitación, está ahorrando regaños para cosas importantes, como la higiene personal. Regañe, si ha de hacerlo, por la ducha diaria y el lavado de cabeza regular y por la ropa limpia.

El vestido

Recuerde que los adolescentes son los primeros conformistas. Proporcióneles suficientes ropas agradables, de manera que se presenten bien, de acuerdo con *su* código. No insista en que su hija o su hijo lleve algo que sus iguales no se pondrían por nada del mundo. Por ejemplo, no resulta sorprendente que una de las chicas más tímidas de la escuela de secundaria Jordan vaya vestida impecablemente. Lleva faldas primorosamente plisadas, con blusas, suéters y medias haciendo juego y zapatos cuidadosamente pulidos. Sus compañeras, en cambio, tienen un aspecto muy informal: llevan vaqueros, camisetas, chaquetas no ajustadas y cualesquiera zapatillas de tenis que estén de moda (varían de mes a mes). Está claro que los padres de esta muchacha tienen buenas intenciones, pero, con todos sus esfuerzos, podían exactamente igual haber ataviado a su hija con un traje de gorila. Personalmente podemos detestar la conformidad actual, pero hemos de mantener una conciencia de su importancia para los adolescentes y de cómo tener un aspecto diferente de sus iguales puede hacer que se instale la timidez.

Es algo trivial y, aun así, una mujer, madre ahora de dos adolescentes, recuerda que se volvió mucho más tímida durante sus años de adolescencia, cuando su madre la obligaba a «llevar esos vestiditos de niña con un lazo atrás, cuando todas las otras llevaban faldas y suéters».

El cabello

Debería estar limpio y en un estilo actual. No cortes al cepillo para los chicos porque papá lo llevaba hace veinte años, no melenas cardadas porque a mamá le gustan. Y no discuta por la longitud: la longitud no la determina Vidal Sassoon, ni siquiera el presidente de los Estados Unidos, sino que es juzgada aceptable por el grupo de iguales.

Ayudar a su hijo a sentirse seguro

Aunque a veces pueden resistirse, aproveche aquellas ocasiones en las que su adolescente quiere que le dé seguridad y le demuestre su afecto. Acarícielo siempre que pueda porque pronto habrá crecido y estará fuera de su alcance y luego piense en algunas de las siguientes sugerencias de otras formas en las que les puede hacer sentirse seguros.

PRIVACIDAD

Aunque la privacidad siempre es importante para todos los niños (sí, ya sabemos, excepto la privacidad de los padres), en ningún otro momento es tan importante para el sentimiento de seguridad de una persona como durante la adolescencia. Aquí también, en su mayor parte, sus habitaciones, mesas, cajones, diarios y correo se deberían considerar como intocables.

En su mayor parte. Hay excepciones a toda regla y, si bien es verdad que los padres han de respetar la privacidad de sus hijos, una excepción notable es cuando usted, *genuinamente*, tiene razones para creer que su hijo puede estar haciendo algo que está dañando su salud física o emocional, como consumir drogas. Antes de buscar sin advertir, sugerimos que hable con su hijo. Pero, si hablando no consigue nada y aún cree que su hijo puede estar haciendo algo autodestructivo, usted tiene la responsabilidad de descubrir lo que sucede. Y, si la única manera de conseguirlo es buscando en la habitación o en los cajones, considere esto como algo que está justificado hacer en función de las circunstancias.

ESTABLEZCA LÍMITES, PONGA NORMAS

Uno de los nuevos mitos es que los adolescentes quieren y responden bien a la libertad total. El hecho es que no tienen la experiencia necesaria para saber manejarla. Una parte de ese mito sostiene que prácticamente todos los niños pueden tomar sus propias decisiones sobre asuntos tales como beber o tener relaciones sexuales, entre otras muchas cosas. Este mito, dice la psiquiatra doctora Helen DeRosis, está reforzado por muchas series de televisión actuales. «Se plantea el problema —dice— y los padres de la serie dicen a sus hijos que ellos tienen que encontrar sus propias soluciones. Los chavales de la televisión tienden a hacerlo así y todo tiene un final feliz. Este panorama da, tanto a los padres como a los adolescentes, la idea de que los hijos pueden tomar sus propias decisiones, lo cual es absurdo, dado el hecho de que los adolescentes carecen de experiencia para hacerlo. Y, cuando es éste el mensaje que reciben, se sienten terriblemente inseguros y aterrorizados. El peso que esto supone para los jóvenes es enorme.»

«Los padres tienen que poner normas —dice la doctora DeRosis, autora de *Parent Power/Child Power*—[5] y al final, con frecuencia, tienen que tomar las decisiones que sus hijos aún no son capaces de tomar.»

Un adolescente que no tenga límites puede ufanarse de que a sus viejos no les importa que pase fuera toda la noche («Es su decisión») y un amigo puede expresar envidia, pero, de acuerdo con algunos jóvenes con los que hemos hablado, esos amigos envidiosos pueden estar en secreto contentos de que sus padres hayan impuesto un toque de queda porque saben que sus padres se preocupan de verdad. Y las normas justas y razonables *son* pruebas de cariño, aunque muchas veces se reciban con resistencia. Pregunte a la persona que no tiene reglas a las que atenerse, es probable que le diga que se siente no querido debido a su ausencia. De vez en cuando aparece una carta en Dear Abby o en Ann Landers[6] que hablan de esta necesidad. He aquí una escrita a Ann:

Querida Ann Landers:

De vez en cuando algún adolescente se queja de que sus padres lo tratan como si aún llevara pañales. Se queja de que le pregunten: «¿Adónde vas?», «¿Con quién?», «¿Cuándo vas a volver?».

Bien, mis viejos nunca me hacen estas preguntas. Soy libre de ir y venir como me plazca y no me gusta mucho. Tengo el sentimiento de

5. H. DeRosis, *Parent Power/Child Power: A New Tested Method for Parenting Without Guilt*, Nueva York, Bobbs-Merrill, 1974.
6. Ann Landers, «Field Enterprises», 4 de mayo de 1980.

que, si realmente me quisieran, me pondrían algunas normas. Pero cuando se ponen normas, alguien tiene que hacerlas cumplir y eso significa trabajo. Es más fácil dejar a los chicos que vivan en estado silvestre.

¡Cómo me gustaría que mi madre dijera: «No, no puedes ir a patinar sobre hielo con ese resfriado»! Pero nunca lo haría. Siempre dice: «Como tú quieras». Estoy asustado y solo porque tengo demasiadas decisiones que tomar.

Espero que esos chicos cuyos padres plantean un montón de preguntas y son muy mandones sepan lo afortunados que son. Significa que alguien les quiere.

Por mí mismo, en Bridgeport, Conn.

Esta carta nos lleva de nuevo a la seguridad y a lo importante que es para los chicos tenerla. Un psiquiatra especializado en problemas de adolescentes nos dijo que los adolescentes sin límites pueden asemejarse a «caminar por el puente Golden Gate y descubrir que faltan los pretiles. Sin límites, estos niños se sienten aterrados». Y, evidentemente, inseguros.

LAS NORMAS NECESITAN RAZONES

Si usted va a advertir a un adolescente sobre los peligros de fumar hachís, cometer un desliz o las enfermedades venéreas, la doctora Helen DeRosis advierte: «Haga los deberes». Dicho de otro modo, asegúrese de lo que dice y diga a su hijo la verdad. Esto no sólo le da una buena razón para evitar hacer ciertas cosas, sino que también contribuye a cimentar su confianza en los padres.

Y, si le da a un adolescente una razón de su norma contra fumar hachís, por ejemplo, y esa razón se basa en *hechos*, cuando alguien intente presionarle para que vaya en contra de esa norma, tendrá una información completa para tomar una decisión sobre el asunto.

No se ría cuando su adolescente cometa un error o haga alguna tontería. No hable sobre sus desatinos a otras personas. Y no deseche a la ligera aquellas cosas que puede sentir intensamente, diciendo algo así como: «¡Oh, no hay que preocuparse por eso!», cuando él o ella claramente cree que es algo muy preocupante y ha mostrado confianza en usted al comentárselo. Es mejor asentir con simpatía o decir simplemente: «Ya sé, ya sé» y reforzar su «ya sé» con algo de afecto físico.

Y, aunque nadie espera que los padres toleren un trato abusivo o una conducta desorganizada o impertinente, las confrontaciones deberían tener lugar en privado y, más decididamente, nunca delante de sus amigos.

Una regla básica debería ser intentar tratar a los adolescentes de la misma manera que usted trata a los adultos que respeta.

Mantenga abiertas las líneas de comunicación

Alguien que sepa escuchar bien puede aprender mucho sobre lo que hace saltar a un determinado adolescente. Una buena manera de conseguir que se cierre es usar generalizaciones amplias como «Tú siempre» y «Tú nunca», cuando se corrige a un adolescente. Y, cuando no esté corrigiendo, sino conversando, escuche realmente las quejas y la cháchara mundanal. Cuando tenga que criticar a su adolescente, intente decir, por ejemplo: «Creo que estarías bien si te cortaras el pelo en ese nuevo estilo que he visto por ahí», en vez de decir «Llevas un pelo horrible», o «Causarás una buena impresión cuando vayas a la entrevista en la universidad si llevas ropas convencionales», en vez de «No te vistas como un vago».

La «escucha activa» es similar a comprender que la chica adolescente que esparce su ropa por toda la habitación por la mañana lo hace por razones que no son evidentes a primera vista para la apresurada madre que ve que su hija está poniendo la habitación patas arriba. No va intencionadamente en contra de su madre, sino que está buscando algo que ponerse que la haga más aceptable socialmente. En cualquier caso, escucha activa significa que usted escucha con un oído que oye *todas* las palabras y lo que puede haber tras ellas. Está sintonizado para captar las pequeñas pistas de que la persona que habla está preocupada por algo que no menciona explícitamente.

Un ejemplo de esto es la madre de una niña de trece años que, como regalo especial por la graduación en la escuela primaria, redecoró por completo la habitación de su hija, sólo para que ésta dijera que le parecía horrible.

> No me puedo imaginar cómo a Linda no le gustó la habitación. Ella la quería en tonos verdes y yo salí y recorrí todo para encontrar muestras de papel para las paredes, alfombra y telas. Llevé unas cinco muestras de todo y ella eligió las que quiso. Cuando se acabó la habitación estaba preciosa y todas las amigas de Linda se quedaron deslumbradas.

Como luego se vio, había tres palabras enterradas en el montón de quejas sobre la habitación que escuchó la madre de Linda: «No quiero crecer».

> Casi no la oía, y con toda seguridad hubiera seguido insistiendo en lo ingrata que Linda era hacia todos mis esfuerzos. Se me hizo claro de repente, como en un relámpago, que, al redecorar su habitación, había llevado a la casa al punto en que, lo quisiera o no, Linda estaba creciendo. Lo que antes era la habitación de una niña, ahora era la habitación de una señorita. Y Linda estaba haciendo el duelo por su niñez sin complicaciones, que se había ido para siempre. En lugar de regañarle, saqué todos sus muñecos desechados y los puse sobre la cama. Y luego escuché cómo se quejaba llorando por lo horrible que era todo y lo asustada que estaba. Ella necesitaba ser capaz de decir esto y *yo* necesitaba saber que ella se sentía así.

ESPIONAJE FRENTE A PRIVACIDAD

Cuando hablamos con un grupo de niñas de primera etapa de secundaria sobre los problemas que tenían, el «espionaje de los padres» era seleccionado casi por unanimidad. Como comprobamos después, se hizo claro que de lo que se quejaban era de los intentos de sus padres por descubrir lo que ellas sentían y pensaban, en unos momentos de la vida en que estaban en el proceso de desarrollar un yo privado o de tener secretos compartidos sólo con su «Querido diario» o convertirse en una persona única. Sus padres estaban angustiados porque la transparencia de la niñez estaba ahora nublada y sombría. Ya no podían decir simplemente por mirar la conducta de sus hijas «lo que pasaba», puesto que las acciones públicas no se correspondían necesariamente con el mundo privado de la imaginación de la niña.

Aunque estas jovencitas pueden haberse excedido al juzgar las preocupaciones de sus padres (por la pérdida de la inocencia de sus hijas y el abismo que surgía entre ellos), sin embargo, los padres de los adolescentes deben cambiar las rutas de acceso a sus hijos si sinceramente quieren hablar con ellos sobre lo que realmente desean, necesitan, sienten y temen. Sustituya el estilo de interrogatorio tipo Gran Inquisidor por una invitación a comentar algún tema de preocupación para los padres, en la que la primera revelación sobre sí mismo la inicia el padre o la madre. Pero aun así existirán esas fantasías que están reservadas sólo para uno mismo y se debe respetar la independencia de pensamiento que reflejan las fantasías del adolescente.

HAGA ELOGIOS

En unos momentos en los que hay tanto que criticar, los padres tienen que buscar con todas sus fuerzas los momentos en los que pueden ofrecer elogios y refuerzos. Así, aunque su tarea regular sea sacar la basura, cortar el césped o fregar los platos, utilícelo como una oportunidad de proporcionar a su hijo adolescente un reconocimiento de sus esfuerzos. Y recuerde felicitarlo cuando presenta un aspecto agradable.

CONTINÚE INFUNDIÉNDOLE UN SENTIDO DE LA RESPONSABILIDAD

Algunos padres liberales adoptan el punto de vista de que hacer los deberes para casa es una decisión personal. Creemos que un punto de vista más sensato es el que expresan las palabras de un padre que dijo a su hijo: «Yo tengo mi trabajo y lo hago todos los días. Tu trabajo consiste en ir al colegio y *aprender*». El cuidado expresado por esta afirmación hace que un adolescente se sienta seguro. Y al mismo tiempo le enseña la responsabilidad. Además, no es posible que el niño al que se le permite faltar al colegio y no hacer los deberes y que en último extremo obtiene unas calificaciones muy malas o incluso es expulsado de su clase tenga una imagen muy positiva de sí mismo y de la imagen sobre sí mismo trata todo esto.

Un adolescente es perfectamente capaz de mantener limpia su propia habitación (aunque se resista a hacerlo), de establecer hábitos de estudio, de hacerse su propia colada y acudir a diversas citas él solo. Se impone alguna responsabilidad para con la familia: no es demasiado pedir que friegue los platos, saque la basura, haga recados y otras tareas que haya que hacer y son cosas que a la larga hacen que una persona se sienta mejor consigo misma, aunque pueda quejarse a cada paso.

Participar en el sistema educativo

Aunque es útil observar a su hijo en la escuela primaria, hacerlo así en secundaria es posiblemente lo peor que los padres pueden hacer. Sin embargo, la implicación de los padres a otros niveles se puede mostrar beneficiosa no sólo para su hijo, sino también para otros.

Posiblemente, debido a la constante exposición a los adolescentes, algunos profesores y funcionarios escolares se vuelven demasiado insensibles a los apuros de sus alumnos. Así, un padre que participe puede hacer de recordatorio y estimular el desarrollo de un clima en la escuela que esté estructurado, tanto como sea posible, de forma que minimice la timidez.

Un buen sitio por el que comenzar son los concursos que no tienen ningún vencedor. Como hemos visto en el ejemplo del «Día de la flor», tanto el menos popular como el más popular parecen sufrir humillaciones.

Por supuesto que no todos los vencedores son infelices por el triunfo. Algunos niños *tienen* que ganar; los conducen para que sean vencedores, a veces fuerzas internas y otras la presión de los padres o la necesidad de una aprobación abundante de sus padres y de sus iguales. Sin embargo, cuestionamos el valor de los concursos de popularidad cuando el listón está tan alto como está para aquellos niños a los que no les gusta que los señalen, a causa de no obtener ninguna elección. ¿Es necesario tener un acontecimiento que se *supone* que tiene que ser agradable, cuando cualquier placer parece ser a expensas de la autoestima de algún otro?

Los padres que están preocupados por los efectos negativos de tales concursos de popularidad tienen que aliarse y poner lo que pueden denominar un freno. Habrá una fuerte oposición: proviene fundamentalmente de los padres para los que la popularidad de sus hijos es de una importancia fuera de lugar; vendrá de los niños muy populares que necesitan la adulación de sus compañeros y que no están preocupados por los resentimientos que surgirán en su camino.

Pero al final, si la mayor parte de los padres buscaran medios de establecer una igualdad y se los presentaran con firmeza a los profesores y a otros funcionarios escolares, no sólo ayudarían a los niños tímidos e impopulares, sino también a aquellos que no son tímidos ni impopulares, pero que se ven presionados por sus padres para ganar también todos los concursos.

Adicionalmente, los padres pueden tener voz dentro de la misma organización de la escuela. En algunos casos, los educadores liberales las pagan todas juntas porque los sueños de libertad académica se han convertido en una pesadilla. Por ejemplo, un instituto que visitamos cambió su rígida estructura para dar a todos los alumnos una posibilidad de decisión en cuanto a qué clases tendrían y cuántas y abrieron el campus de modo que los alumnos pudieran entrar y salir como les placiera. El resultado fue que no todos estaban lo suficientemente maduros para tomar las decisiones correctas y algunos pasaban hasta tres períodos libres al día, que normalmente utilizaban de maneras no constructivas, que les robaban la autoestima: tomando café en una cafetería próxima, fumando, drogándose. En un momento dado, recibieron la noticia de que no tenían los créditos suficientes para graduarse, lo cual es raro que refuerce la autoimagen de una persona. Y algunos de los profesores y consejeros se quejaban de que su trabajo era más duro porque no tenían ningún control al estar la estructura tan relajada. Los tímidos necesitan un entorno estructurado para funcionar con más eficacia.

Tanto si nuestros hijos van a un colegio privado como a uno público, los padres estamos pagando y tenemos todo el derecho del mundo a participar lo suficiente para asegurar que nos dan el valor de nuestro dinero. Así, por el bien de la educación y autoestima de su hijo, hágase oír.

Combatir la timidez con un sentimiento de finalidad

Un problema fundamental que tienen los adolescentes presenta tres caras: primero, no son niños ni adultos y los más jóvenes de ellos tienen la confusión añadida de estar en un estado de transición física y emocional, junto con una sensación muy real de no tener ningún control sobre su destino; además, mientras que a los niños generalmente se les quiere, a los adolescentes se les desprecia por costumbre; todo el mundo apoya, al menos de boquilla, la escuela de pensamiento de los-niños-son-maravillosos, mientras que considerar a los adolescentes con disgusto es un pasatiempo socialmente aceptable; finalmente, los adolescentes tienen dificultades para encontrar una finalidad a su vida. Esto se debe a que, cada vez más, no tienen ningún papel que desempeñar. Aquí, en Palo Alto, por ejemplo, hemos vivido en un entorno bastante protegido hasta hace poco; en un lugar donde había muchos colegios, ahora, en interés de la economía, hemos cerrado algunos de ellos y los hemos unificado. El resultado es que en todas nuestras escuelas hay más alumnos y el número de papeles disponibles para ellos sigue siendo finito. Sólo hay un presidente del cuerpo de alumnos, un representante por cada clase, un consejo de alumnos y un equipo de fútbol universitario. La competición es más dura de lo que era, la alienación más grande que antes. Es un punto de partida para la timidez.

Trabajando juntos, los padres y los profesores deberían explorar ciertas vías en las que poder dar a nuestros jóvenes algunos papeles que tengan sentido. Un beneficio adicional sería que, cuando los adolescentes contribuyen a la comunidad o a la escuela, hay menos justificación para despreciarlos como grupo o por lo que son.

Así pues, ¿qué podemos hacer aparte de estimular a nuestros hijos para que desarrollen una habilidad concreta?

Tal vez podamos comenzar por darles menos posibilidades de elección. Por ejemplo, un profesor de estudios sociales podría avisar a una clase de que va a haber una marcha para conseguir fondos para luchar contra el hambre en el mundo y pedir a sus alumnos que acudan como voluntarios. Una alternativa al simple anuncio y reclutamiento es poner como trabajo para la clase la organización de un acontecimiento de ese tipo, teniendo cada alumno una tarea y pidiendo a todos, como parte del trabajo, que participen en la marcha.

Otros trabajos que asignar podrían incluir la participación en un club o trabajar en algún comité escolar y dar a los chicos y chicas la elección de quién lo hará: no la elección de no hacer nada. Esto no es más antidemocrático que la exigencia de que todos los alumnos den matemáticas, historia, educación física y ciencias.

Tenemos que animar a nuestros hijos a que ayuden a otros y ayudarles a encontrar formas de hacerlo. Prestar atención a otro es una manera en que una persona tímida puede dejar de lado la conciencia de sí mismo y sentirse bien consigo mismo. Y tanto si son tímidos como si no, encontrar formas en las que nuestros hijos ayuden a otros puede proporcionales importantes papeles que desempeñar. En una de nuestras escuelas de secundaria existe un programa que implica a los muchachos en proyectos comunitarios. La idea es buena, pero sólo puede participar la crema y nata del colegio. Resultaba que los estudiantes de sobresaliente son también, en su mayor parte, muy populares, tienen confianza en sí mismos y no son muy tímidos. Nos parece que reclutar a algunos niños tímidos, menos populares, serviría a más de un propósito: proporcionaría más voluntarios, ayudaría a los tímidos a sentirse mejor consigo mismos y les daría la oportunidad de olvidarse de ellos, al tiempo que conocerían gente nueva.

Si usted busca formas de dar a sus hijos un sentido de finalidad, éste podría ser el momento de que los padres hicieran algún trabajo voluntario en una campaña política o por una causa justa y llevaran con ellos a sus hijos.

8
Los años de universidad (desde los 17)

El ingreso en la universidad marca un hito importante en la vida de nuestros jóvenes: la transición de la adolescencia a la juventud. En la mayoría de los casos señala un cambio desde la dependencia de los padres a una mayor independencia. Frecuentemente significa dejar el hogar familiar y vivir en una residencia con otros compañeros. Esto es así, hasta cierto punto, incluso cuando van a una universidad local, puesto que pasan cada vez menos tiempo en casa.

Para muchos estudiantes, el primer curso de universidad, sobre todo al principio, es muy deprimente. Es una decepción darse cuenta de que ellos no son particularmente especiales, sino sólo uno de los miles «todos iguales», algunos de los cuales es posible que sean más brillantes que tú. Un estudiante describía así sus sentimientos:

> Durante toda mi vida, el sueño de mis padres era que yo fuera a la Universidad Stanford, así que era también mi sueño desde que soy capaz de recordar. Pensaba: «Chico, si puedo, lo haré». Y, cuando me aceptaron, estuve naturalmente en las nubes varios días. Pero ahora, aquí estoy, siento como si estuviera rodeado de gente que es más lista que yo y cientos y cientos de personas que, evidentemente, puesto que han ingresado, son tan listas como yo. Así pues, ya no soy la persona excepcional que me hicieron creer que era.

Otro estudiante que ingresó en una universidad elitista con una beca estaba de acuerdo y añadió: «En vez de sentir que soy especial de una manera positiva, porque hay muchos estudiantes cuyos padres son famosos o ricos, me siento especial de una forma negativa: yo soy pobre».

La transición a la universidad desde el instituto es mucho más grande que pasar al instituto desde el colegio, no sólo porque significa un momento de mayor independencia personal, sino también porque el entorno es espectacularmente diferente. Debido al gran tamaño del campus y de las clases, por muy bueno que sea un alumno o una alumna, se puede perder en un mar de estudiantes. Hay tantísimos alumnos y tantísimas clases enormes, que muchas veces los jóvenes se encuentran inmersos en la muchedumbre de una educación masiva. Por ejemplo, los 680 alumnos que asisten al curso de introducción a la psicología de Phil Zimbardo constituyen un número mayor que el total de alumnos de la mayoría de las escuelas primarias e incluso de unos cuantos institutos. En las grandes universidades estatales, como la de Minnesota, puede haber hasta 2.000 alumnos en una sola clase, parte de los cuales ven al profesor a través de una pantalla de televisión.

En este punto, los jóvenes que pasaron por la enseñanza secundaria estudiando mucho, puesto que tenían algún talento, habilidad o inteligencia fácilmente reconocidos o porque los profesores mostraban un interés especial por ellos, se encontrarán con que esto no es suficiente en la universidad. La mayoría de sus compañeros está en el mismo barco, por lo que tienen que hacer algo más que estudiar, si quieren distinguirse a los ojos del profesor universitario. Si no lo hacen, se verán aplastados por aquellos que sí que lo hacen. Es raro que exista una universidad que sea adecuada para estudiantes que siguen siendo reticentes, que no se muestran muy seguros ni muy independientes, que no participan ni toman la iniciativa. En resumen, *el tímido del mundo retrocede al fondo más frecuentemente, más incluso en la universidad.*

Es instructivo señalar los dos problemas fundamentales por los que los estudiantes necesitan ayuda psiquiátrica durante sus años de universidad. El primero tiene que ver con el rendimiento intelectual, el segundo con el rendimiento en lo social. Un fracaso a la hora de llegar al estándar de su yo ideal produce decepciones y un descenso en la autoestima entre la mayor parte de los candidatos a consejo profesional. Durante años, los padres, profesores y otros familiares los han definido (etiquetado) como «estudiantes de sobresaliente». Su valía personal se ha arropado en ese precioso envoltorio de «sobresaliente». Además, algunos estudiantes siguen el ejemplo de sus padres, en exceso entusiastas, y se preparan para el objetivo imposible de *ser perfectos*. En un mundo de imperfecciones, lleno de otros competidores que aspiran también a ser el número uno, seguro que hay muchos disgustos entre aquellos que no pueden mantener un estatus tan elevado. Para muchos, la ilusión mantenida a lo largo de la escuela secundaria era que ellos eran cisnes en medio de patos. En la universidad (y más tarde en las escuelas especializadas y profesionales) descubren que están nadando en unas aguas plagadas de grandes tiburones blancos. Por ejemplo, entre los 1.600 que ingresaron por primera vez en el curso de 1984 en la Universidad Stanford, la nota *media* de secundaria era de 3,8, siendo 4 perfecto. Así pues, en los cursos de secundaria hay probablemente más estudiantes con sobresaliente en todo que en ningún otro grado. Podríamos añadir que una persona, además de percibir que ya no es especial intelectualmente en esta atmósfera más rarificada, debido a la selección de los estándares hay otros atributos que también se convierten en más corrientes y menos motivo para distinguirse, como la capacidad atlética o musical y la apariencia, por ejemplo. Si un estudiante ha llegado a creer que se le ama condicionalmente y se le respeta en función del rendimiento y de su aspecto físico, ese estudiante se deprimirá cuando no logre dar la talla de los criterios no realistas interiorizados anteriormente.

El sentimiento de fracaso a la hora de entablar relaciones significativas con los compañeros contribuye casi en el mismo grado a la angustia psíquica de los estudiantes universitarios. Hay muchos que acuden a la terapia por la soledad o por la incapacidad de hacer amigos y conseguir que la amistad evolucione hacia contactos personales más estrechos. El sentimiento de «quedarse fuera» es más agudo en un ambiente tan lleno de oportunidades para «estar dentro», especialmente si los estudiantes comen juntos y tienen una vida social fuera de las aulas. A diferencia de la enseñanza secundaria, donde es frecuente que chicos y chicas tengan amigos de la vecindad que son a la vez camaradas en el instituto, en la universidad es normalmente o todo o nada. Por ese motivo, las amistades que se desarrollan pueden ser intensas y duraderas. Pero para los tímidos, en la universidad hay más cosas en juego en lo que se refiere a hacer amigos o fracasar en ello.

La timidez cambia con el tiempo

Nuestra investigación ha revelado que para alrededor de una tercera parte de los estudiantes su nivel de timidez no cambió durante la experiencia en la universidad: no eran tímidos cuando ingresaron, no tuvieron problemas de timidez en la universidad y no eran tímidos cuando se graduaron; o bien eran tímidos cuando ingresaron, mientras estuvieron y salieron con el mismo grado de timidez. Así, para este grupo de estudiantes, los años de universidad no tuvieron ningún tipo de efecto sobre su timidez.

Un estudio reveló que al comienzo de un nuevo semestre los universitarios tímidos puntuaban más alto que sus compañeros no tímidos en una escala de soledad. Como era de esperar, al final del semestre los niveles de soledad de ambos grupos descendieron a medida que se aclimataban a la nueva situación. Sin embargo, cuando su soledad se midió otra vez el siguiente semestre, los tímidos eran aún más significativamente solitarios. Los autores, J. M. Cheek y C. M. Busch,[1] señalaron que sólo el paso del tiempo no es suficiente para contrarrestar las tensiones y las inhibiciones características de la timidez. Este factor personal de la soledad puede llevar a problemas duraderos en la adaptación social.

Otro 25 % de los estudiantes de nuestra investigación ha informado que el tiempo que pasaron en la universidad los hizo más tímidos. Una estudiante tímida, ahora en los últimos cursos, cuya experiencia en la universidad le hizo ser cada vez más tímida —y desdichada hasta el punto de que dice periódicamente que no vale la pena vivir—, ha cambiado tres veces de universidad, con la esperanza de que un nuevo entorno minimice su timidez. Tal vez sería posible si ella reconociera que el campus sólo es un escenario, que ella es la protagonista de su propio espectáculo y lo que necesita es un nuevo acto.

A cada nueva oportunidad de comenzar partiendo de cero, de dejar atrás su imagen tímida, esta joven hace las mismas cosas que de manera consistente han reforzado su timidez y la han empeorado: se niega a

1. J. M. Cheek y C. M. Busch, «The Influence of Shyness on Loneliness in a New Situation», en *Personality and Social Psychology Bulletin*, 1981, en prensa.

vivir en una residencia de la universidad a menos que pueda tener una habitación individual y así pierde las oportunidades sociales inherentes a la vida en la residencia. Como muchos otros estudiantes que hemos observado en la cafetería, entra y se dirige derecha a una mesa vacía, se sienta y luego construye una barricada de libros, platos y chaquetas sobre la mesa y sobre cualquier silla vacía. El mensaje es claro: no os acerquéis.

No es ninguna sorpresa que no se apunte a ningún seminario y no participe en ninguna actividad del campus. En efecto, a pesar de todos sus deseos de palabra de perder su timidez, nos recuerda a la persona que arde en deseos de convertirse en pianista, pero apenas ha caído en la cuenta de que para hacerlo necesita no sólo conocer el teclado y leer música, sino también *practicar, practicar y practicar*.

Tememos que ella y otros estudiantes que son así de tímidos y que refuerzan su timidez a diario probablemente se convertirán en más tímidos cada vez y en socialmente ineptos después de la universidad simplemente porque las oportunidades de encontrarse con gente, llegar a conocerla y practicar las habilidades sociales disminuyen considerablemente en el mundo externo. Se encontrarán con que en el mundo adulto tienen que hacer muchos más esfuerzos para conocer a alguien y más aún para hacer amigos. Son personas que es muy probable que lleven en silencio una vida de desesperación, más que aquellas que deciden hacer algo con su timidez en los años universitarios.

Lo bueno es que, incluso con todas estas cualidades alienantes, la experiencia de la universidad proporciona abundantes oportunidades de vencer la timidez. Nos encantó descubrir que el 40 % de los estudiantes universitarios aprovecha, de hecho, las oportunidades de convertirse en *menos* tímidos y tiene éxito en el empeño de combatir la timidez. A estos estudiantes, la experiencia universitaria los hace más abiertos, más extravertidos, más capaces de disfrutar de la compañía de otras personas, más capaces de esmerarse y de mirarse a sí mismos con mejores ojos: y acaban siendo más capaces de apreciar lo que las otras personas tienen que ofrecer. *Éstas son las alegrías de no ser tímido. Equivalen a una facilidad para establecer conexiones humanas y disfrutar de ellas.*

Así pues, la timidez puede alterar la calidad de una educación universitaria de diferentes formas; tanto es así que se convierte en una experiencia diferente para el alumno tímido de lo que representa para el no tímido. El aspecto inhibidor de la timidez que le impide a uno los contactos sociales priva al estudiante no sólo de la amistad, sino también del aprendizaje que se deriva de la asociación informal con otros de diversos entornos. Además, los amigos de la universidad son potenciales «contactos» para toda la vida, que pueden ayudar luego en la propia carrera profesional a través de su influencia, estatus o consejos.

Hemos hecho una investigación amplia con estudiantes universitarios en centros de todo Estados Unidos y en algunos otros países del mundo y esto es lo que nuestra investigación y los propios estudiantes nos han dicho sobre la interferencia de la timidez en sus vidas:

• La timidez interfiere en la vida social de los estudiantes de varias formas evidentes: no hacen tantos amigos como les gustaría, no toman la iniciativa ni se acercan a otras personas con las que creen que podrían tener algo en común, como amigos o compañeros para proyectos de clase o trabajos del curso.

• La sensación casi crónica que las personas tímidas tienen de que se les está evaluando, les hace reaccionar de forma inadecuada en algunas situaciones. La preocupación por el rendimiento y la evaluación hace difícil procesar la información que se recibe. Como consecuencia, los tímidos pueden dar la impresión de ser bastante ineptos, en el aula o en una situación de entrevista (para trabajos como posgraduados, reclutamiento en la universidad por las empresas, por ejemplo).

• Los estudiantes tímidos tienden a ser más conformistas y están menos dispuestos a defender sus creencias o a expresar sus opiniones públicamente y más dispuestos a seguir a otros que a oponerse o discutir. Es más fácil que los comprometan, los seduzcan, que cooperen a regañadientes y acaben haciendo las tareas de otra gente, lo que no redunda en su propio interés, y que sigan al grupo tanto si es bueno como si no para ellos hacerlo.

• En muchos casos, los estudiantes tímidos tienen dificultades especiales para relacionarse con el sexo opuesto, salir y establecer relaciones íntimas. En parte, esto se debe a que muchos de ellos han sido ratas de biblioteca o intelectuales, que han pasado muchísimo tiempo dándole a los libros o trabajando solos en proyectos. Muchos de ellos han ido a centros de enseñanza secundaria sólo para chicos o para chicas y no han tenido tanta experiencia como deberían con el sexo opuesto. El 40 % de todos los estudiantes tímidos que hemos encuestado nos dijo que estar solos con un miembro del sexo opuesto es una situación en la que seguro que se disparan los sentimientos de timidez. Y, puesto que han aprendido a anticipar que ésta es una situación que les hará sentirse tímidos, es frecuente que la eviten.

Al comparar la timidez de los estudiantes de edades comprendidas entre dieciocho y veintiún años en ocho culturas diferentes,[2] observamos que la prevalencia de aquellos que se consideran a sí mismos como habitualmente tímidos es más baja en Israel (31 %) y en México (39 %) que en Estados Unidos (44 %). Se da casi el mismo nivel que en Estados Unidos entre los encuestados en Alemania (43 %), en Terranova (44 %) y en la India (47 %). En Taiwan (55 %) y en Japón (57 %) observamos la incidencia más alta de universitarios que se identifican a sí mismos como tímidos. La naturaleza universal de la timidez se manifiesta en el hecho de que más del 75 % de los estudiantes de todas estas culturas informó de que en algún momento de su vida se consideraron tímidos.

El principal desencadenante de la timidez entre los estudiantes estadounidenses, «ser el centro de atención de un grupo grande», es también la experiencia más intensa en todos los otros países, excepto en Israel y la India. En Israel, la mayoría de las personas experimentan la timidez cuando están en situaciones en las que «Me siento vulnerable, por ejemplo, cuando pido ayuda», mientras que en la India el sexo opuesto, en situaciones uno a uno, es lo que más contribuye a la timidez. Otros desencadenantes destacados de la timidez en todas las diversas culturas son situaciones que requieren seguridad: estar en un estatus inferior, como hablando con un superior, y cuando se es evaluado o comparado, como en una entrevista, y finalmente las nuevas situaciones en general. Los extraños, las autoridades y los miembros del sexo opuesto, todos sirven para crear un cierto grado de timidez en la gente de todo el mundo.

2. P. G. Zimbardo, C. Zoppel, P. Pilkonis, *The Etic and Emic of Shyness in Eight Cultures*, California, Stanford University, 1981.

Dimensiones transculturales de la timidez en estudiantes entre 18 y 21 años de edad

	EE.UU.	Israel
Prevalencia de la timidez	44 %	31
La timidez es un problema	63 %	42
Consecuencias negativas (sí)	97 %	92
— Produce problemas sociales	76 %	53
— Crea emociones negativas	61 %	33
— Dificultades para mostrarse seguro	68 %	30
— Otros hacen evaluaciones erróneas	53 %	20
— Excesiva conciencia de sí mismo	53 %	15
— Problemas cognitivos y expresivos	41 %	29
— Impide evaluaciones positivas	36 %	20
Consecuencias positivas (ninguna)	18 %	19
— Observa a los demás, actúa con cuidado, con inteligencia	48 %	31
— Crea una impresión modesta, agradable	36 %	33
— Evita las evaluaciones negativas de otros	27 %	30
— Proporciona anonimato y protección	24 %	22
— Evita conflictos interpersonales	14 %	23
— Le permite a uno ser más selectivo en las interacciones	22 %	17
— Mejora la privacidad personal	23 %	13

Las dos conductas más características de los americanos tímidos son el silencio (del que informa el 74 % de los encuestados) y la incapacidad de establecer contacto ocular (48 %). Las claves de la timidez también las ven los israelíes, los mexicanos y los hindúes en hablar en voz baja y en tartamudear, entre los mexicanos, y en gran medida entre los estudiantes hindúes. Enrojecer es un signo clave de timidez en todas estas culturas, excepto en la India.

México	Alemania	Terranova	India	Taiwan	Japón
39	43	44	47	55	57
79	85	76	83	60	75
97	100	100	80	93	97
70	84	86	45	64	86
55	72	47	40	43	47
45	74	90	53	52	90
22	61	57	33	29	55
21	61	45	30	32	40
50	63	43	27	58	39
25	56	39	20	38	39
42	45	30	24	17	24
32	45	45	41	35	34
25	30	34	26	29	39
13	34	36	20	25	20
9	19	23	23	23	23
19	7	15	35	23	27
20	26	19	32	25	20
9	13	15	27	21	14

La tabla que aparece en estas páginas indica las principales consecuencias negativas y positivas de la timidez, tal como las perciben los estudiantes de estas culturas. De la inspección de los datos resulta evidente que la timidez supone problemas para muchos estudiantes, independientemente de su entorno cultural. Prácticamente todos reconocen la existencia de consecuencias negativas que acompañan a la timidez, mientras que pocos informan de consecuencias positivas. Se debería señalar, sin embargo, que la virtud derivada de la timidez de la que informan con más frecuencia es que proporciona una especie de desapego que le permite a uno observar a los demás y luego actuar más sensatamente y no de manera impulsiva. Alrededor de un tercio de los encuestados en cada país señala también como un punto positivo de la timidez la impresión modesta, agradable, que la persona tímida puede proyectar.

En los intentos por modificar la timidez, nuestro objetivo debería ser mantener tantos de estos rasgos positivos como sea posible, librándonos de las consecuencias negativas. Así por ejemplo, mientras que instamos con fuerza al estudiante tímido para que asuma más responsabilidad en iniciar contactos sociales, así como preguntar y contestar preguntas en la clase, eso no supone precipitarse en aquello que hasta los más osados temerían. Si usted examina el cuadro, puede darse cuenta de algunos otros efectos interesantes ligados a la cultura que encajan o desafían a los estereotipos (por ejemplo, ¿era usted consciente del importante papel que la timidez parece desempeñar entre los jóvenes alemanes?).

El estudiante ha de asumir la responsabilidad de convertirse en una entidad conocida, participando en seminarios, solicitando cursos independientes y tutorías, yendo a las oficinas de la facultad para plantear preguntas y hacer comentarios. Y tiene que mostrar el suficiente interés en la materia pidiendo personalmente información adicional más allá de la exigida a todo el mundo para destacar como un alumno serio, al que vale la pena considerar como posible aprendiz de investigación.

Pero muchos de los tímidos se las arreglan para hacer exactamente lo opuesto, evitan asistir a seminarios porque allí se espera que hablen, participen, compartan ideas, comenten sobre las ideas de otros o presenten las críticas apropiadas. Se apartan de los seminarios debido a una falta de confianza y una falta de práctica en intercambio conversacional. Y se pierden lo que es verdaderamente lo *mejor* de la universidad: ese toma y daca entre los estudiantes que realmente tienen algo que decir y compartir ideas y experiencias entre ellos y sus profesores.

Puesto que los estudiantes tímidos pueden pasar cuatro años en el anonimato en grandes salas de conferencia, algunos catedráticos encuentran que muchos de sus alumnos les son desconocidos. Esto se hace evidente cuando un alumno que está a punto de graduarse llega al despacho del catedrático para pedir una carta de recomendación. El profesor se ve en un lío para decir algo personal sobre el candidato (a un empleo o a una formación superior) porque su contacto ha sido, en el mejor de los casos, impersonal. Para ser efectivas, las cartas de recomendación deben ir más allá de las puntuaciones y de las notas del candidato en los exámenes, comentando sobre el carácter, la motivación, la madurez, la estabilidad y la adecuación de este individuo para un puesto concreto. Si el candidato no ha destacado previamente como un individuo único al menos para tres catedráticos, las cartas de recomendación incluso de los alumnos brillantes serán educadamente positivas, pero no mostrarán un entusiasmo apasionado. Y, para ascender por la escalera cada vez más estrecha del avance profesional, ese respaldo personal es esencial. ¿Pero cómo puede un profesor salir con un: «Acepte a este candidato, yo le respaldo en un cien por cien» o «Ella no puede fallar», cuando el candidato no es más que otro rostro en la multitud?

Así pues, aun cuando la timidez no sea tan grande como para impedir que estos jóvenes pasen por la universidad (mientras que fue un impedimento para algunos de sus compañeros de secundaria), sin embargo, puede ser una barrera para el éxito posterior.

Mencionamos en un capítulo anterior que entre los cadetes de West Point la timidez y la efectividad en el liderazgo no iban parejas. Los puestos de responsabilidad y aquellos con mucha visibilidad van a parar a los que se consideran los líderes más eficaces. Un efecto en espiral positiva emerge en el hecho de que aquellos que son elegidos para los mejores puestos de trabajo tienen mayores oportunidades de demostrar su capacidad, y luego se juzga que son más competentes que aquellos a los que se les dan puestos de rutina, con menos exigencias. De forma similar, en la empresa privada hemos observado que los empleados tímidos están más insatisfechos con sus puestos de trabajo y tienen una moral más baja porque sienten que no se les tiene en cuenta para promociones y no se les reconocen sus méritos. Y, por supuesto, no se les reconocen en comparación con sus compañeros no tímidos que no esconden su luz bajo una piedra. Los no tímidos han aprendido una importante lección del éxito: habla y el mundo a veces escucha; cállate y el mundo nunca te escuchará.

Es muy interesante que aquellos que parecen ser muy brillantes pueden simplemente ser muy ambiciosos y socialmente diestros, como evidencian las observaciones que una joven nos hizo:

> Yo en realidad no hago preguntas ni hago ningún comentario en clase a menos que esté completamente segura de que sonará a inteligente. Y un día, sólo por diversión, decidí prestar mucha atención a la calidad de las preguntas que planteaban algunos de los alumnos más seguros, uno en particular. Algunas de las preguntas y comentarios eran tan tontos que con dificultad podía mantenerme seria. Pero aparentemente eran bien recibidos por el profesor y los compañeros. Creo que es porque lo que se decía reflejaba un dominio sobre el lenguaje y porque la dicción era buena.

En resumen, lo que cuenta no es lo que dices, sino cómo lo dices, lo cual puede no ser un valor adecuado, pero resulta ser una empresa útil. Y puede enmascarar una falta de conocimiento y comprensión, igual que el silencio puede enmascarar la inteligencia.

Thomas Harrel,[3] catedrático de la Stanford Graduate School of Business, ha estudiado lo que cuesta llegar a tener éxito en los negocios. En una serie de estudios que predicen cuánto ganarán los graduados en la escuela de directivos de cinco a diez años después de la graduación, Harrel y sus colaboradores han mostrado que «la personalidad importa para el éxito en los negocios». Los que ganan mucho dinero son socialmente intrépidos extravertidos que hablan mucho. Son los hombres con altos niveles de salud, energía y confianza en sí mismos que, cuando estaban en la escuela, disfrutaban de actividades tales como «dar charlas» y «entrevistar a clientes». Ser un directivo de éxito, por lo tanto, requiere ser un comunicador eficaz. Pero, si reflexiona un instante, sabrá por qué esto es así. Tendemos a juzgar la inteligencia de los demás en gran medida por su forma de hablar. Además, aquellos que hablan primero y más consiguen dirigir los dominios de la conversación hacia áreas que ellos ya conocen, pareciendo así más enterados. Finalmente, el éxito en los negocios está asociado con que uno sea persuasivo y eficaz al tratar con

3. M. S. Harrell y otros, «Predicting Compensation Among MBA Graduates Five and Ten Years After Graduation», en *Journal of Applied Psychology*, nº 62, 1977, págs. 636-640.

otras personas, más frecuentemente que con las habilidades técnicas. No sorprende mucho, por tanto, que los cursos de Dale Carnegie dirigidos hacia «Cómo influir en las personas» sean suscritos con mucha frecuencia por las empresas, ávidas de que sus jóvenes ejecutivos se conviertan en más equilibrados socialmente y eficaces interpersonalmente.

¿Qué decir a un estudiante universitario tímido?

No quedan muchos consejos que los padres no hayan dado ya a sus hijos tímidos en el momento en que están en edad de ir a la universidad. No puede haber muchos consejos que un muchacho o una muchacha de dieciocho años estén dispuestos a aceptar de sus padres, aun cuando ese estudiante sepa que alguno le podría ser de utilidad. En el capítulo siguiente ofreceremos recomendaciones concretas sobre las que los estudiantes tímidos puedan actuar (o rechazarlas) por sí mismos. A un nivel más general, hay algunos puntos que usted, como padre o madre de un estudiante universitario, puede desear hacerle llegar en su mensaje de «despedida a la tropa»:

• La timidez es normal entre los universitarios; su hijo estará en buena compañía, aunque algo callada, entre el 40 % de otros alumnos tímidos.

• Es posible cambiar el propio grado de timidez en cualquier momento, suponiendo que haya un fuerte compromiso personal de invertir el esfuerzo para hacerlo.

• ¿Quiere su hijo realmente ser menos tímido?

• Como nuevo en la universidad, el alumno tímido es un extraño en un paraíso donde tiene la libertad de ser cualquier cosa que quiera ser. Si actúa *como si* no fuera tímido con otros que aún no lo han encasillado, lo juzgarán como no tímido.

• Para no ser considerado como tímido, todo lo que el estudiante ha de hacer es: sonreír, establecer contacto ocular, presentarse a sí mismo por su nombre a los extraños, en una voz lo suficientemente alta para que le oigan, decir «hola» al pasar, escuchar con atención, plantear una pregunta, hacer un comentario, ofrecer una sugerencia y hacer un cumplido cuando sea merecido.

• Ser accesible a los demás, un estudiante podría comenzar por no vestirse de forma que alejen a otros alumnos (demasiado rico, demasiado desastrado, demasiado extraño) o erigiendo una zona amortiguadora de libros y otra parafernalia alrededor del asiento de uno en la cafetería o en clase.

• Una persona debería reconocer la importancia de escuchar lo que otros alumnos tienen que decir en la clase y fuera de ella.

• Es mejor disfrutar del *proceso* de aprender por sí mismo y no sólo por las calificaciones. Se deberían asumir riesgos intelectuales y un estudiante debería estar abierto a nuevas experiencias y retos.

• Transmita la idea de que el fracaso forma parte de todo riesgo genuino; ese fracaso es una experiencia de aprendizaje cuando nos dice qué hacer de manera diferente la próxima vez.

• Su hijo es amado incondicionalmente, sin importar sus experiencias de éxito o de fracaso; todo lo que usted espera es que lo intente.

• Sugiera a su hijo que esté dispuesto a pedir ayuda cuando sea necesario de sus compañeros, profesores, asesores y personal. No es un signo de debilidad, sino un reconocimiento de la condición humana de pedir —y de dar— ayuda cuando se necesite.

• Diga a su hijo adolescente que espere sentirse solo al principio y luego de vez en cuando en ese nuevo centro, hasta que los rostros y lugares se conviertan en lo suficientemente conocidos para que sean reconfortantes.

• Dígale a su hijo que puede esperar sentirse inepto en ocasiones, verse menos agudo o ingenioso que ese otro alumno o no tan desenvuelto como aquél. El mejor trabajo semestral puede ser tumbado con una crítica severa y los sobresalientes no siempre estarán esperando al final de cada curso. Pero de esas experiencias surge una valoración más realista de los puntos fuertes de uno, para apoyarse en ellos y remediar los puntos débiles.

• El yo y los logros (intelectuales, atléticos, sociales) no son artículos intercambiables; no hay que poner al yo a prueba cada vez que el rendimiento esté bajo mínimos. Nada se pierde por intentarlo. Como aprendimos de los israelíes: «Si no tienes nada y pides algo, sólo hay dos salidas. Te rechazan y entonces nada ha cambiado, por lo que no hay ninguna pérdida, o consigues lo que quieres, de modo que todo ha cambiado a mejor. Por lo tanto, pide hasta conseguir lo que quieres».

• Cuando hay un conflicto con otro estudiante o con un profesor, se debería comentar, negociar, regatear. Una persona no debería capitular a regañadientes sin afirmar su propio punto de vista en términos objetivos, no emocionales. Y un desacuerdo nunca se debe resolver *suponiendo* simplemente que uno está equivocado y volviendo la rabia hacia dentro. Siempre hay un asesor, un hombre bueno, un consejero espiritual o un padre al que dirigirse antes de que una persona se convierta en víctima.

• Haga que sea posible decir: «Te quiero. Te echo de menos. Espero que seas feliz y que lo pases bien».

Lo que los padres no deberían hacer

• No dé muchos consejos basados en cómo eran las cosas cuando usted tenía dieciocho años. Los tiempos cambian.

• No tenga expectativas poco realistas que equivalen a demandas de lo que su hijo debe conseguir. Phil Zimbardo tenía un alumno, Mark David, cuya nota media le impedía conseguir la admisión en la facultad de medicina, pero que estaba encantado de trabajar en el Cuerpo de Paz en África. El padre del alumno, sin embargo, estaba furioso porque todos sus planes no habían servido de nada. «¡Fíjese que le puse a mi hijo el nombre de Mark David para que tuviera un M. D. (*Medical Doctor*, doctor en medicina) antes y después de su apellido!»

• Acepte las limitaciones, valores e intereses de su hijo, no empujándole en direcciones no deseadas o inalcanzables. Esto, por supuesto, supone que los padres conocen a su hijo lo suficientemente bien para ser conscientes de sus valores y sus limitaciones.

• Cuando usted llame o escriba, no contribuya al ya alto nivel de lucha competitiva añadiendo más presiones para que consiga notas más altas. Asuma que su hijo sabe ya que usted prefiere sobresalientes a aprobados; no sea redundante. Utilice algo de ese tiempo para explorar los sentimientos, opiniones, preocupaciones de su hijo. Recuerde también que usted es una persona más allá de su paternidad; comience a ser alguien que a su hijo adulto le gustaría tener como amigo.

• Resista la tentación de decir: «Sólo con que te aplicaras un poco más...».

• «No me trates como si fuera un bebé» es el triste lamento de un joven a mamá y a papá, que se oye en diversas versiones en nuestras universidades. Los estudiantes tímidos, más que los otros, han de aprender a sentirse confiados en sí mismos, necesitan que se empuje su autoestima, no que se hunda atándola a las faldas de mamá. A una destacada mujer, estrella del baloncesto, la regañaba su padre durante sus llamadas telefónicas semanales por no conseguir los puntos suficientes y no hacer todas las cosas que él le había enseñado. Ahora ya es mayor y sigue las directrices del entrenador de su universidad, que quiere que sea una jugadora que cree situaciones de juego y no una encestadora. Lo único que hace papá es hacerla sentirse inepta y confusa.

• Ahorre críticas, sea generoso con los elogios. Sea un puerto seguro para su hijo tímido en estos tiempos de navegar en aguas aterradoras. Recuerde que hay una larga vida por delante después de la universidad y su hijo o su hija querrán visitarle, decidirán mantener una relación estrecha, cariñosa, si usted ha sido un faro de apoyo más que un difícil lugar que evitar.

9

El manual de la timidez para el alumno

> Es en esencia una persona tímida y un hombre callado. No estoy seguro de haber entendido por completo alguna vez qué es lo que le hizo vencer esa timidez. Puede haber algo de Dale Carnegie en todos nosotros, pero vencer la timidez convirtiéndose en Presidente de los Estados Unidos es un poco demasiado.
>
> GARY SCHNEIDER
> Consejero de Jimmy Carter

Si estás en la primera etapa de secundaria, no tenemos que decirte que éstos son probablemente unos tiempos difíciles para ti y que cualesquiera sentimientos de timidez que hayas tenido en el pasado están en su máxima intensidad. Lo que es posible que no sepas, sin embargo, es que hay otros muchos estudiantes en el mismo barco. La mayor parte de lo que sientes pasará con el tiempo. Pero la timidez, aunque pueda disminuir, raramente desaparece por sí sola.[1]

Si has seguido adelante y estás ya en la segunda etapa, sabes todo eso. Si estás comenzando y tienes problemas de adaptación, puedes estar frustrado y desalentado y puedes pensar que todos los otros lo están pasando mucho mejor: que el destino *te* ha señalado para la desgracia. Estos sentimientos son comprensibles y, cuando pienses que eres diferente de algún modo, trata de recordarte a ti mismo que no lo eres, que probablemente la mitad de todos los otros alumnos de tu colegio o instituto están pasando exactamente por lo mismo, que tú también puedes sobrevivir a esto y que puedes incluso reducir tus sentimientos de timidez y ansiedad.

---

1. «Hue and Cry», en *This World, San Francisco Examiner & Chronicle*, 5 de diciembre de 1976.

Si has pasado ya a la universidad, puedes haber empaquetado tus viejos sentimientos familiares de timidez y haberlos llevado contigo. O, si eres como muchos estudiantes, no eras tímido hasta que pisaste el campus y te diste cuenta con una sacudida de que la universidad puede ser un lugar inmenso, aislado y aterrador.

Sea cual sea tu edad, tu nivel de timidez o dónde y cuándo la hayas adquirido, si estás dispuesto a trabajar, tu timidez se puede reducir o incluso vencer por completo.

Paso número 1: la decisión de cambiar

Parte de vencer la timidez *comienza con la decisión de hacerlo.* Para algunas personas, la timidez es un puerto seguro y algo en lo que apoyarse. Puede ser una excusa: para evitar asumir riesgos, seguir siendo dependiente, no ver a las personas que prefieres no ver, evitar hacer cosas que prefieres no hacer. Sabemos, por ejemplo, de una estudiante que es muy tímida. Ser tímida significa que obtiene algunos beneficios. La gente lo siente por ella y se ofrece a hacerle cosas porque parece que ella tiene mucho miedo de hacerlas. La gente pasa tiempo con ella porque su triste timidez les hace sentirse culpables. En situaciones sociales, a cambio de amabilidad, reciben un silencio de piedra. La transacción de recibir sin dar supone no conocer nunca la alegría de dar o la riqueza de la amistad profunda.

Si esta clase de cárcel no es para ti, da este *primer paso importante*: decide que no es para ti y que no quieres que la timidez siga inmiscuyéndose en tu vida. Pide la libertad bajo palabra.

Paso número 2: conocer tus sentimientos de timidez

No te tildes a ti mismo de tímido. En vez de eso, considera que experimentas timidez en ciertas situaciones. Ahora haz una lista de cuáles son esas situaciones, ordenadas por la cantidad de timidez sentida.

Después de hacer tu lista, compárala con la siguiente:

— cuando soy el centro de atención: grupos grandes (como dando una charla),

— grupos grandes,

— yo tengo un estatus inferior,

— situaciones sociales en general,

— nuevas situaciones en general,

— se requiere seguridad,

— donde me están evaluando,

— donde soy centro de atención: grupo pequeño,

— situaciones sociales con grupos pequeños,

— interacciones cara a cara con el sexo opuesto,

— vulnerabilidad (necesidad de ayuda),

— pequeños grupos dirigidos,

— interacciones cara a cara con personas del mismo sexo.

Ahora haz una lista de todos los tipos de personas que hacen que te sientas tímido.

Compara tu lista con la siguiente:

— extraños,

— sexo opuesto,

— autoridades: por sus conocimientos,

— autoridades: por el papel que desempeñan,

— familiares,

— personas muy mayores,

— amigos,

— niños,

— padres.

Lo que nosotros hemos observado, encuestando a más de diez mil personas, es que aquellas situaciones y personas que es más probable que hagan surgir sentimientos de timidez —que el corazón comience a latir con fuerza o que enrojezcan las mejillas— son esencialmente las mismas para todas las personas, tanto si se consideran a sí mismas tímidas como si no.

Así pues, pinta tus sentimientos básicos de ansiedad como «normales» y prepárate a cambiar hacia formas en las que se pueden reducir y controlar, comenzando por hacer algo con ese alimentador de la timidez que es la baja autoestima.

Paso número 3: cimentar la autoestima

He aquí algunos ejercicios diseñados para fortalecer tu confianza en ti mismo y ayudarte a dominar algunas de las situaciones que te hacen experimentar sentimientos de timidez:

1. Haz una lista de tus mejores cualidades. Incluye rasgos de personalidad, tus valores, talentos y habilidades especiales, como: amabilidad, honestidad, sentido del humor, habilidades atléticas, talento musical, artístico o para la escritura, habilidades para la carpintería, mecanografía, cocina o costura.

2. Ahora haz una lista de tus defectos más notorios y llama a esa lista: «Cosas que necesitan mejorar». Luego determina cuáles se pueden mejorar, junto con la importancia de cada punto de la lista. Después establece *metas realistas* para el cambio y, *una a una*, empieza a hacer lo que puedas para recortar tu lista de «Cosas que necesitan mejorar». *Asegúrate de darte el tiempo suficiente para cada cosa de la lista.*

3. Mientras trabajas en tu programa de mejora personal, céntrate en uno de tus puntos fuertes y desarróllalo aún más, registrando el progreso por escrito (en una agenda o en tu diario). Anota cualquier retroceso y escribe cómo te sientes respecto a ellos y desarrolla formas de hacer que tu plan funcione mejor para ti. Recuerda esto: Aunque no logres algo que estás intentando hacer, eso no es fracaso: el *fracaso genuino* es tener miedo de intentarlo.

4. Recuerda que al asumir *cualquier* riesgo, una parte de ser realistas es estar preparado. Dicho de otro modo, cuando estás a punto de hacer algo que quieres hacer, pero tienes miedo al fracaso, tienes que estar seguro de haber hecho todo lo que puedes para estar totalmente preparado. Si vas a intentarlo para el equipo de fútbol, por ejemplo, no lo hagas antes de haberte dado el tiempo necesario para practicar y

desarrollar tus habilidades; de forma similar, si el equipo de debates es más de tu agrado, asegúrate de conocer tu materia.

5. Puesto que la mayoría de las personas necesitan razones concretas para sentirse bien consigo mismas, ten por norma comportarte de forma que refuerces tu respeto a ti mismo y evita hacer cosas que lo destruyan.

6. Decide evitar hacer cosas que te hacen sentir culpable.

7. Trata de hacer una cosa cada día, o bien cada semana, que te haga sentir bien contigo mismo. He aquí algunas ideas para que pienses:

— Comienza un programa de ejercicio físico.
— Cocina un bizcocho.
— Coloca las fotografías en un álbum.
— Limpia tu habitación.
— Repara alguna cosa que se te haya roto.
— Ordena los libros de tus estantes.
— Reorganiza tu área de trabajo.
— Escribe esa carta que debes a un amigo.
— Pinta o empapela una pared de tu habitación.
— Devuelve los libros a la biblioteca.
— Pinta un cuadro, ensarta algunas cuentas, haz cerámica.
— Haz cualquier tarea especial que hayas estado aplazando.
— Haz los deberes sin que te digan que los hagas.
— Lee un libro.
— Escribe un poema.

Piensa en otras cosas que puedas hacer para sentirte mejor contigo mismo. Haz una lista de ellas y otra lista de las cosas que *deberías* hacer. Hazlas y por último recréate en la alegría de tachar algunos «debería» de tu lista.

Paso número 4: tu aspecto físico

Aunque no suscribas la idea de que la buena apariencia es la medida de la persona, sabemos que, cuando tienes el mejor aspecto posible, te sientes menos consciente de ti mismo. Evalúa tu aspecto personal y, si es susceptible de mejora, ponte en acción.

Haz una lista de todas las formas en las que puedes mejorar tu aspecto físico.

Si tienes problemas con la piel, dientes torcidos, una nariz grande, orejas caídas o cualquier otra cosa física de las que te pueden hacer sentir separado de una manera importante —de una manera que te haga estar consciente de ti mismo—, *habla sobre ello con tus padres y diles cómo te sientes* y consigue su ayuda para hacer lo que se pueda para corregir aquello que puedas sentir como una situación *física* que está contribuyendo a tu timidez.

Al mismo tiempo, *tú* puedes hacer algunas cosas tú mismo para asegurarte de que tu aspecto físico es el mejor que puedes conseguir:

1. ¿Estás aseado y limpio?
2. ¿Qué pasa con la ropa que llevas?
3. Echa un vistazo detenidamente a tu postura ¿Es erguida y orgullosa? ¿O estás cabizbajo, reflejando tus sentimientos de timidez?
4. ¿Tienes sobrepeso?
5. ¿Estás excesivamente delgado?
6. ¿Podrías llevar un nuevo estilo de peinado?

Es más fácil conseguir que tus padres te ayuden si tú haces un esfuerzo por ayudarte a ti mismo. Así pues, ponte a dieta, lávate el cabello, cuida tus ropas.

Paso número 5: aprende a ser tu mejor amigo

Henry David Thoreau escribió una vez: «Nunca encontré un compañero que me hiciera tanta compañía como la soledad. La mayor parte de las veces, estamos más solos cuando salimos y estamos entre los hombres que cuando estamos en nuestros dormitorios». Un tipo afortunado, Thoreau: él sabía quién era su mejor amigo.

El placer de nuestra propia compañía es algo que todos haríamos bien en disfrutar. Pero, como hemos comentado en capítulos anteriores, las personas tímidas tienen más problemas que las no tímidas en estar solos, sencillamente.

No ser capaz de disfrutar de la propia compañía es depender de otros para distraerse y la dependencia es un componente importante de la timidez. Además, si tú no disfrutas de tu propia compañía ¿quién va a hacerlo?

Luego, un cambio de actitud es el primer paso hacia disfrutar de tu soledad o de tu propia compañía. Considéralo como una oportunidad de usar el tiempo creativamente, mientras que estableces una medida de independencia. Comienza por hacer una lista de los tipos de actividades solitarias de las que podrías disfrutar si vieras la soledad de forma más positiva. He aquí unas cuantas ideas para que empieces a pensar:

— trabajar en un *hobby*,
— leer,
— practicar algún juego de solitarios,
— oír música,
— tomar el sol,
— planificar u organizar un proyecto,
— cualquiera de las actividades que tú hayas incluido en la lista o que nosotros hayamos sugerido para hacerte sentir mejor contigo mismo haciendo algo constructivo.

La incomodidad de estar solo en privado no es nada en comparación con la incomodidad de estar solo en público. Las personas no tímidas no se preocupan por ello, pero las tímidas se sienten conscientes de sí mismas por ello. Es como si estuvieran retransmitiendo al mundo la evidencia de lo poco que valen: no tienen amigos.

Una vez que hayas aprendido a estar cómodo contigo mismo en privado, es el momento de trabajar para comportarte en público como una persona no tímida. Te ayudará si recuerdas que es bastante improbable que otras personas ocupen sus pensamientos en cómo tú estás solo en un lugar público. He aquí algunas sugerencias para «estar en público» de nuevo, para que comiences a reflexionar:

— Camina por una calle de la vecindad, disfruta del panorama y deja de pensar en ti mismo.

- Haz recados.
- Ve de compras, mira escaparates.
- Corre, camina.
- Monta en bicicleta.
- Ve a la biblioteca.
- Mira en una librería o en una tienda de discos.
- Tómate un café en el mostrador de un bar.
- Tómate una cerveza, si tienes edad para ello.
- Practica, practica, practica y, mientras que estás en ello, aprende a sonreír a los extraños por la calle.

Paso número 6: practica las habilidades sociales

Si no sabes comportarte en situaciones sociales, una de las mejores formas de aprender es observar a otras personas que son hábiles en lo social. Mira cómo lo hacen, escucha lo que dicen y practica seguir su ejemplo. Si observas a personas no tímidas en situaciones sociales, típicamente es esto lo que encontrarás:

• En primer lugar, las personas no tímidas sonríen y establecen contacto ocular con otras personas más frecuentemente. Practica ambas cosas.

• Cuando escuchan, las personas que no son tímidas demuestran su atención; se inclinan hacia adelante, asienten con la cabeza y dicen cosas como «Interesante», «No lo sabía», «Cuéntame algo más», «¿Y cómo fue?». Así pues, responde con tus palabras y con tus ojos y, cuando proceda, con tu sonrisa.

• Las personas no tímidas no sólo sonríen con frecuencia, también *ríen*. Cuando alguien dice algo divertido, sueltan una carcajada. Así pues, practica la carcajada. Eso hace que la gente se sienta bien cuando muestras un aprecio por su sentido del humor. La otra cara de eso es mostrar que *tienes* sentido del humor, que es algo que a veces transmites riendo los chistes de la gente y contando tú unos cuantos.

• Las personas que no son tímidas controlan el área de la conversación y la situación en la que están. Una forma de hacerlo es siendo los *primeros* que levantan la mano en clase, hacen un comentario, plantean una pregunta, cuentan un chiste o hacen una observación interesante. La ventaja para la persona tímida que sigue este ejemplo de firmeza es que, cuando tú eres el *primero*, no padeces las ansiedades de pasar por todos los diferentes escenarios por adelantado y la ansiedad que se va construyendo mientras que te haces con el coraje suficiente para decir algo. Además, si esperas demasiado tiempo, lo que querías decir lo dirá algún otro, así pues, deberías decirlo primero para que sea «tuyo». No tienes por qué ser palabrero ni manipulador, sólo adecuadamente seguro. Por ello, piensa en lo que vas a decir, ordénalo, lánzate y sé el primero en hacer la pregunta o el comentario.

• Las personas no tímidas saben también discriminar adecuadamente. No les gusta todo ni todos, tampoco les disgusta todo ni todos. Así, cuando te pregunten tu opinión sobre algo, un libro, una obra de teatro, una película, alguna comida, míralo desde todos los ángulos. ¿Qué te gustó de eso? ¿Qué no te gustó? ¿Qué tenía de raro? ¿Qué tenía de mediocre? Con mucha frecuencia, las personas tímidas tienden a reaccionar de manera más simplista, diciendo que les gustó o no les gustó algo. Pocas cosas en el mundo son tan simples. Pero, la doble atadura para muchas personas tímidas es que no quieren atraer la atención hacia sí por miedo a una evaluación negativa, e incluso cuando transcienden ese miedo, hay una tendencia a preocuparse de no monopolizar la conversación y la incertidumbre de si las personas realmente quieren oír lo que tienen que decir. En resumen, tienen miedo a imponerse sobre los demás o a señalarse ellos. Bueno, a veces has corrido el riesgo de quedar como un estúpido o de ser demasiado parlanchín. Hasta la fecha, nadie ha muerto a consecuencia de quedar como un estúpido.

Y éste es un lugar tan bueno como cualquier otro para señalar que la mayoría de las personas no están tan intensamente centradas en *ti*, e incluso cuando te escuchan a ti, están preocupados por la impresión que *ellos* están produciendo.

• Cuando las personas no tímidas se encuentran a sí mismas en un grupo con otras personas que tienen un conocimiento superior, un talento especial o que destacan en diversas formas, tienden a ver esto como una oportunidad de ampliar sus horizontes, aumentar su acopio de conocimientos, establecer contactos útiles y mejorarse a sí mismos.

Las personas tímidas, por otro lado, típicamente hacen comparaciones desfavorables entre ellos mismos y la gente «superior», considerando los talentos de otros como una evidencia de su propia ineptitud personal. Lo que ellos y tú necesitáis hacer en vez de eso es comenzar a mirar la vida no como una serie de pruebas en las que compites con toda persona con la que entras en contacto, sino más bien ver esta parte de la vida como una especie de programa de entrenamiento preparatorio en el que aprendes de cada encuentro que tienes y te enriqueces con él. Por lo tanto, tú *quieres* estar con la gente que tiene cosas que ofrecerte que tú no tienes porque, una vez que estés con ellos, tendrás algo de eso que ofrecer a algún otro. Lo haces desechando de una vez el hábito de pensar en términos de *tú* o *ellos* y *mejor* y *peor*, y habituándote a pensar en términos de lo que puedes aprender de otras personas.

• Un aspecto clave de la persona no tímida es una preocupación por la responsabilidad social, por las otras personas, por hacer que se sientan bien y cómodas y por reconocer su identidad. Éstas son todas las cosas que la persona tímida quiere de los demás, pero que no está muy dispuesta a dar a los demás.

• Las personas que no son tímidas saben aceptar los cumplidos airosamente. Sonríen y dicen un simple «gracias» cuando alguien les dice que les gusta lo que llevan. Un cumplido sobre un comentario hecho en clase se puede recibir con un «gracias» y pueden seguir unos comentarios adicionales sobre el tema, tendiendo además un puente sobre las brechas que puedan existir entre personas que no se conocen bien entre sí.

• Las personas no tímidas hacen favores a otros y piden a otros que les ayuden. Las personas tímidas, en cambio, no se ofrecen para ayudar ni piden ayuda. Y tú vas a tener unos problemas enormes en la escuela y en la vida a menos que seas muy brillante e ingenioso y nunca tengas que pedir ayuda. No proyectes una ilusión de saberlo todo, no pidiendo nunca ayuda cuando podrías utilizarla. A la gente no le gustan los sabelotodos, pero, aparte de eso, a las personas les *gusta* que confíen en ellas y que se las necesite. Pide a alguien de tu clase apuntes, diciendo que tienes dificultades en tomarlos bien. Por añadidura, expresa también algún cumplido por esos apuntes. O, si necesitas que te lleven en coche a algún sitio, pregunta a alguien que conozcas si va en la misma dirección y puede llevarte. Por otra parte, si tienes coche o moto y alguien necesita que le lleven, ofrécete. Ofrece recoger algo para alguien aprovechando que vas a hacer recados para ti mismo. Y *acepta* favores cuando te los ofrecen.

• Algo que las personas no tímidas hacen y que no hacen con frecuencia nuestros tímidos introvertidos es dar palmadas en la espalda a otras personas. Hacen cumplidos. Dicen: «Qué bien se te ve hoy». No importa sobre qué hacer cumplidos, pero hazlos, y hazlos como una costumbre natural. Debes elogiar cualquier cosa que te guste. Cuando seas libre con tus elogios a otros, recibirás más elogios de los que recibes ahora.

Una regla que recordar es ser amigable y mostrar interés por otras personas. Algunos de los estudiantes tímidos con los que hemos trabajado realmente no contribuyen mucho en un encuentro social, sino que lanzan la pelota al campo del otro una y otra vez, sin mostrar ningún signo de que deseen realizar intercambio alguno. Pueden decir «Hola» o «¿Qué tal?», pero olvidan que se supone que hay un intermedio y un final. Una conversación típica es así:

NO TÍMIDO:	Hola, ¿cómo estás?
TÍMIDO:	Muy bien.
NO TÍMIDO:	¿A qué te dedicas últimamente?
TÍMIDO:	Estudio.
NO TÍMIDO:	¿Y qué cuentas de nuevo?
TÍMIDO:	Nada.
NO TÍMIDO:	Bueno, ya nos veremos por ahí.

La persona no tímida, por supuesto, tiene que dejarlo estar, porque la respuesta es muy limitada y la persona tímida se queda con un sentimiento de haber sido rechazada, lo que en algunos casos sirve para alimentar su sentimiento de poca valía. La persona tímida debe asumir cierta responsabilidad y al menos mantenerse hasta el final. Un encuentro social mejor, que no resultará excesivamente difícil, podría ser así:

NO TÍMIDO:	Hola, ¿cómo estás?
TÍMIDO:	Muy bien, ¿cómo estás tú?
NO TÍMIDO:	Bastante bien. Pero un poco cansado.
TÍMIDO:	¿Cómo es eso?
NO TÍMIDO:	He estado dándole a los libros.

Tímido:	Ya te entiendo. Puede ser agotador, ¿no?
No tímido:	Sí. Y, chico, ese profesor nuestro de historia es realmente increíble. Oye ¿y tú qué cuentas de nuevo?
Tímido:	No mucho. He estado jugando algo al tenis, he ido al cine. ¿Y tú?
No tímido:	Lo de siempre. Fui a esquiar un poco la semana pasada.
Tímido:	¿Sí? ¿Y dónde fuiste?
No tímido:	A Squaw. ¿Has estado allí?
Tímido:	No. ¿Qué tal es?

Como puedes ves, en el primer intercambio la persona tímida no hizo ninguna pregunta ni mostró ningún interés. En el segundo caso la persona tímida fue amigable y mostraba interés planteando unas cuantas preguntas, la *misma* clase de preguntas que *le* preguntaban a ella. El asunto es que no hace falta que vayas a un curso de Dale Carnegie para aprender a decir a la gente: ¿cómo estás?

Hazlo. Y practica tus habilidades para la conversación y los gestos delante de un espejo, y habla en una grabadora y vuelve a oírlo. Luego asume la postura de un crítico y toma notas de las formas en las que podrías mejorar tanto tu dicción como la cadencia.

Un beneficio adicional de ser sociable es que, cuando te quedas en silencio en un encuentro social, tiende a hacerte sentir tan incómodo como a las otras personas. Esto alimenta tu conciencia de ti mismo porque tú haces hincapié en ello. Puedes llenarte de pensamientos negativos sobre ti mismo y de miedos realmente absurdos sobre las diferentes formas en que harás el ridículo y que los otros te rechacen. Por otra parte, cuando muestras interés por otra persona, *escuchas* lo que tiene que decir y al menos tratas de responder, se puede afirmar lo contrario, puesto que consigues que tu mente salga de ti mismo.

Si crees que no tienes nada en absoluto que aportar a una conversación, tómate tiempo para aprender sobre cosas que son de interés para las personas con las que estás en contacto. Lee el periódico, libros, revistas, publicaciones escolares, escucha la radio, ve al cine. Un chico de catorce años que conocemos y que tiene éxito social se repasa el *Libro Guiness de los récords*, que es de lo más entretenido.

Haz una lista de las cosas que interesan a tus iguales. Luego elige aquellas que también te interesan a ti y propónte conseguir al menos el suficiente conocimiento para entrar en conversación y hacer preguntas.

Otra forma de aprender y practicar las habilidades sociales es participar en una causa que valga la pena. ¿Qué está funcionando en la comunidad o en el campus? ¿Hay alguna organización nacional: Salvar las ballenas, la Cruzada por los derechos de los niños?

No hay un lugar mejor donde encontrar gente nueva con la que tendrás algo en común y serás capaz de desarrollar amistades, que cuando estás trabajando en una causa que te preocupa.

Cuando vayas a una reunión (o un seminario, una fiesta, una clase), *llega a la hora* o más pronto. Cuando llegas tarde a una situación de grupo, la gente se vuelve repentinamente para mirarte. Te percibirán, pero no sólo porque eres diferente, sino porque llegas tarde. Te sentirás ansioso y consciente de ti mismo. También hay un sentimiento de que eres un intruso. Observa a los alumnos que llegan tarde a clase, por ejemplo. La expresión turbada de sus rostros refleja sus sentimientos de vergüenza, e incluso tal vez de culpa.

Por otro lado, si llegas *el primero* a la escena, tienes una clara ventaja en que, cuando entre el siguiente, puedes iniciar una conversación con él. Es natural hacerlo cuando se está esperando a que comience algo.

Ser socialmente diestro requiere práctica, así que practica siempre que puedas. Cuando vas a la tienda, a la biblioteca o a la cafetería, por ejemplo, en vez de tratar a las personas que te atienden como funcionarios, trátalos como personas. Salúdalos, pregunta cómo están, di que hace buen día o comenta el mal tiempo. Busca oportunidades de hacer a alguien un cumplido, mirando la ropa que llevan, qué aspecto tienen, el color de su pelo y de sus ojos. Y di gracias cuando te hayan servido o atendido. El asunto es ser simpático. Y observa algo en la persona sobre lo que puedas hablar favorablemente.

Paso número 7: tratar con el sexo opuesto

Si desarrollas tus habilidades sociales básicas, esto te dará los *fundamentos* para tratar con los miembros del sexo opuesto. He aquí algunas reglas básicas que tener en cuenta:

Los principios

1. Los miembros del sexo opuesto también tienen sentimientos: incertidumbre, ansiedad, temor al rechazo.
2. No consideres automáticamente a un miembro del sexo opuesto como una pareja sentimental en potencia. Míralo como una persona que te gustaría llegar a conocer y no como un objeto.

Proponer una cita

1. Pedir una cita es algo que asusta, así pues, ve hacia ello despacio. Invita a la persona a un café o a que vaya a tu casa para revisar apuntes, oír un nuevo disco o ver algo nuevo que tienes, *en su momento justo*. El momento justo es cuando te sientes cómodo al hacerlo y la otra persona ha estado lo suficientemente simpática para que tengas la impresión de que le caes bien como amigo.
2. Cuando al final estás dispuesto a pedirle que salga contigo, ten en mente algo concreto: un concierto, una obra de teatro, una película, una fiesta. Si has llegado a conocer a la persona lo suficiente para pedirle que vaya contigo a tomar un café, tendrías que sentirte cómodo invitándola a salir todo el día o toda la tarde. *Asegúrate de plantearlo con la suficiente antelación, de manera que no crea que se le invita en el último minuto*, alrededor de una semana de adelanto para una cena o una película, unas dos semanas para un acontecimiento más importante, como una fiesta o un concierto.
3. Si temes quedarte sin habla, escribe un guión y practícalo y luego haz la propuesta por teléfono. Sé amable y concreto. Por ejemplo:

TÚ:	Hola, soy Tom Smith. ¿Cómo estás, Susan?
ELLA:	Muy bien, ¿y tú?
TÚ:	Estupendamente, gracias. Te llamo porque tengo dos entradas para un concierto rock y me preguntaba si querrías venir conmigo. El concierto es de los BeeGees y dijiste que te gustaban.

Improvisa: del mismo modo que no vas a decir en realidad que eres «Tom Smith», utiliza tu propio lenguaje para enviar el mensaje.

4. Prepárate para el rechazo. Si te dicen que «No», no supongas de inmediato que es porque no quieren salir contigo. Hay muchas razones para un rechazo: una persona puede no sentirse bien, tener un compromiso anterior o incluso tener problemas personales y estar ansiosa o deprimida. Si no te da una razón (lo cual es improbable), no presiones. Lo único que necesitas recordar es que fuiste capaz de llamar a alguien para salir y ni el hacerlo ni el rechazo resultaron fatales. *Concédete a ti mismo crédito por asumir el riesgo* y, ahora que lo has hecho, proponte hacerlo de nuevo: a la misma persona (a menos que diga «No» tres veces seguidas) o a alguna otra, con cierta regularidad.

5. Ahora, si dice «Sí», tienes que estar seguro de dejar claro a qué hora la recogerás y cómo se vestirá.

6. Sé puntual, pero *no llegues antes de la hora*. Aunque llegar a tiempo es importante en la mayoría de las situaciones, éste es un momento en que es mejor llegar unos minutos tarde que llegar demasiado pronto porque, si llegas pronto pones a la otra persona en un apuro, especialmente si tiene que abrir la puerta en bata con el pelo aún sin secar.

7. Durante la salida: si has seguido nuestro consejo y tienes algo concreto planeado, deberías tener algo de lo que hablar preparado con anterioridad, algo para hacer durante y algo de lo que hablar después.

Al final de la velada, dile a la chica que lo has pasado muy bien, tóma su mano, tal vez dale un beso en la mejilla, dependiendo del tipo de señales que te envíe. Si está tensa y un poco arisca, no fuerces las cosas. Aunque esté afectuosa y relajada, no vayas demasiado lejos. Muchas personas tímidas cometen este error cuando están ávidos de tener un romance. No precipites las cosas. Ser oportuno lo es todo.

1. Si alguien con quien quieres salir te pide una cita, la quieres aceptar y puedes, da las gracias a la persona, asegúrate de que tienes claro el día y la hora y pregunta, si él no te lo plantea, si te tienes que vestir formal o informal.
2. Cuando llegue el momento, muestra interés por la persona —qué hace, qué viajes que ha hecho— y por el mundo que le rodea.
3. Al final de la tarde, da las gracias a la persona y, si procede un poco de romanticismo, pon un tono que exprese afecto. Pero no pienses que tienes que fingir un afecto que no sientes o «justificarte» porque alguien se ha gastado dinero contigo o porque hay que hacerlo.
4. Podrías querer hacer un sondeo sobre igualdad y juego equitativo, ofreciendo compartir los gastos. Si os gustáis mutuamente y vais a seguir saliendo, puedes corresponder invitando *tú*, decidiendo el plan y pagando la próxima vez.
5. Si, en alguna ocasión, alguien te pide una cita y realmente no quieres salir con esa persona, no tienes ninguna obligación de aceptar. Pero *sé* amable cuando rechaces a alguien. Recuerda que probablemente ha tenido que armarse de valor para llamarte.

Un mensaje especial para los estudiantes de primer curso de universidad

Aunque tu meta principal sea ir bien en tus clases y acabar la carrera, éste es el momento de considerar qué otras cosas te puede proporcionar la experiencia universitaria. Más concretamente, qué puede hacer por tu timidez y por tu capacidad para relacionarte con otras personas.

La oportunidad es probablemente más grande en este período de cuatro años que en ningún otro momento de tu vida, para todo tipo de contactos sociales.

Además, tus compañeros van a ser los futuros abogados, médicos, políticos, hombres y mujeres de negocios. Y el estudiante que no es tímido establece importantes contactos durante este tiempo, mientras que la persona tímida tendrá menos contactos, lo cual en último extremo minimiza las oportunidades de éxito futuro en la vida. Una vez que termines en la facultad, la oportunidades de conocer gente por razones profesionales tanto como sociales se reducirán drásticamente.

Así, sabiendo que una vez que acabes en la universidad las oportunidades que ahora tienes delante menguarán, *ahora* es el momento de tomar la decisión de conseguir todo lo que puedas de estos años. *Es* posible, independientemente de si te consideras tímido o no, dejar de ser tímido. Es posible echar tu timidez a la hoguera, ponerte en el papel de una persona no tímida y aprovechar la oportunidad en vez de dejarla pasar.

Recuerda, nadie sabe que eres tímido. Eres, esencialmente, una persona nueva si acabas de comenzar en la universidad. Nuestra investigación ha revelado una extraña contradicción de la que puedes ser ya consciente: *que la mayoría de las personas tímidas son menos tímidas cuando tratan con extraños que cuando están con personas que conocen.* Puesto que ahora estás viviendo en un mundo lleno de extraños, a los que *llegarás* a conocer pero que no tienen ninguna noción preconcebida de ti, el primer paso adelante puede establecer el tono de los que seguirán, así pues, da uno que no sea tímido. Haz que ésa sea la primera impresión que produzcas en cada nueva persona con la que entres en contacto.

Desempeña un papel. Representa. Tú conoces el personaje central del guión de tu vida. ¿Quién es esta persona? ¿Cuáles son sus cualidades? ¿Tiene esta persona sentido del humor? ¿Le gusta la gente? ¿Es inteligente? Representa todo lo que esta persona es *sin timidez*.

Comienzas a entrar en tu papel de no tímido siguiendo los pasos que hemos establecido para aprender las habilidades sociales. Pero harás más, e incluso serás capaz de distinguirte académicamente, si evitas esconderte en grandes clases y te apuntas a algunos seminarios y participas. Si sientes que necesitas prepararte para esto, puedes ir al profesor y preguntarle cuál es el plan del seminario. De pasada, podrías querer decirle que has estado preocupado en el pasado con la timidez y que, por lo tanto, tal vez encuentres difícil participar, pero que lo vas a intentar. Cuando el profesor se dé cuenta de que la timidez es un problema para ti, no te pondrá en una situación difícil y seguro que apreciará más cada vez que tú respondas. Por encima de esto, *sé la primera persona en hacer el primer comentario.*

Si no haces eso, sino que te retiras a la última fila de las grandes aulas y salas de conferencias, la mayor parte de lo que aprendes se podría aprender también, si no mejor, simplemente yendo a la biblioteca y leyendo libros. Si no participas, no aprendes sobre ti mismo, ni aprendes a valorar adecuadamente la calidad de tu propio pensamiento, tu imaginación o tu capacidad. No aprendes una de las cosas que la universidad tendría que estar preparando para ti: a ser capaz de hablar inteligentemente con otras personas y sentirte cómodo al hacerlo.

Para los alumnos que logran pasar desapercibidos, pasar por la universidad es, como nos han dicho algunos estudiantes, «vencer al sistema». Asistiendo sólo a grandes clases en las que eres anónimo, no te señalan tus catedráticos y eres capaz de permanecer a salvo allá al fondo. Teóricamente, uno puede incluso pasar todo el tiempo de la universidad sacando sobresaliente en todo sin haber hablado una sola palabra con otro ser humano. Sin embargo, cuando estás a punto de graduarte y estás solicitando el ingreso en una escuela para posgraduados o tratando de encontrar un empleo y necesitas una carta de recomendación de un catedrático, no te sorprendas si no lo consigues; simplemente el catedrático no puede decir nada de ti aparte de cuáles fueron las calificaciones, información que es evidente por el informe.

Una vez que sales de la universidad, hay pocas ocasiones en las que te vayan a pedir que hagas una prueba escrita: para muchas personas nada aparte del examen para conseguir el carnet de conducir o algún servicio civil. Pero te *van* a pedir que hables, que comentes sobre asuntos del mundo, de economía, de las próximas elecciones o incluso de una película que hayas visto. Y, desde luego, lo más probable es que te entrevisten para empleos potenciales y te evalúen sobre lo que dices y cómo lo dices. En resumen, la personalidad *cuenta* en los negocios igual que en las situaciones sociales.

Comienza ahora a ser esa personalidad que sabe qué es mejor para conseguir lo que espera de la vida.

10
El fin de la timidez

Para extinguir el sufrimiento de la baja autoestima y la timidez en grandes cantidades de personas, tenemos que educar a las próximas generaciones con un más alto sentido de la moral, la humanidad y la preocupación por los demás. Hemos de proporcionarles la integridad y la suficiente conciencia para saber que la diferencia entre el bien y el mal depende de cómo miras a las otras personas y no de conseguir sobresaliente en todo, ser una estrella del deporte o la reina que vuelve a casa. Ello significa eliminar el fanatismo y sustituirlo por una reverencia hacia los seres humanos, apreciar su cualidad de únicos, ser compasivos hacia los golpes que la vida da a las personas e infundir en nuestros hijos el sentimiento de que no son inmunes a la desgracia, para que puedan sentir la vulnerabilidad de otro al dolor.

Incluso niños que se separan de sus compañeros en lo que algunos adultos considerarían una forma positiva corren el riesgo de quedarse retraídos en la timidez. Albert Einstein destacó, como todos sabemos, por su brillantez. También destacó por su timidez, que podríamos suponer que comenzó al principio de su vida porque era «diferente» y porque su vehemente pasión por la ciencia le aislaba, mientras que su evolucionada inteligencia significaba necesariamente que tenía dificultades para relacionarse con sus iguales.

Los padres y algunos profesores de niños superdotados pueden muy bien ver un don así como un premio, pero, para algunos que lo poseen, sospechamos que el don es un inconveniente porque margina al niño. Hemos sabido que algunos de los niños así de adelantados deciden que para ser «típicos» tienen que ocultar sus facultades; algunos que están solos y no están con nadie en un aula se pueden considerar como por debajo de la media cuando no participan y se aburren por el trabajo de la clase que no es interesante y no les supone ningún reto.

Una madre de un niño que tiene un talento especial para la ciencia nos dijo que en todas las evaluaciones de su hijo los profesores le dicen: «No es "convencional" y por eso es un problema». Nos dice que rara vez, si es que alguna vez sucede, hablan los profesores de sus puntos fuertes, sino que se centran en que «no presta atención» y ven su falta de interés en la clase como un déficit en su personalidad que se debería cambiar. Y lo que es peor es que su hijo ha internalizado este valor y su autoestima se ha erosionado, puesto que se ve a sí mismo como un fracaso y diferente, en un sentido negativo, de sus compañeros más «convencionales».[1]

Retraído en el aula, el chico se evade y se aleja aún más de sus profesores y compañeros. Como indicaba en una entrevista la doctora Charlotte E. Malone, consultora en materia de superdotados, el niño que hace esto está diciendo: «Escúchame», «Ríete de mí», «Siéntelo por mí», «Por favor, que yo te caiga bien». Una reacción alternativa, dice, es simplemente retirarse: «Estos muchachos leen una cantidad excesiva y reflexionan demasiado, más a medida que pasa el tiempo». En otras palabras, utilizan la lectura y la mente solitaria como formas de escape.

Una de las consecuencias más trágicas de ser superdotado y rechazado, que la doctora Malone ha visto entre los niños con los que ha trabajado, es la decisión de actuar como el resto de la gente: de ser, en efecto, no superdotado.

Así pues, tenemos aquí otro ejemplo que nos dice que deberíamos aprender y enseñar a las generaciones venideras que «la diferencia está bien».

Podemos enjuiciar a una sociedad que venera la conformidad, el cuerpo hermoso, la inteligencia, el éxito y que motiva incorrectamente a muchos jóvenes, pero, cuando lo hagamos, tenemos que reconocer el hecho de que *nosotros* somos la sociedad. Y, si queremos que nuestra cultura adopte valores más profundos, tenemos primero que cuidar nuestros propios jardines y luego no permitir que sigan la crueldad y el fanatismo sin cuestionarlo.

¿Cuándo fue la última vez que usted le dijo a su hijo que *nunca* llamara a nadie «gordo» o «feo»? ¿Cuándo fue la última vez que dijo

1. Elaine Smith, «Put-down Pressures on Already Burdened Child», en *Copely News Service*, 25 de enero de 1978.

a su hijo que no se burlara de otras personas y que no juzgara a nadie por su aspecto o por cualquier otro defecto físico? ¿Cuándo fue la última vez que usted dijo a un niño que no sea su hijo que no llamara a nadie con nombres despectivos? ¿Cuándo fue la última vez que usted dijo a otro adulto que encontraba repugnante el menosprecio racial?

La única forma de hacer inaceptable el tipo de conducta que hace que las personas se sientan mal y tímidas es negarse agresivamente —no tímidamente— a aceptarlas nosotros mismos.

También podemos aprender unas cuantas cosas si miramos a una hermosa familia de la que probablemente la mayoría ha oído o leído algo. Dorothy y Bob DeBolt, que viven en Piedmont, California, son padres de veinte niños, catorce de los cuales son adoptados. Una de las cosas que convierten en especiales a los niños DeBolt es que no todos ellos tienen vista o dos brazos y piernas en perfecto funcionamiento. Lo que los hace *tan* especiales es que son maravillosamente normales: son independientes, responsables, con confianza en sí mismos y la mayoría no son tímidos. Resulta que los ingredientes mágicos que los padres utilizan incluyen algunas de nuestras estrategias para minimizar o prevenir la timidez; así pues, hagamos un repaso de ellas a la vista de la forma en que estos padres guían a sus hijos:

• En la familia DeBolt se da un *amor incondicional*. Sirve como telón de fondo para cualquier otra cosa que tenga lugar. Cada niño de esta familia está infundido de un sentimiento de amor paternal y de aceptación que no está basado en el rendimiento, sino que es constante: el ancla que todos los niños necesitan.

• Las *expectativas* tienen que ser siempre realistas. Están basadas en lo que un niño concreto es capaz de hacer y nunca son ni demasiado altas ni demasiado bajas. Por ejemplo, cuando Karen, una cuádruple amputada congénita, fue capaz de atarse los zapatos, utilizando sus garfios, los padres estaban dispuestos a dejarla que lo hiciera ella, sin importar el tiempo que le llevara.

• Las *caricias* es algo que forma parte integral del estilo de vida y paternal de los DeBolt. Hay una gran cantidad de amor y afecto que se *expresa* en esa familia.

• La *disciplina con amor* es básica cuando se tienen muchos hijos. Si no hay disciplina hay un caos. Se tiene que ser firme, pero amable, y tiene que haber normas. Y, cuando alguno de los hijos nunca ha sabido lo que significa recibir el cuidado de los padres, la disciplina se convierte en una prueba de amor. Se distribuye razonablemente y con cariño y los padres prestan una gran cantidad de escucha *muy* activa.

• *Charlar* es especialmente importante en esta familia. Los niños necesitan hablar y se les estimula para que hablen (cuando están preparados) sobre lo que sentían en su vida antes de convertirse en miembros de la familia, cómo se sienten con sus problemas físicos y consigo mismos y cómo se sienten sobre los golpes que reciben en su vida presente. Entre todos los DeBolt se habla muchísimo.

• *Prestar atención a su hijo*: las necesidades especiales de cada niño suponen que cada uno recibe una atención abundante de los padres y de otros miembros de la familia. Los niños hablan, los niños se escuchan unos a otros; los padres hablan, los padres escuchan. Allí existe el clima apropiado para que todos lo hagan.

• *Cimentar la confianza*: la confianza se entiende desde el momento en que los niños DeBolt pasan a formar parte de la familia. El contrato básico es que los padres creen en los niños y los niños aprenden a saber que pueden contar con los padres.

• *Confianza en sí mismos, responsabilidad*: en esto es en lo que la familia DeBolt destaca realmente. *Todos* los miembros de la familia comparten las tareas. J. R., por ejemplo, que es ciego, tiene que fregar los platos como todos los demás. Al principio rompió unos cuantos platos porque no veía, pero ¿cómo se puede aprender si no es haciéndolo?

• *El placer de tu propia compañía*: se les dan las herramientas, se les estimula para que lean, reciben lecciones de música y se les alienta para que desarrollen habilidades.

• *Asumir riesgos*: asumir riesgos comienza por preparar a los niños para los riesgos que van a asumir. Luego, sin presionar, los padres evalúan si un niño está dispuesto a aprender una nueva habilidad, le alientan para que lo intente y luego se quedan detrás y les dejan ir, sin ayudar. Dorothy dice que lo más difícil que tiene que hacer es *no* hacer, no ayudar a un niño que está luchando por ponerse una prótesis, por atarse los zapatos utilizando los garfios. Una vez, toda la familia observó cómo a Karen le llevó tres horas subir los diecinueve peldaños de la escalera y luego aplaudían como locos cuando lo consiguió. Nadie le ayudó y el logro fue sólo suyo y ella disfrutó en la gloria que su familia derramaba sobre ella por su triunfo.

A los niños se les enseña a enfrentarse al «fracaso» y a verlo como un proceso necesario al aprender nuevas habilidades. Se les enseña a levantarse por sí solos, a sacudirse el polvo ellos solos y a volverlo a intentar.

• *Desarrollar la tolerancia*: no hace falta decir que en un hogar multirracial la tolerancia racial no representa ningún problema. Funciona sin más; puesto que todos los niños son tan diferentes entre sí, se les enseña a apreciar la unicidad individual. Y no están inclinados a atribuir los errores y los desaciertos a la incompetencia, sino más bien los ven a la luz de las circunstancias en las que se producen. Al enseñarles a ser tolerantes consigo mismos, a los niños se les enseña automáticamente a ser tolerantes con los demás.

Está claro que se les enseña también a ser tolerantes con la intolerancia. Cuando uno de ellos ha tenido una mala experiencia porque no ve o porque es «diferente», los padres explican por qué algunas personas se comportan como lo hacen: normalmente en términos muy caritativos.

• *Los golpes pueden romper mis huesos, pero las palabras nunca me herirán*: basta con decir que a los DeBolt no les gusta utilizar la etiqueta «minusválido» y la rechazan, al referirse a sus hijos. Dorothy De-Bolt dice que las personas realmente minusválidas son aquellas que son incapaces de expresar amor.

Todos podemos aprender de los DeBolt, una familia que ha pasado por muchas crisis: cuando entra en escena un nuevo niño, cuando uno se pone enfermo, cuando uno se siente herido por sus compañeros, cuando un niño se somete a cirugía con la esperanza de corregir la ceguera. Wendy, en efecto, no sólo era ciega cuando se incorporó a la familia a la edad de cinco años, sino que también había sido una niña maltratada. Todo el mundo es consciente del daño emocional (igual que el físico) que los golpes pueden producir en un niño. La medicina moderna pudo devolver a vista a Wendy, pero las heridas que no se ven fueron curadas al ser querida por sí misma, lo que la hizo sentirse segura con su nueva familia y valiosa como ser humano. Cuando alguien te quiere tanto por ti mismo como lo hacen tus padres, ¿cómo vas a dudar de tu valía?

A veces, cuando los escritores escriben sobre la familia DeBolt, llaman a los niños «los niños que nadie quería». Bueno, si a estos niños no les quería nadie, ciertamente partieron de cero hasta ser queridos cuando ellos y sus padres se encontraron.

No queremos que todo suene muy fácil. No lo fue y no lo es. Pero realmente son un ejemplo. Si Bob y Dorothy DeBolt pueden dar a tantos niños una sensación de autoestima, tenemos que tener también el poder de hacerlo. Los DeBolt son una prueba viviente de la fuerza del amor incondicional y de la sabiduría de tener unas expectativas realistas de nuestros hijos.

Los niños del *futuro* necesitan aprender valores por el ejemplo que les dan sus padres y otros adultos. Si, en el proceso de ayudar a los niños del *presente* a vencer su timidez, les enseñamos el valor del amor, la integridad, la amabilidad, la tolerancia y el respeto a las diferencias individuales, éstos son los valores que ellos transmitirán a otros, con esperanza, con firmeza, como valores que merecen la pena. Y lo que es más, éstos son los valores que es más posible que transmitan a sus propios hijos. Si los hijos del presente aprenden que hay una alegría en el proceso de aprender igual que en el resultado de conseguir, aprenderán, como vemos en la familia DeBolt, que hay una cosa como la competición que es *saludable*, que no enfrenta a un compañero contra otro compañero, evitando que florezca la amistad. La competición con uno mismo, midiendo el éxito de hoy con el de ayer, es el tipo de cosa que le puede llenar a uno de un sentido de orgullo personal y gusto por ir adelante y tratar de alcanzar el siguiente nivel en cualquier cosa: desde dar el paso diecinueve por las escaleras a decir el primer «hola» cuando se entra en contacto con alguien nuevo.

El fin de la timidez, por lo tanto, depende mucho de nosotros. Continuaremos plantando las semillas y dejándolas crecer perpetuando los estándares y los prejuicios superficiales con un silencio tímido que no hace nada y que con frecuencia se considera aquiescencia. O bien, en el proceso de ayudar a nuestros hijos a no ser tímidos, podemos sembrar y hacer nuestro propio rincón del jardín tan rico como sea posible. Podemos convertir nuestro jardín en un terreno que engendre la reverencia de la unicidad de todo ser humano, que permita a nuestros hijos celebrar la vida, amarse a sí mismos y a los demás.

Apéndice

Utilización de la encuesta Stanford sobre la timidez

Esta encuesta se desarrolló como una herramienta de investigación para ayudarnos a comprender mejor lo que las personas pensaban sobre su timidez, sus causas y sus consecuencias. Es un instrumento para centrarse en aquellas áreas de experiencia personal a las que afecta con frecuencia la timidez.

Además, la hemos encontrado útil como medio para abrir un diálogo sobre la timidez entre padres e hijos. Al contestar juntos al cuestionario, los padres y el hijo pueden comenzar a comentar y a revelar entre ellos el cómo y el porqué de su propia timidez. Para algunos padres ha resultado una valiosa experiencia compartida, permitiendo que se desarrollara un nivel de comunicación más profundo de lo habitual entre ellos y sus hijos. Por supuesto, no hay preguntas correctas ni incorrectas, ni ninguna puntuación que comparar con las puntuaciones de otros. Sus preguntas se pueden incorporar al cuerpo general de conocimientos sobre la timidez trazados en este libro, que en parte se obtuvo utilizando la encuesta Stanford sobre la timidez.

ENCUESTA STANFORD SOBRE LA TIMIDEZ

Aunque la timidez es un tema psicológico fascinante, prácticamente no existen investigaciones para aumentar nuestra comprensión de su dinámica y sus consecuencias. La presente encuesta representa parte de un programa general de investigación comenzado en la Universidad Stanford (California) por un equipo de alumnos y profesores. Se está administrando en algunas universidades de los Estados Unidos continentales, así como en Hawai, Japón, México, Inglaterra y Alemania. También se están estudiando grupos no universitarios en varios de estos países.

Rogamos conteste a todas las preguntas lo más atenta y sinceramente que pueda. Nos interesan sus experiencias, percepciones y reacciones a la timidez. El cuestionario es anónimo, por lo que sus respuestas se considerarán confidenciales.

Gracias por compartir con nosotros esta información.

Por favor, rodee con un círculo el número que precede a la respuesta más adecuada o llene el espacio en blanco cuando así se requiera.

	No escriba en esta columna

SECCIÓN A — INFORMACIÓN GENERAL

SEXO: (7)   1. Hombre   Fecha:
           2. Mujer

EDAD: (8, 9) _____ años

ESTUDIOS: (10)   1. menos de 12 años
                 2. educación secundaria
                 3. algún año de universidad
                 4. graduación universitaria

PROFESIÓN: (11)   (especifique: por ejemplo, «estudiante»,
                  «ama de casa», «dentista»)
                  _____

ESTADO CIVIL: (12)   1. soltero y nunca casado
                     2. casado
                     3. casado anteriormente

RAZA O PROCEDENCIA ÉTNICA: (13)   1. blanco
                                  2. negro
                                  3. oriental
                                  4. habla hispana
                                  5. otras (indique)
                                  _____

PAÍS DE NACIMIENTO: (14, 15) _____

RELIGIÓN: (16)   1. ninguna, ateo o agnóstico
                 2. protestante
                 3. católico
                 4. judío
                 5. otras (indique)

Tarjeta n° (1) ⊥
E n° (2) __
(3) __
(4) __
(5) __
Nat. (6)
(7)
(8)
(9)
(10)
(11)
(12)
(13)
(14)
(15)
(16)

	No escriba en esta columna

SECCIÓN B — TIMIDEZ PERSONAL

	(17)

¿Considera actualmente que es usted una persona tímida? (17)   1. sí   2. no

	(18)

Si respondió «no», ¿ha habido un período en su vida en el que se consideró una persona tímida? (18)   1. sí   2. no

	(19)
	(20)

Si respondió «sí», ¿ha habido un período en su vida durante el que consideraba que usted no era una persona tímida? (19)   1. sí   2. no

	(21)

¿La mayoría de las personas que le conocen bien le consideran a usted una persona tímida? (20)   1. sí   2. no

	(22)
	(23)

¿Consideran sus conocidos que usted es una persona tímida? (21)   1. sí   2. no

	(24)

En la siguiente escala de introversión-extraversión, rodee con un círculo el número que mejor represente cómo se clasificaría usted mismo en general. (Nota: un introvertido se define como «aquel cuyos pensamientos e intereses están principalmente dirigidos hacia dentro». Un extravertido se define como «el que está principalmente interesado por los otros o por el entorno».) (22)

	(25)
	(26)
	(27)
	(28)

Muy introvertido	Moderadamente introvertido	Algo introvertido	Indefinido	Algo extravertido	Moderadamente extravertido	Muy extravertido
1	2	3	4	5	6	7

Comparado con sus iguales (misma edad y sexo), ¿cómo se consideraría usted? (23)

Yo soy:
  1. mucho más tímido
  2. más tímido
  3. más o menos en la media
  4. menos tímido
  5. mucho menos tímido

¿Qué porcentaje de la población general (de 0 a 100 %) consideraría usted que son tímidos, esto es, que se etiquetarían a sí mismos como personas tímidas? (24, 26) (Indique su estimación)
_____%

¿Hasta qué punto consideraría usted deseable la timidez como una característica personal? (27)

1. muy indeseable
2. indeseable
3. ni deseable ni indeseable
4. deseable
5. muy deseable

Aunque se haya calificado a usted mismo en general como no tímido, tanto en el pasado como en el presente, ¿ha experimentado alguna vez sentimientos de timidez? (28)
1. sí   2. no

SECCIÓN C — DIMENSIONES DE LA TIMIDEZ

NOTA: Si usted no ha experimentado nunca sentimientos de timidez, omita el resto de preguntas y conteste sólo la última (Sección G) y habrá completado el cuestionario.

Si ahora experimenta, o ha experimentado, sentimientos de timidez, indique cuál de las siguientes situaciones, actividades y tipos de personas suscitan la timidez en usted. (Por favor, haga una marca al lado de <u>todas</u> las alternativas apropiadas.)

Situaciones y actividades que suscitan la timidez en mí:

— situaciones sociales en general (29)
— grandes grupos (30)
— grupos pequeños, orientados a la tarea (p. ej., seminarios en la facultad, grupos de trabajo en el puesto de trabajo) (31)
— pequeños grupos sociales (p. ej., en fiestas, bailes) (32)
— interacciones cara a cara con una persona del mismo sexo (33)
— interacciones cara a cara con una persona del sexo opuesto (34)
— situaciones en las que soy vulnerable (p. ej., cuando pido ayuda) (35)
— situaciones en las que yo soy de estatus inferior a otros (p. ej., cuando hablo con superiores, autoridades) (36)
— interacciones que requieren seguridad (p. ej., cuando me tengo que quejar por un servicio defectuoso en un restaurante o por la mala calidad de un producto) (37)
— situaciones en las que soy el centro de atención ante un grupo grande (p. ej., dando una charla) (38)
— situaciones en las que soy el centro de atención ante un grupo pequeño (p. ej., cuando me presentan a alguien, cuando me piden mi opinión directamente) (39)
— situaciones en las que me evalúan o comparan con otros (p. ej., en entrevistas, cuando me critican) (40)
— nuevas situaciones en general (41)

Tipos de personas que suscitan la timidez en mí:

— mis padres (42)
— mis hermanos (43)
— otros familiares (44)
— amigos (45)
— extraños (46)
— extranjeros (47)
— autoridades (en virtud de su papel: policía, profesor, superior en el trabajo) (48)
— autoridades (en virtud de su conocimiento: superiores intelectualmente, expertos) (49)
— personas mayores (mucho más mayores que usted) (50)
— niños (mucho más jóvenes que usted) (51)
— personas del sexo opuesto, en grupo (52)
— personas del mismo sexo, en grupo (53)
— una persona del sexo opuesto, cara a cara (54)
— una persona del mismo sexo, cara a cara (55)

No escriba en esta columna
(29)
(30)
(31)
(32)
(33)
(34)
(35)
(36)
(37)
(38)
(39)
(40)
(41)
(42)
(43)
(44)
(45)
(46)
(47)
(48)
(49)
(50)
(51)
(52)
(53)
(54)
(55)

Encuesta Stanford sobre la timidez (pág. 4)

SECCIÓN D — REACCIONES A LA TIMIDEZ

Si usted experimenta o ha experimentado alguna vez sentimientos de timidez, cuál de las siguientes <u>reacciones fisiológicas</u> están asociadas con tales sentimientos? (Marque todas las que sean aplicables.)

— rubor (56)
— pulso acelerado (57)
— «nudo en el estómago» (58)
— sensaciones de hormigueo (59)
— taquicardia (60)

— boca seca (61)
— temblores (62)
— transpiración (63)
— fatiga (64)
— otros (indique abajo) (65, 66)

_____

Si usted experimenta o ha experimentado alguna vez sentimientos de timidez, ¿cuáles son las <u>conductas manifiestas</u> que podrían indicar a los demás que usted se siente tímido? (Marque todas las que sean aplicables.)

— hablar en voz baja (67)
— evitación de la gente (68)
— silencio (o resistencia a hablar) (69)
— tartamudez (70)

— incapacidad para establecer contacto ocular (71)
— postura (72)
— evitar tomar acción (73)
— otras (indique abajo) (74,75)

_____

Si usted experimenta o ha experimentado alguna vez sentimientos de timidez, ¿cuáles son los <u>pensamientos y sensaciones</u> concretos asociados con tales sentimientos? (Marque todas las que sean aplicables.)

— pensamientos positivos (p. ej., sentirme contento conmigo mismo) (6)
— ningún pensamiento en concreto (p. ej., soñar despierto, no pensar en nada concreto) (7)
— conciencia de mí mismo (p. ej., una conciencia extrema de mí mismo, de cada acción mía) (8)
— pensamientos que se centran en lo desagradable de la situación (p. ej., pensar que la situación es terrible, pensar que me gustaría estar fuera de la situación) (9)
— pensamientos que proporcionan distracciones (p. ej., pensar en otras cosas que podría estar haciendo, pensar que la experiencia acabará pronto) (10)
— pensamientos negativos sobre mí mismo (p. ej., sentirme inepto, inseguro, inferior, estúpido) (11)
— pensamientos sobre las evaluaciones de mí que están haciendo otros (p. ej., preguntarme qué pensarán de mí las personas que están allí) (12)
— pensamientos sobre la forma en que me desenvuelvo (p. ej., preguntarme qué tipo de impresión estoy causando y cómo podría controlarla) (13)
— pensamientos sobre la timidez en general (p. ej., pensar sobre la magnitud de mi timidez y sus consecuencias, deseando no ser tímido) (14)

No escriba en esta columna

(56)	
(57	
(58)	
(59)	
(60)	
(61)	
(62)	
(63)	
(64)	
(65)	
(66)	
(67)	
(68)	
(69)	
(70)	
(71)	
(72)	
(73)	
(74)	
(75)	

Tarjeta nº	(1)	2
E nº	(2)	___
	(3)	___
	(4)	___
	(5)	___
	(6)	___

(6)	
(7)	
(8)	
(9)	
(10)	
(11)	
(12)	
(13)	
(14)	

Encuesta Stanford sobre la timidez (pág. 5)

SECCIÓN E — CONSECUENCIAS DE LA TIMIDEZ

¿Cuáles son las consecuencias positivas de ser tímido? (Marque todas las que sean aplicables.)

— ninguna, no tiene consecuencias positivas (15)
— crea una impresión modesta, agradable; hace que uno parezca discreto, introspectivo (16)
— ayuda a evitar conflictos interpersonales (17)
— proporciona una forma conveniente para el anonimato y la protección (18)
— proporciona una oportunidad de quedarse atrás, observar a los otros, actuar cuidadosa e inteligentemente (19)
— evita las evaluaciones negativas de los demás (p. ej., una persona tímida no se considera mala, ni demasiado agresiva, ni pretenciosa) (20)
— proporciona una forma de ser selectivo sobre la gente con la que uno se relaciona (21)
— mejora la privacidad personal y el placer que ofrece la soledad (22)
— crea unas consecuencias interpersonales positivas, no rechazando a los otros, ni intimidándolos o hiriéndolos (23)

¿Cuáles son las consecuencias negativas de ser tímido? (Marque todas las que sean aplicables.)

— ninguna, no tiene consecuencias negativas (24)
— crea problemas sociales; hace difícil conocer gente nueva, hacer nuevos amigos, disfrutar de situaciones potencialmente buenas (25)
— tiene consecuencias emocionales negativas; crea sentimientos de soledad, aislamiento, depresión (26)
— impide las evaluaciones positivas de otros (p. ej., mis valores personales nunca se hacen evidentes debido a mi timidez) (27)
— hace difícil mostrarse adecuadamente seguro, expresar opiniones, aprovechar oportunidades (28)
— permite las evaluaciones negativas incorrectas de otros (p. ej., puedo ser considerado poco amigable o esnob o débil) (29)
— crea dificultades cognitivas y expresivas, inhibe la capacidad de pensar con claridad cuando estoy con otros y comunicarme eficazmente con ellos (30)
— estimula una excesiva conciencia de mí mismo, preocupación por mí mismo (31)

SECCIÓN F — LA TIMIDEZ, ¿UN PROBLEMA?

Si usted se ha etiquetado a sí mismo como una persona tímida (pasado o presente), por favor responda a la pregunta de esta sección.

En general, ¿le gusta (le gustaba) ser tímido? (32) 1. sí 2. no

¿Considera (consideraba) que la timidez es un problema? (33)
1. sí   2. no

Al decidir si usted se llamaba a sí mismo una «persona tímida», su decisión se basaba en el hecho de que: (rodee una con un círculo) (34)

1. usted es (era) tímido en todo momento y en todas las situaciones
2. usted es (era) tímido al menos el 50 % del tiempo en más de la mitad de las situaciones
3. usted es (era) tímido sólo ocasionalmente, pero estas situaciones tienen (tenían) la suficiente importancia para justificar que se llamara tímido

No escriba en esta columna
(15)
(16)
(17)
(18)
(19)
(20)
(21)
(22)
(23)
(24)
(25)
(26)
(27)
(28)
(29)
(30)
(31)
(32)
(33)
(34)

Encuesta Stanford sobre la timidez (pág. 6)

SECCIÓN G — JUICIOS SOBRE LA TIMIDEZ EN OTROS

¿Qué conductas por parte de otra persona le indicarían que esta otra persona se siente tímida? (Marque todas las que sean aplicables.)

— rubor (35)
— hablar en voz baja (36)
— incapacidad para establecer contacto ocular (37)
— evitación de la gente (38)

— silencio (resistencia a hablar) (39)
— postura (40)

— tartamudez (41)
— otras (indique abajo) (42, 43)

GRACIAS DE NUEVO POR SU AYUDA

No escriba en esta columna

(35)
(36)
(37)
(38)
(39)
(40)
(41)
(42)
(43)

OPCIONAL, INFORMACIÓN ADICIONAL (sólo si se solicita)

A) _____ B) _____

C) _____ D) _____

E) _____
_____
_____
_____
_____

F) _____
_____
_____
_____
_____

Bibliografía

Alloway, T., P. Pliner y L. Krames (comps.), *Attachment Behavior*, Nueva York, Plenum Press, 1977. Especialmente relevantes: R. B. Cairns, «Beyond Social Attachment: The Dynamics of Interactional Development», págs. 1-24; R. S. Marvin, «An Ethological-Cognitive Model for the Attenuation of Mother-Child Attachment Behavior», págs. 25-60; H. S. Ross y B. D. Goldman, «Establishing New Social Relations in Infancy», págs. 61-80; P. E. Simonds, «Peers, Parents and Primates: The Developing Network of Attachments», págs. 145-76.

Ames, L. B. y J. A. Chase, *Don't Push Your Preschooler*, Nueva York, Harper & Row, 1974.

Asher, S. R., «The Influence of Race and Sex on Children's Sociometric Choices Across the School Year», University of Illinois, 1973.

Asher, S. R., S. L. Oden y J. M. Gottman, «Children's Friendships in School Settings», en L. G. Katz (comp.), *Current Topics in Early Childhood Education*, vol. 1, Norwood, Nueva Jersey, Ablex, 1977.

Baumrind, D., «The Development of Instrumental Competence Through Socialization», en A. Pick (comp.), *Minnesota Symposia on Child Psychology*, vol. 7, Minneapolis, University of Minnesota Press, 1973.

—, «The Contributions of the Family to the Development of Competence in Children», en *Schizophrenia Bulletin*, vol. 1, n° 14, otoño de 1975.

Berscheid, E. y E. Walster, «Beauty and the Best», *Psychology Today*, marzo de 1972.

Booraem, C., J. Flowers y B. Schwartz, *Help Your Children to Be Self-confident*, Englewood Cliffs, Nueva Jersey, Prentice-Hall, 1978.

Bower, S. A. y G. H. Bower, *Asserting Yourself: A Practical Guide For Positive Change*, Reading, Massachusetts, Addison-Wesley, 1976.

Braga, J. y L. Braga, *Children and Adults: Activities for Growing Together*, Englewood Cliffs, Nueva Jersey, Prentice-Hall, 1976.

Briggs, D. C., *Your Child's Self-esteem*, Nueva York, Doubleday, 1970, Dolphin Doubleday, 1975.

Cairns, R. B., *Social Development: The Origins and Plasticity of Interchanges*, San Francisco, W. H. Freeman, 1979.

Cartledge, G. y J. F. Milburn (comps.), *Teaching Social Skills to Children: Innovative Approaches*, Elmsford, Nueva York, Pergamon Press, 1980.

Chase, J. A., «A Study of the Impact of Grade Retention on Primary School Children», en *Journal of Psychology*, n° 70, 1968.

Cheek, D. K., *Assertive Black... Puzzled White: A Black Perspective on Assertive Behavior*, San Luis Obispo, California, Impact Publications, 1976.

Cheek, J. M. y A. H. Buss, «Shyness and Sociability», en *Journal of Personality and Social Psychology*, 1981, bajo revisión editorial.

Cheek, J. M. y C. M. Busch, «The Influence of Shyness on Loneliness in a New Situation», en *Personality and Social Psychology Bulletin*, 1981, en prensa.

Corey, G., *Teachers Can Make a Difference*, Columbus, Ohio, Charles Merrill Publications, 1973.

—, *I Never Kew I Had a Choice*, Monterey, California, Brooks/Cole, 1978.

Crozier, W. R., «Shyness as a Dimension of Personality», en *British Journal of Social and Clinical Psychology*, n° 18, 1979.

Dahlgren, D. y J. Buckner, *Shyness in Preschool Children*, tesis doctoral, California, Stanford University, junio de 1979.

David, H. P. (comp.), *Child Mental in International Perspective*, Nueva York, Harper & Row, 1972.

Derlega, V. y Chaikin, A., *Sharing Intimacy*, Englewood Cliffs, Nueva Jersey, Prentice-Hall, 1975.

DeRosis, H., *Parent Power/Child Power: A New Tested Method for Parenting Without Guilt*, Nueva York, Bobbs-Merrill, 1974.

Didato, S. V., *Psychotechniques: How to Help Yourself or Someone You Love*, Nueva York, Methuen Press, 1980.

Diekman, J. R., *Get Your Message Across: How to Improve Communication*, Englewood Cliffs, Nueva Jersey, Prentice-Hall, 1979.

Dobson, J., *Hide or Seek*, Old Tappan, Nueva Jersey, Fleming R. Revell Co., 1974.

Dodson, F., *How to Father*, Los Ángeles, Nash Publishing, 1974, Nueva York, Signet Books, 1975.

Dotzenroth, S., *Shyness, Social Self-esteem and Mental Biases*, tesis doctoral, Ontario, Canada, University of Ottawa, 1977.

Egan, G., *Interpersonal Living: A Skills/Contract Approach to Human-Relations Training in Groups*, Monterey, California, Brooks/Cole, 1976.

—, *You and Me: The Skills of Communicating and Relating to Others*, Monterey, California, Brooks/Cole, 1977.

Elkind, D., «Understanding the Young Adolescent», en *Adolescence*, nº 13, primavera de 1978, págs. 127-134.

Furman, W., D. Rahe y W. W. Hartup, «Rehabilitation of Socially Withdrawn Preschool Children Through Mixed-Aged and Same-Sex Socialization», en *Child Development*, nº 50, 1979, págs. 915-922.

Garner, A., *Conversationally Speaking: Tested New Ways to Increase Your Personal and Social Effectiveness*, Los Ángeles, Psychology Research Associates, 1980.

Gessell, A., F. Ilg y L. B. Ames, *The Child From Five to Ten*, Nueva York, Harper & Row, 1977 (trad. cast.: *El niño de 5 a 10 años*, 2ª ed., Barcelona, Paidós, 1993).

Girodo, M., *Shy? You Don't Have to Be!*, Nueva York, Pocket Books, 1978 (trad. cast.: *Cómo vencer la timidez*, 13ª ed., Barcelona, Grijalbo Mondadori, 1993).

—, «Self-talk: Mechanism in Anxiety and Stress Management», en C. Spielberger y I. G. Sarason (comps.), *Stress and Anxiety*, vol. 4, Washington, D. C., Hemisphere Publications, 1977.

Greenberg, M. T. y R. S. Marvin, «Individual and Age Differences in the Patterns of Preschool Children's Reactions to Strangers», documento presentado a la Southeastern Conference on Human Development, Nashville, Tennessee, 14-16 de abril de 1976.

Greenwald, J. A., *Creative Intimacy: How to Break the Patterns that Poison Your Relationships*, Nueva York, Simon & Schuster, 1975.

Hedrick, S. L., «A study of Timidity as Related to Intelligence, Achievement and Self-concept», en *Dissertation Abstracts International*, The Humanities and Sciences, septiembre-octubre de 1972, pág. 33.

Hartup, W. W., «Children and Their Friends», en H. McGurk (comp.), *Issues in Childhood Social Development*, Londres, Methuen, 1978.

Johnson, D. W., *Reaching Out: Interpersonal Effectiveness and Self-actualization*, Englewood Cliffs, Nueva Jersey, Prentice-Hall, 1972.

Kennedy, E., *If You Really Knew Me Would You Still Like Me?*, Niles, Illinois, Argus Communications, 1975.

Kiev, A., *A Strategy for Success*, Nueva York, Macmillan, 1977.

Klein, C., *The Myth of the Happy Child*, Nueva York, Harper & Row, 1975.

Kleinke, C., *First Impressions: The Psychology of Encountering Others*, Englewood Cliffs, Nueva Jersey, Prentice-Hall, 1975.

Kraus, P. E., *Yesterday's Children: A Longitudinal Study of Children from Kindergarten into the Adult Years*, Nueva York, John Wiley & Sons, 1973.

Lamb, M. D. (comp.), *Social and Personality Development*, Nueva York, Holt, Rinehart & Winston, 1978. Especialmente relevantes: T. M. Achenbach, «Developmental Aspects of Psychopathology in Children and Adolescents», págs. 272-303; S. R. Asher, «Children's Peer Relations», págs. 91-113; J. J. Conger, «Adolescence: A Time for Becoming», págs. 131-154; G. G. Fein, «Play Revisited», págs. 70-90; M. E. Lamb, «Social Interaction in Infancy and the Development of Personality», págs. 26-49; M. E. Lamb y D. Baumrind, «Socialization and Personality Development in the Preschool Years», págs. 50-69.

Lamb, M. E., S. J. Suomi y G. R. Stephenson (comps.), *Social Interaction Analysis: Methodological Issues*, Madison, University of Wisconsin Press, 1979. Especialmente relevantes: H. Als, E. Tronick y T. B. Brazelton, «Analysis of Face-to-Face Interaction in Infant-Adult Dyads», págs. 33-76; M. E. Lamb, «The Effects of the Social Context on Dyadic Social Interaction», págs. 253-268; M. E. Lamb, «Issues in the Study of Social Interaction», págs. 1-10; R. D. Parke, T. G. Power y J. M. Gottman, «Conceptualizing and Quantifying Influence Patterns in the Family Triad», págs. 231-252.

Lawson, J. S., W. L. Marshall y P. McGrath, «Social Self-esteem Inventory», en *Educational and Psychological Measurement*, n° 39, 1979.

Laycock, F., *Gifted Children*, Glenview, Illinois, Scott, Foresman, 1979.

Lenchner, M. J., «The Shyness Workshop: A Possible Solution to a Social Problem», tesis doctoral, Ithaca, Nueva York, Cornell University Press, primavera de 1980.

Maccoby, E. E., *Social Development: Psychological Growth and the Parent-Child Relationship*, San Francisco, Harcourt, Brace & Jovanovich, 1980.

Maccoby, E. E., E. M. Dowley, J. W. Hagen y R. Degerman, «Activity Level and Intellectual Functioning in Normal Preschool Children», en *Child Development*, n° 36, 1965.

Mallinson, G. G. y J. Weston, «To Promote or Not to Promote», en *Journal of Education*, n° 136, 1954, pág. 5.

Mayeroff, M., *On Caring*, Nueva York, Harper & Row, 1971.

O'Connor, R. D., «Modification of Social Withdrawal Through Symbolic Modeling», en *Journal of Applied Behavior Analysis*, n° 2, 1969.

—, «Relative Efficacy of Modeling, Shaping and the Combined Procedures for Modification of Social Withdrawal», en *Journal of Abnormal Psychology*, n° 79, 1972.

Oden, S. L. y S. R. Asher, «Coaching Children in Social Skills for Friendship-Making», documento presentado al encuentro bienal de la Society for Research on Child Development, Denver, Colorado, 1975.

Patterson, G. R., *Families: Applications of Social Learning to Family Life*, ed. revisada, Champaign, Illinois, Research Press, 1977.

—, *Living with Children: New Methods for Parents and Teachers*, ed. revisada, Champaign, Illinois, Research Press, 1977.

Pilkonis, P. A. y P. G. Zimbardo, «The Personal and Social Dynamics of Shyness», en C. E. Izard (comp.), *Emotions and Psychopathology*, Nueva York, Plenum, 1979.

Plain Talk About Raising Children, periódico publicado por el National Institute of Mental Health, 5600 Fishers Lane, Rockville, MD 20857.

Powell, B., *Overcoming Shyness: Practical Scripts for Everyday Encounters*, Nueva York, McGraw-Hill, 1979.

Practical Parenting, circular bimensual de Vicky Lansky, 15235 Minnetoka Boulevard, Minnetoka, MN 55343.

Radl, S. L., «Why You Are Shy and How to Cope with It», en *Glamour*, junio de 1976.

—, *How to be a Mother—And a Person Too*, Nueva York, Rawson, Wade, 1979.

Renaud, J. y F. Estess, «Life History Interviews with One Hundred Normal American Males: Pathogenicity of Childhood», en *Journal of Orthopsychiatry*, n° 31, 1961.

Rosenthal, R. y L. Jacobson, «Teacher's Expectancies: Determinants of Pupils' IQ Gains», en *Psychological Reports*, vol. 19, 1966.

Scarr, S. (comp.), *Psychology and Children: Current Research and Practice*, número especial de *American Psychologist*, n° 34, 1979, publicado por la American Psychological Association, 1200 17th Street, N. W., Washington, DC 20036. Especialmente relevantes: R. Q. Bell, «Parent, Child and Reciprocal Influences», págs. 821-826; U. Brofenbrenner, «Contexts of Child Rearing: Problems and Prospects», págs. 844-850; W. W. Hartup, «The Social Worlds of Childhood», págs. 944-950; J. Kagan, «Family Experience and the Child's Development», págs. 886-893; W. Kessen, «The American Child and Other Cultural Inventions», págs. 815-820; L. J. Yarrow, «Emotional Development», págs. 951-957.

Scharf, P., W. McCoy y D. Ross, *Growing up Moral: Dilemmas for the Intermediate Grades*, Minneapolis, Winston Press, 1979.

Segal, J. y H. Yahraes, *A Child's Journey*, Nueva York, McGraw-Hill, 1978.

Shaffer, D. R., *Social and Personality Development*, Monterey, California, Brooks/Cole, 1979.

Slater, P., *The Pursuit of Loneliness: American Culture at the Breaking Point*, Boston, Beacon Press, 1976.

Smith, M., *When I Say No, I Feel Guilty*, Nueva York, Bantam, 1975 (trad. cast.: *Cuando digo no, me siento culpable*, 2ª ed., Barcelona, Grijalbo Mondadori, 1998).

Social Change and the Mental Health of Children, informe de la Joint Comission on Mental Health for Children, Nueva York, Harper & Row, 1973.

Sprung, B. (comp.), *Perspectives on Non-sexist Early Childhood Education*, Nueva York, Teachers College Press, 1978.

Sroufe, Alan, «Attachment and the Roots of Competence», en *Human Nature*, octubre de 1978.

Stockdale, D., *An Assessment of Shyness in Children by Teachers, Parents and Peers*, tesina, Ames, Iowa, Iowa State University Press, 1976.

Suran, B. G. y J. V. Rizzo, *Special Children: An Integrative Approach*, Glenview, Illinois, Scott, Foresman, 1979.

Thevenin, T., *The Family Bed*, Minneapolis, Tine Thevenin, 1974.

Thoman, E. B. (comp.), *Origins of the Infant's Social Responsiveness*, Hillsdale, Nueva Jersey, L. Erlbaum Associates, 1979. Especialmente relevantes: T. G. R. Bower y J. G. Wishart, «Towards a Unitary Theory of Development», págs. 65-94; H. Papousek y M. Papousek, «The Infant's Fundamental Adaptive Response System», págs. 175-208; D. N. Stern y J. Biggon, «Temporal Expectancies of Social Behaviors in Mother-Infant Play», págs. 409-430; E. B. Thoman, «Changing Views of the Being and Becoming of Infants», págs. 445-459.

Thomas, A., S. Chess y H. G. Birch, *Temperament and Behavior Disorders in Children*, Nueva York, New York University Press, 1968.

Wassmer, A. C., *Making Contact: A Guide to Overcoming Shyness, Making New Relationships and Keeping Those You Already Have*, Nueva York, Dial Press, 1978.

Watson, D. y R. Friend, «The Measurement of Social-Evaluative Anxiety», en *Journal of Consulting and Clinical Psychology*, n° 33, 1969.

Weiner, D., I. Frieze, A. Kukla, L. Reed y R. Rosenbaum, *Perceiving the Causes of Success and Failure*, Nueva York, General Learning Press, 1971.

White, B. L., B. T. Kaban y J. S. Attanucci, *The Origins of Human Competence: The Final Report of the Harvard Preschool Project*, Lexington, Massachusetts, Lexington Books, 1979.

Wrightstone, J. W., *Class Organization for Instruction*, Washington, D. C., National Education Association, 1957.

Zimbardo, P. G., *Shyness: What It Is, What to Do About It*, Reading, Massachusetts, Addison-Wesley, 1977.

Zimbardo, P. G. y S. L. Radl, *The Shyness Workbook*, Nueva York, A & W Publishers, 1979.

Zimbardo, P. G. y S. R. Radl, «How Teens Can Overcome Shyness», en *Seventeen*, junio de 1978.

Índice analítico y de nombres